山东省
标准地名诠释

东营市卷

《山东省标准地名诠释》编纂委员会 编

山东城市出版传媒集团·济南出版社

《山东省标准地名诠释》

编纂委员会

主　　编　　冯建国

副　主　编　　于建波　张子龙

编　　委　（以姓氏笔画排序）

丁志强　王为民　王玉磊　王晓迪　付振民　庄茂军

刘兴宝　孙树光　张西涛　张屹卿　张兴军　张鲁宁

陈　芳　陈效忠　陈朝银　陈德鸿　徐希超　徐帮杰

黄贤峰　崔继泽

编辑部主任　　孙凤文

编辑部成员　（以姓氏笔画排序）

马　瑞　王书清　王成明　王红艳　巩铁军　刘　玲

李成尧　杨　军　张义勇　张亚萍　张光耀　林　锋

赵文琛　倪　语　倪春雷　高洪祥

前　言

地名是重要的基础地理信息和社会公共信息，与经济社会发展、人们日常生产生活息息相关。编纂出版《山东省标准地名诠释》是地名管理服务工作的一项基础工程，对进一步推行山东省地名标准化，推广普及地名知识，适应改革开放和高质量发展的需要，以及国家和社会治理、经济发展、文化建设、国防外交等方面具有重要的意义和作用。

2014年7月，国务院印发通知开展第二次全国地名普查。2015年，国务院地名普查办印发《第二次全国地名普查成果转化规划（2015—2020年）》（国地名普查办发〔2015〕6号），山东省地名普查办依此制定了《山东省第二次全国地名普查成果转化规划（2016—2020年）》（鲁地名普查办发〔2016〕4号），部署开展成果转化相关工作，其中包括组织编制出版标准地名图、录、典、志等出版物。编纂出版《山东省标准地名诠释》是贯彻落实"边普查、边应用"指示要求，及时发布并推动第二次全国地名普查成果社会应用的重要举措，也是落实规划目标任务的重要内容。

《山东省标准地名诠释》编纂委员会按照公开出版的要求，在全省第二次全国地名普查成果数据基础上，进行成果的整理挖掘（包括资料收集、数据考证等），编辑出版《山东省标准地名诠释》，并将本书定位为第二次全国地名普查重要的省级成果，是一部以"地名"为主题的省级标准地名工具书。

本书在资料整理和编辑加工的过程中力求做到内容权威、文字精练、编写精心、编辑独到、设计新颖，以期达到当前编辑出版水平的先进行列。在词目释义编写上，本书着力突出"三个重点"（即地名基本要素、地名文化属性、地名所指代地理实体性质与特征），具备四个特点（即广、新、准、实）。其中，"广"即收词广泛，应录尽录，要涵盖重要地名类别及其主要地名；"新"即资料新、信息新，要充分利用地名普查最新成果，反映全省各地地名的新情况、发展建设取得的新成就；"准"即实事求是、表述准确、考证严谨，要求词目释文中的资料、数据翔实有据，表述准确、规范，做到地名拼写准确无误、词条诠释准确无误；"实"即具有实用性。在采词、释文内容和词目编排上都力求符合读者需要，便于读者使用，使之有较高的实用和收藏价值。

　　本次《山东省标准地名诠释》编纂得到多方面的支持，全省各级地名主管部门的领导和地名工作者，不辞辛苦，埋头于本书所需资料的搜集、整理，根据《山东省标准地名诠释》的编写要求，认真组织撰稿，力求做到精益求精。在此，我们对为本书的编纂、出版工作提供了帮助和支持的所有单位、领导和工作人员，表示诚挚的感谢。编纂出版《山东省标准地名诠释》工作任务重、涉及内容多、标准要求高，限于我们的人员专业水准和时间等因素，书中难免存在错误或不足，恳请广大读者批评指正。

凡　例

一、《山东省标准地名诠释》采收山东省 17 市 137 县（市、区）范围内，包括乡镇以上行政区划名称、主要的居民点和自然实体及主要社会、经济设施等重要地名词条，按照行政区域划分和地名类别特点分列 18 卷。

二、采收地名分为六个大类：

1. 政区类：包括山东省政区建制镇、乡、街道及以上全部行政区划单位；国家和省正式批准的各类经济功能区（含开发区、高新区、工业区、保税区、科技园区、新区等）；1949—2014 年间曾经设立而现已废置的地区行署、县级和乡级行政区，特指被撤销建制、被合并或拆分不继续使用原专名的情况。另，城乡社区是社会治理的基本单元，故也收录了部分建有综合服务中心且统一开展基本公共服务的社区名称。

2. 居民点类：具有地标意义或文化意义的住宅区；镇、乡人民政府驻地居民点；经省级以上人民政府或有关部门批准的"历史文化名村""传统村落"；具有明显特点的非镇、乡驻地的居民点（如：文化底蕴浓厚、存续历史悠久、人口数量多、占地面积广、重要历史事件发生地、名人故里、重要少数民族聚居地、交通要口、物资集散地、土特产品产地等）等。

3. 交通运输类：包括城市道路与城镇街巷、铁路、公路、航道、桥梁、车站、港口、机场等。城市道路收录市辖区城区内的快速路、主干道、次干道，县和县级市驻地城区主干道，及其他具有突出特色的一般街巷；铁路收录公开运营的国有铁路（含高铁、干线、支线和专用线）和地方铁路；公路收录省级以上普通公路、高速公路；桥梁和立交桥只收录规模大、历史久、有特色的；隧道只收录 500 米以上的及其他有特色的；港口只收年吞吐量在 10 万吨以上的；码头、船闸只收录大型的、特别重要的；渡口只收录正在使用的重要渡口。

4. 自然地理实体类：包括平原、盆地、山地、丘陵、沼泽、洞穴、河流、峡谷、三角洲、湖泊、陆地岛屿、瀑布、泉、海、海湾、海峡、海洋岛屿、半岛、岬角等。其中河流主要收录长度在 30 千米及以上的，以及具有航运价值的人工水道；湖泊主要收录面积在 3 平方千米及以上的。

1

5. 名胜古迹、纪念地和旅游地类：包括纪念地、重点文物保护单位、风景名胜区、重要景点和一般名胜古迹、自然保护区。其中纪念地收录市级及以上级别的；重点文物保护单位收录经过正式批准的市级（含）以上的；城市公园收录 AAA 级以上的；风景名胜区、自然保护区收录经过正式批准的国家和省级的词条。

6. 农业和水利类：包括农场、牧场、林场、渔场、水利枢纽、水库、灌区、渠道、堤防（海塘）等。其中水库收录库容 0.5 亿立方米以上的，灌区收录 3 平方千米以上的。

三、词目排列按分市与分类相结合的原则。即先将全部词目按市大类划分，大类下面分亚类，亚类下面再分小类。在同一亚类或小类词目中，先排全市性的大条目，再按区、县、街道、镇、乡的顺序排出市内条目。各市跨区县的条目在市本级单独排列。

四、本地名诠释资料截止日期为 2014 年 12 月 31 日，所选地名主要来源于第二次全国地名普查成果，主要兼顾反映普查成果和普查期间地名的存量情况，其中少量地名为非标准地名，此类地名需标准化处理，不作为判定标准名称的依据。

五、按照词条释文编写规则，本书相关词条中所列人口数做了技术处理，均为约数，不作为人口统计的依据。

六、本地名诠释中地名罗马字母拼写，遵从《中国地名汉语拼音字母拼写规则（汉语地名部分）》的规定。一般地名的专名与通名分写。专名和通名中的修饰、限定成分，单音节的与其相关部分连写，双音节和多音节的与其相关部分分写；通名已专名化的，按专名处理；居民点中的村名均不区分专名和通名，各音节连写。

地名用字的读音以普通话法定读音为主，同时适当考虑地方读音，如"崖"我省部分地区的地名中读"yái"，标准读音为"yá"；"垓"我省部分地区的地名中读"hǎi"，标准读音为"gāi"；"国"我省部分地区的地名中读"guī"，标准读音为"guó"；"郝"我省部分地区的地名中读"hè"，标准读音为"hǎo"，等等。

七、在每卷卷首，均有本卷地名的词目表。为方便读者检索，在每卷卷末，设有本卷地名的汉语拼音音序索引。

东营市卷　目录

一 政区

东营市

东营市 370500
[Dōngyíng Shì]

山东省辖地级市。北纬 36°56′—38°08′，东经 118°06′—119°18′。在省境北部。面积 8 243 平方千米。户籍人口 192.2 万，常住人口 213.2 万。以汉族为主，还有回、满、蒙古等民族。辖东营、河口 2 区，垦利、利津、广饶 3 县。市人民政府驻东营区。1982 年析惠民地区利津、垦利、广饶 3 县及沾化、博兴 2 县部分地置市（县级），以胜利油田第一口油井所在的东营村命名。1983 年改地级市，时辖东营、牛庄、河口 3 区，广饶、利津、垦利 3 县。1987 年牛庄区并入东营区。（资料来源：《东营市志》）地处华北坳陷区济阳坳陷东端，地势沿黄河走向自西南向东北倾斜，西南部最高海拔 28 米，东北部最低海拔 1 米。以黄河为界，黄河以南属淮河流域，以北属海河流域。背河方向近河高、远河低，河滩地高于背河地 2 ~ 4 米，形成"地上悬河"。海岸线 412.67 千米，滩涂面积 10.19 万公顷。属暖温带大陆性季风气候，冬寒夏热，四季分明。年均气温 12.8℃，1 月平均气温 −2.5℃，7 月平均气温 27.2℃。年均无霜期 206 天。有黄河、小清河等流经。有石油、天然气、卤水、煤、地热、黏土等矿产资源。有野生植物 685 种，其中国家重点保护野生植物有古槐树。有野生动物 1 627 种，其中国家重点保护野生动物有白鹳、丹顶鹤、大鸨等 12 种。有山东黄河三角洲国家级自然保护区 1 个。森林覆盖率 17.4%。有国家级科研单位 8 个、省级科研单位 65 个。有高等院校 5 个，中小学 240 个，国家级图书馆 2 个、省级图书馆 3 个，国家级博物馆 1 个、省级博物馆 3 个，国家级档案馆 6 个，知名文艺团体 5 个，体育场馆 6 个，三级以上医院 2 个。有国家级文物保护单位 4 个、省级文物保护单位 18 个，有国家级爱国主义教育基地、纪念地 3 个，省级爱国主义教育基地、纪念地 7 个，国家级非物质文化遗产 2 个，省级非物质文化遗产 8 个，风景名胜区和重要古迹、景点 7 个。三次产业比例为 4∶62∶34。农业以种植业为主，主产小麦、玉米、水稻、大豆，主要经济作物有棉花、蔬菜等，特色种植苹果、冬枣、葡萄、桃、梨、杏等水果。畜牧业以饲养猪、牛、羊、家禽为主。渔业以养殖海参、大闸蟹、鱼、贝类等为主。工业主要以石油加工、机械电子、精细化工、橡胶制品、纺织服装、食品加工、盐化工、造纸等为主，形成了化工、石油装备、纺织服装、汽车配件和电子信息五大产业集群。服务业以连锁经营、物流配送、专业化市场等新型商业业态为主，为国家轮胎等专业交易市场和商品集散地。有国家级开发区 1 个、省级开发区 6 个。境内有铁路 75.76 千米，公路 8 100 千米，淄东铁路、德大铁路、220 国道、18 国道、25 国道和 11 条省道过境。东营港开通东营到旅顺客运航线，航程 240 千米。有民用机场 1 个，民航航线 12 条，通往北京、大连、上海等城市。

东营 370500-Z01
[Dōngyíng]

别名油城。东营市聚落。在市境中部。面积 270 平方千米。人口 60 万。以汉族为主，还有回、满、蒙古等民族。东营原为自然村，20 世纪 50 年代末 60 年代初，在东营村附近发现油气资源，由此产生东营地区概念。1985 年在城区以东 15 千米处新建市政府驻地，开始大规划扩建。1998 年开始在城区东部新建东营经济技术开发区，将城区扩展到了东八路。自 2003 年开始，集中发展城区中部，东城、西城逐步对接融合，形成目前带状城市格局。因胜利油田机关和华八井（胜利油田的开发井）所在地村庄名称——东营村而得名。（资料来源：《中华人民共和国政区大典·山东省卷》）黄河自西南向东北贯穿，湿地和温泉资源丰富。有雪莲大剧院、奥体中心、科技馆等标志性建筑物。东营是带状城市，以纵贯城区南北的荣乌高速为界分为东城、西城两部分。在城市总体布局上，西城中部、东城中部是商业区，东城东部、西城东南部是经济开发区，西城东部是东营区政府驻地，文化设施集中。东城西部多为住宅区和学校驻地。交通便捷，有铁路、高速公路、国道、省道途经，干支线交错，交通发达。

旧地名

牛庄区（旧） 370500-U01
[Niúzhuāng Qū]

在东营市境中部。东营市辖区。1982 年 11 月设立。1987 年 6 月撤销，并入东营市东营区。

孤岛人民公社（旧） 370500-U02
[Gūdǎo Rénmíngōngshè]

在东营市垦利县境内。河口区辖公社。1958 年设立。1959 年撤销，复置垦利县。

东营区

东营区 370502
[Dōngyíng Qū]

东营市人民政府驻地。在市境中部。面积 1 178 平方千米。人口 62.2 万。以汉族为主，还有回、壮、苗、朝鲜等民族。辖 6 街道、4 镇。区人民政府驻胜利街道。1982 年设东营市东营区。1983 年东营市成立。1984 年市辖东营区、牛庄区成立。1987 年东营、牛庄两区合并为东营区。因是东营市政府驻地，以市之专名而得名。黄河从区境内穿过，海岸线属粉沙淤泥质海岸。有院士工作站 2 家，中小学 39 所，体育场馆 5 个，知名文艺团体 6 个，三级以上医院 2 个。有国家级非物质文化遗产 1 个、省级非物质文化遗产 1 个，有 AAA 级旅游景区 2 个、国家 AAA 级旅游景区 10 个。有黄河国际会展中心、雪莲大剧院、奥体中心、胜利油田电视塔、东营市规划展览馆等标志性建筑物。城区东部、西南部为经济开发区，城区北部、中部为文教区，城区西部、中东部为机关事业单位分布区和住宅区。三次产业比例为 4∶44∶52。是全国重要的石油装备产业基地，形成了集装备研发、制造、服务及内外贸一体的完整产业体系，产品涵盖石油勘探、钻采、管道输送、石油化学品和石油工程技术服务等各个领域。农业以种植业为主，主要种植小麦、玉米、水稻等，主要经济作物有棉花、花生，水果主要品种有葡萄、冬枣，畜牧业以饲养猪、肉禽、奶牛、肉羊为主，渔业以养殖四大家鱼、南美白对虾、黄河口大闸蟹、海参、蛏子等为主。名优特农产品有麒麟食用菌、刘营莲藕、南美白对虾、黄河口大闸蟹，绿色环保农产品有麻湾西瓜、景明海参。有国家级开发区 1 个、省级开发区 1 个。有东营站、东营南站、东营汽车西站、东营汽车东站、东营汽车总站，有多条公交线路。

东营经济技术开发区 370502-E01
[Dōngyíng Jīngjìjìshù Kāifāqū]

在区境东部。西起康洋路、胜利大街，东至莱州湾，北起北二路，南至南二路、广利河。面积 15 300 公顷。以所在行政区和性质职能命名。2010 年 3 月经国务院正式批准建立国家级开发区，由市级政府管理。构建基地化、集群化、生态化的发展格局，建成黄河三角洲重要功能区和重要增长极。已建成主体产业区、东八路东产业园、临港产业园、空港产业园 4 个产业园区和府前街金融聚集区、莒州路现代服务业聚集区、悦来湖科技人才聚集区 3 个特色聚集区，重点发展有色金属、新材料、汽车及零部件、石油装备制造等主导产业。拥有规模以上工业企业 78 家、高新技术企业 36 家。有东营方圆有色金属有限公司、东营鲁方金属材料有限公司等知名企业。辖区内道路纵横交错，与周边多条国道、省道形成完善的交通路网，通公交车。

山东东营胜利经济开发区 370502-E02
[Shāndōng Dōngyíng Shènglì Jīngjì Kāifāqū]

在区境西南部。东至西三路，南至南二路，西至西六路，北至现河路。面积 1 500 公顷。因园区内企业多为油田改制企业而得名。2006 年经省政府正式批准建立省级开发区，由区级政府管理。服务于胜利油田和中国石油工业发展，有企业 159 家，其中，有日本丸红、美国 BJ、斯伦贝谢、哈利波顿等世界 500 强企业。交通便利，通公交车。

胜利街道 370502-A01
[Shènglì Jiēdào]

东营区人民政府驻地。在区境中部。面积 361 平方千米。人口 13.9 万。1984 年设立。因是胜利油田重要的生产和生活基地而得名。1994 年纳入城市统一规划。2005 年建成东营区新区。东营河、广利河从境内穿过。有中小学 3 所，医疗卫生机构 4 个。有黄河三角洲动物园、揽翠湖旅游度假区、东营万象游乐园等景点。经济以服务业为主。农业以种植业为主，主要种植小麦、玉米、蔬菜。工业以石油装备、化工、建材制造业为主。有规模以上工业企业 6 家。有东营市胜利汽车站，通公交车。

文汇街道 370502-A02
[Wénhuì Jiēdào]

属东营区管辖。在区境北部。面积 38 平方千米。人口 13.0 万。以汉族为主，还有回、苗、朝鲜等民族。2001 年设立。因境内有高校和电视台等文化机构，故名。广利河从境内穿过。有市级科研单位 4 个，高等院校 1 所，中小学 10 所，图书馆 1 个，体育场馆 1 个，知名文艺团体 1 个，医疗卫生机构 1 个。有景点胜利油田华八井。有胜利电视台等标志性建筑物。经济以商业为主。农业以种植业为主，主要种植粮食、蔬菜、棉花、瓜果等，有畜牧和淡水养殖业。工业以石油装备制造为主。通公交车。

黄河路街道 370502-A03
[Huánghélù Jiēdào]

属东营区管辖。在区境中部。面积 209 平方千米。人口 9.9 万。以汉族为主，还有回、壮、苗等民族。2001 年设立。因辖区内黄河路得名。有市级科研单位 1 个，中小学 10 所，图书馆 1 个，体育场馆 1 个，知名文艺团体 1 个，医疗卫生机构 1 个。有国家 AAA 级旅游景区龙悦湖旅游度假区。有万达广场、森林乐园等标志性建筑物。农业以种植业为主，主要种植棉花、蔬菜、瓜果，畜牧业养殖猪、羊、家禽。渔业主要集中在广利港，以海上捕捞为主。工业以石油装备研发、制造为主，有规模以上工业企业 12 家。服务业以金融业、物流业、农副产品交易、商务服务为主。有东营长途汽车总站，通公交车。

东城街道 370502-A04
[Dōngchéng Jiēdào]

属东营区管辖。在区境东部。面积 63 平方千米。人口 11.4 万。1991 年设立。因位于老城区以东而得名。广利河从境内穿过。有中小学 9 所，文化馆 1 个，图书馆 1 个，体育场馆 1 个，医疗卫生机构 1 个。有清风湖公园、森林公园等景点。有百货大楼、银座购物广场、新世纪广场等标志性建筑物。经济以服务业为主。农业以种植业为主，主产小麦、玉米、棉花，渔业养殖以草鱼、螃蟹为主。工业以纺织、化工、石油装备制造、房地产开发为主。服务业以商贸为主。有东城汽车站，通公交车。

辛店街道 370502-A05
[Xīndiàn Jiēdào]

属东营区管辖。在区境西部。面积 52 平方千米。人口 12.7 万。2001 年设立。以街道办事处所在村庄名称得名。广利河、老广蒲沟斜穿境内。有市级科研单位 1 个，中小学 5 所，图书馆 1 个，体育场馆 1 个，知名文艺团体 1 个，医疗卫生机构 1 个。有爱国主义教育基地周家连，传统文化教育基地唐氏展览馆。有百货大楼、胜利广场、胜利电视塔、油田少年宫、东胜大厦等标志性建筑物。经济以商业为主。农业

以种植业为主，主要种植小麦、玉米、大豆、水稻。工业以化工为主，有规模以上工业企业 8 家。土特产有冬枣、桑葚。有东营站、东营汽车西站，通公交车。

胜园街道 370502-A06
[Shèngyuán Jiēdào]

属东营区管辖。在区境西南部。面积 21 平方千米。人口 1.0 万。以汉族为主，还有壮、苗、朝鲜等民族。2003 年设立。因辖区设有胜利工业园而得名搬迁改造了东现河村和西现河。有中小学 2 所，文化馆、图书馆 1 个，体育场馆 1 个，知名文艺团体 1 个，医疗卫生机构 1 个。有里奥国际大厦等标志性建筑物。经济以制造业为主。农业以种植业为主，主产粮食、蔬菜、棉花、瓜果种植。工业以石油装备制造业为主，是国家石油装备产业基地，建有省级中小型企业产业集群（石油装备制造）、中国（东营）石油装备交易所等专业交易市场，有规模以上工业企业 30 家。通公交车。

牛庄镇 370502-B01
[Niúzhuāng Zhèn]

东营区辖镇。在区境南部。面积 117 平方千米。人口 4.4 万。以汉族为主，还有回、壮、苗等民族。辖 42 村委会，有 42 自然村。镇人民政府驻牛庄。1956 年设牛庄乡，隶属广饶县。1958 年改建东风十三社。1964 年建牛庄区。1970 年改牛庄人民公社。1984 年划属牛庄区。1987 年划归东营区。镇以驻地村得名。支脉河等从境内穿过。有中小学 4 所，图书馆 1 个，文化馆 1 个，医院 1 个。有纪念地渤海区抗战烈士祠，国家级非物质遗产吕剧。经济以农业为主。农业以种植业为主，主产小麦、玉米、棉花、大豆、蔬菜、水果，畜牧业饲养牛、羊、猪、家禽等，有波尔山羊胚胎移植基地，牛庄大牲畜市场是山东省三大牲畜市场之一。

工业以化工、石油开发为主，是胜利油田主产区之一。有省道河辛公路过境，设牛庄汽车站。

六户镇　370502-B02
[Liùhù Zhèn]

东营区辖镇。在区境南部。面积 331 平方千米。人口 1.9 万。以汉族为主，还有回、苗、朝鲜等民族。辖 13 村委会，有 13 自然村。镇人民政府驻西六户。1958 年设六户人民公社，属广饶县。1960 年划归垦利县。1961 年复归广饶县。1983 年划属牛庄区。1984 年撤社建镇。1987 年划归东营区。镇以原驻地村得名。新广蒲河、广利河从境内穿过。有中小学 2 所，医院 2 个。经济以种植业、旅游业为主。农业以种植业为主，主要种植小麦、玉米、棉花、蔬菜、瓜果。特色产业有海盐生产、海洋捕捞、渔业养殖，是胜利油田的主产区之一。有德龙烟铁路、荣乌高速、516 国道、220 国道过境，设东营南站。

史口镇　370502-B03
[Shǐkǒu Zhèn]

东营区辖镇。在区境西南部。面积 81 平方千米。人口 3.8 万。以汉族为主，还有回、壮、苗、朝鲜等民族。辖 61 村委会，有 61 自然村。镇人民政府驻史口。1958 年 9 月成立史口人民公社，属博兴县，11 月划归广饶县。1964 年改设史口区。1966 年划归垦利县。1970 年撤区建史口人民公社。1984 年划属牛庄区。1984 年改设史口乡。1987 年划归东营区。1992 年改置史口镇。镇以驻地得名。广蒲河从境内穿过。有中小学 6 所，医院 1 个。经济以农业为主。农业以种植业为主，主产小麦、玉米、大豆、棉花、蔬菜，特色农产品有冬枣，兼有水产养殖、畜牧业。工业以化工、建材为主。有东张铁路、德龙烟铁路、省道新博公路过境，设史口站。

龙居镇　370502-B04
[Lóngjū Zhèn]

东营区辖镇。在区境西南部。面积 106 平方千米。人口 3.5 万。以汉族为主，还有回、壮、苗、彝等民族。辖 55 村委会，有 57 自然村。镇人民政府驻龙居。1955 年设龙居区，属蒲台县。1956 年划归博兴县。1958 年改建龙居人民公社，划归广饶县。1961 年属博兴县。1962 年改设龙居区。1968 年改建龙居人民公社。1983 年划归牛庄区。1987 年划归东营区。2001 年撤乡设镇。以镇政府驻地得名。黄河从境内穿过。有中小学 5 所，医院 1 个。经济以农业为主。农业以种植业、新兴农业为主，主产小麦、大豆、玉米、棉花等，盛产柳权、柳杆，畜牧养殖以牛、羊、猪、家禽为主。工业以纺织业、建材、橡塑、机械、化工等为主。服务业以生态旅游业为主，有桑叶茶、桑葚酒、速冻蚕等特色旅游产品，举办龙居紫椹采摘节、麻湾西瓜品尝推介会。有德龙烟铁路、220 国道过境。

旧地名

西城街道（旧）　370502-U01
[Xīchéng Jiēdào]

在东营区西部。属东营区管辖。1987 年 6 月设立。1988 年 4 月撤销，设立泰安路街道、海河路街道，2001 年 3 月，泰安路街道更名为文汇街道，海河路街道更名为黄河路街道。

油郭乡（旧）　370502-U02
[Yóuguō Xiāng]

在东营区西南部。属东营区管辖。1984 年设立。2001 年 2 月撤销，并入史口镇。

西范乡（旧） 370502-U03
[Xīfàn Xiāng]

在东营区西南部。属东营区管辖。1984年设立。2001年2月撤销，并入牛庄镇。

社区

中山社区 370502-A01-J01
[Zhōngshān Shèqū]

属胜利街道管辖。在东营区中部。面积19.5平方千米。人口15 000。以辖区内道路名称得名。2005年成立。有楼房534栋，中式建筑风格。驻有东营区政府等单位。有社区日间照料服务。通公交车。2008年被评为省文明社区。

胜安社区 370502-A02-J01
[Shèng'ān Shèqū]

属文汇街道管辖。在东营区西部。面积1.2平方千米。人口9 300。因辖区内小区而得名。2001年成立。有楼房112栋，现代建筑风格。有志愿者服务、日间照料服务。通公交车。2013年被评为省文明社区。

胜华社区 370502-A02-J02
[Shènghuá Shèqū]

属文汇街道管辖。在东营区西部。面积4.7平方千米。人口3800。因地片名称得名。2001年成立。有楼房117栋，现代建筑风格。驻有胜利学院等单位。有志愿者服务、日间照料服务。通公交车。2014年被评为省文明社区。

营园社区 370502-A02-J03
[Yíngyuán Shèqū]

属文汇街道管辖。在东营区西部。面积6平方千米。人口7 700。因辖区内小区得名。2001年成立。有楼房168栋，现代建筑风格。有志愿者服务、日间照料服务。通公交车。2008年被评为省文明社区。

嵩山社区 370502-A02-J04
[Sōngshān Shèqū]

属文汇街道管辖。在东营区西部。面积1.4平方千米。人口7 700。因辖区内道路而得名。2001年成立。有楼房126栋，现代建筑风格。有志愿者服务、日间照料服务。通公交车。2013被评为省文明社区。

东营社区 370502-A02-J05
[Dōngyíng Shèqū]

属文汇街道管辖。在东营区北部。面积2.1平方千米。人口3 700。以所在居民点名称得名。1994年成立。有楼房56栋，中式建筑风格。驻有文汇中学等单位。有志愿者服务。通公交车。

官屋社区 370502-A02-J06
[Guānwū Shèqū]

属文汇街道管辖。在东营区北部。面积2.3平方千米。人口600。以所在居民点名称得名。1994年成立。有楼房8栋，中式建筑风格。驻有黄河钻井总公司等单位。有志愿者服务。通公交车。

中王屋社区 370502-A02-J07
[Zhōngwángwū Shèqū]

属文汇街道管辖。在东营区中部。面积2.7平方千米。人口400。以所在居民点名称得名。1989年成立。有楼房8栋，中式建筑风格。驻有青山小学等单位。有志愿者服务、日间照料服务。通公交车。

北李屋社区 370502-A02-J08
[Běilǐwū Shèqū]

属文汇街道管辖。在东营区北部。面积4平方千米。人口400。以所在居民点名称得名。1994 年成立。有楼房 6 栋，中式建筑风格。驻有胜利油田物华集团、胜利油田油建四分公司、胜利方兰德深装备有限公司、胜利油田华大实业公司等单位。有志愿者服务。通公交车。

汇泉社区　370502-A03-J01
［Huìquán Shèqū］

属黄河路街道管辖。在东营区西部。面积 5 平方千米。人口 30 000。以吉祥词语得名。2001 年成立。有楼房 324 栋，现代建筑风格。驻有鸿港医院、黄河路街道办事处等单位。有志愿者服务、日间照料服务。通公交车。2009 年被评为省文明社区。

鑫源社区　370502-A03-J02
［Xīnyuán Shèqū］

属黄河路街道管辖。在东营区西部。面积 5 平方千米。人口 45 000。以吉祥词语得名。2001 年成立。有楼房 178 栋，现代建筑风格。驻有东辛采油厂、东营汽车总站等单位。有志愿者服务、日间照料服务。通公交车。2010 年被评为省文明社区。

南李社区　370502-A03-J03
［Nánlǐ Shèqū］

属黄河路街道管辖。在东营区中部。面积 2.3 平方千米。人口 1 200。以所在居民点名称得名。1989 年成立。有楼房 56 栋，中式建筑风格。驻有东营渤海燃料公司等单位。有志愿者服务。通公交车。

南王屋社区　370502-A03-J04
［Nánwángwū Shèqū］

属黄河路街道管辖。在东营区中部。面积 0.26 平方千米。人口 1 400。以所在居民点名称得名。2001 年成立。有楼房 22 栋，中式建筑风格。驻有中建八局四公司等单位。有志愿者服务。通公交车。

东赵社区　370502-A03-J05
［Dōngzhào Shèqū］

属黄河路街道管辖。在东营区中部。面积 5.44 平方千米。人口 2 300。以所在居民点名称得名。1984 年成立。有楼房 66 栋，现代建筑风格。驻有东营汽车总站等单位。通公交车。

安宁社区　370502-A04-J01
［Ānníng Shèqū］

属东城街道管辖。在东营区东部。面积 1.8 平方千米。人口 12 000。以安居工程首字和吉祥寓意命名。2006 年成立。有楼房 318 栋，现代建筑风格。有老年人日间照料中心、志愿者服务，开展爱心助学等活动。通公交车。2012 年被评为省文明社区。

安泰社区　370502-A04-J02
［Āntài Shèqū］

属东城街道管辖。在东营区东部。面积 2 平方千米。人口 23 900。以东营市安居工程首字及嘉言"泰"字命名。2011 年成立。有楼房 364 栋，现代建筑风格。驻有农业银行、胜大超市等单位。有志愿者服务、日间照料服务，开展"阳光四点半"课堂等活动。通公交车。2010 年被评为省文明社区。

安慧社区　370502-A04-J03
［Ānhuì Shèqū］

属东城街道管辖。在东营区中部。面积 0.98 平方千米。人口 4 300。以辖区内安慧小区命名。2005 年成立。有楼房 98 栋，现代建筑风格。驻有工商银行等单位。有志愿者服务，开展"阳光四点半"课堂等活动。通公交车。

安兴社区　370502-A04-J04
［Ānxīng Shèqū］

属东城街道管辖。在东营区中部。面

积 0.43 平方千米。人口 5 500。以辖区内安兴小区命名。2011 年成立。有楼房 57 栋，现代建筑风格。驻有东营市人民检察院、东营市委党校、东营市城市管理局、东营市人社局、东营市教育局等单位。有志愿者服务，开展爱心助学等活动。通公交车。

安盛社区 370502-A04-J05

[Ānshèng Shèqū]

属东城街道管辖。在东营区中部。面积 0.43 平方千米。人口 3 700。以辖区内安盛小区命名。2011 年成立。有楼房 51 栋，现代建筑风格。驻有晨阳学校、农业银行等单位。有志愿者服务。通公交车。

海河社区 370502-A04-J06

[Hǎihé Shèqū]

属东城街道管辖。在东营区中部。面积 0.46 平方千米。人口 8 700。以辖区内海河小区命名。2002 年成立。有楼房 93 栋，现代建筑风格。驻有东营市纪委监察委、东营市实验中学、东营市税务局、东营市地震局、东营市审计局、东营市海河小学、东营市海河幼儿园、东营市妇幼保健院等单位。开展海河暖阳等活动。通公交车。

辛店社区 370502-A05-J01

[Xīndiàn Shèqū]

属辛店街道管辖。在东营区西部。面积 1.1 平方千米。人口 2 800。以辖区内的辛店村命名。2001 年设立。有楼房 81 栋，中式建筑风格。驻有辛店街道办事处等单位。有志愿者服务、日间照料服务。通公交车。2012 年被评为省文明社区。

北田社区 370502-A05-J02

[Běitián Shèqū]

属辛店街道管辖。在东营区中部。面积 0.31 平方千米。人口 500。以所在居民点名称命名。2001 年成立。有楼房 8 栋，中式建筑风格。驻有黄河路派出所等单位。有志愿者服务。通公交车。

姜家社区 370502-A05-J03

[Jiāngjiā Shèqū]

属辛店街道管辖。在东营区中部。面积 0.06 平方千米。人口 1 000。以所在居民点名称姜家命名。2001 年成立。有楼房 8 栋，中式建筑风格。驻有东营区实验学校等单位。有志愿者服务。通公交车。

刘家社区 370502-A05-J04

[Liújiā Shèqū]

属辛店街道管辖。在东营区中部。面积 0.37 平方千米。人口 1 500。以所在居民点名称命名。2001 年成立。有楼房 16 栋，中式建筑风格。驻有东营火车站等单位。有志愿者服务。通公交车。

玛琅社区 370502-A05-J05

[Mǎláng Shèqū]

属辛店街道管辖。在东营区中部。面积 1.16 平方千米。人口 1 000。以所在居民点名称命名。2001 年成立。有楼房 16 栋，中式建筑风格。驻有滨海公安局滨南分局等单位。有志愿者服务。通公交车。

南庄社区 370502-A05-J06

[Nánzhuāng Shèqū]

属辛店街道管辖。在东营区北部。面积 0.23 平方千米。人口 1 300。以所在居民点名称命名。2001 年成立。有楼房 12 栋，中式建筑风格。驻有滨海公安局刑警支队等单位。有志愿者服务。通公交车。

神树社区 370502-A05-J07

[Shénshù Shèqū]

属辛店街道管辖。在东营区北部。面

积 1.5 平方千米。人口 2 600。以所在居民点名称命名。2011 年成立。有楼房 22 栋，中式建筑风格。驻有胜利采油厂、胜利二中等单位。有志愿者服务。通公交车。

孙路社区 370502-A05-J08
[Sūnlù Shèqū]

属辛店街道管辖。在东营区中部。面积 2.2 平方千米。人口 1 300。以所在居民点名称命名。2001 年成立。有楼房 12 栋，中式建筑风格。有志愿者服务。通公交车。

西营社区 370502-A05-J09
[Xīyíng Shèqū]

属辛店街道管辖。在东营区北部。面积 2.13 平方千米。人口 3 700。以所在居民点名称命名。2001 年成立。有楼房 22 栋，中式建筑风格。驻有胜建集团等单位。有志愿者服务。通公交车。

皂户社区 370502-A05-J10
[Zàohù Shèqū]

属辛店街道管辖。在东营区中部。面积 0.48 平方千米。人口 700。以所在居民点名称命名。2001 年成立。有楼房 6 栋，中式建筑风格。驻有胜利油田汽修厂等单位。有志愿者服务。通公交车。

南田社区 370502-A06-J01
[Nántián Shèqū]

属胜园街道管辖。在东营区中部。面积 0.12 平方千米。人口 700。以所在居民点名称命名。2001 年成立。驻有西城车管所等单位。有志愿者服务、日间照料服务。通公交车。

科苑社区 370502-A06-J02
[Kēyuàn Shèqū]

属胜园街道管辖。在城区西南部。面积 0.13 平方千米。人口 3 400。因辖区大学科技园谐音得名科苑社区。2011 年成立。有楼房 92 栋，中式建筑风格。驻有胜园街道办事处、胜园中心学校、科瑞集团等单位。有志愿者服务、日间照料服务。通公交车。2013 年被评为省文明社区。

现河社区 370502-A06-J03
[Xiànhé Shèqū]

属胜园街道管辖。在东营区中部。面积 0.41 平方千米。人口 1 800。以所在居民点名称命名。2001 年成立。有楼房 17 栋，中式建筑风格。有志愿者服务。通公交车。

河口区

河口区 370503
[Hékǒu Qū]

东营市辖区。在市境北部。面积 2 267 平方千米。人口 21.9 万。以汉族为主，还有回、蒙古等民族。辖 2 街道、4 镇。区人民政府驻河口街道。1949 年，西部地区属沾化县管辖，南、东部属利津县罗镇区管辖。1950 年西部随沾化县归属，东部随利津县归属。1956 年河口境域南、东部属利津县罗镇区管辖。1958 年利津县并入沾化县，河口境域全部属沾化管辖。1961 年沾化、利津分治。1974 年沾化县成立河口办事处。1975 年垦利县河口管理区成立。1984 年设置河口区。因建区时境域内仍有黄河入海口得名。潮河、沾利河、草桥沟、挑河、神仙沟等从区境内穿过。有中小学 15 所，图书馆 1 个，体育场 1 个。有风景名胜、景点黄河故道、滨海滩涂、黄河三角洲大湿地、万亩槐林、石油工业景观、温泉疗养等，有国家 AAA 级旅游景区孤岛槐树林温泉旅游区。建成区以河口采油厂和区政府为中心，逐步向南发展。以商场街为纵轴，建设大型综合商业、服务业、贸易等设施。以黄河路为横轴，建设全区和油田的主要行政办公设施。西部为居民区，东部设置仓储及交通设施。三次产业比例为5.37：52.79：41.84。农业以种植业为主，主产小麦、玉米、棉花、蔬菜，盛产黄河口大米、金丝小枣、冬枣等名优产品。有芦苇数十万亩，为华北最大的芦苇生产加工基地。滩涂面积和浅海海域广阔，鱼、虾、蟹、贝类资源丰富，特产黄河口刀鱼、黄河口鳘、黄河口毛蟹、三疣梭子蟹、东方对虾等。水库淡水养殖发达。工业形成石油化工、盐及盐化工、精细化工、石油装备、纺织服装、农副产品加工六大主导产业。服务业以产品批发和旅游业为主。有省级开发区2个。有河口汽车站、孤岛汽车站、仙河汽车站，有多条公交线路。

山东河口经济开发区 370503-E01
[Shāndōng Hékǒu Jīngjì Kāifāqū]

在区境南部。东起海昌路，西至规划西环路，南起规划南环路，北至河庆路。面积2 017公顷。以所在行政区域名称和开发区性质得名。2006年8月经省政府正式批准建立省级开发区，由区级人民政府管理。形成以能源装备制造为主导，纺织服装、新型节能型材及精细化工为重点的产业格局。有规模以上企业46家，上市企业7家。有海螺型材、旭业新材料、精诚无缝钢管、海鑫石油装备、海螺型材常青树胶业、安诺其纺织材料、汇海医药化工、澳纳纺织、常青树化工等企业。交通便利，通公交车。

东营港经济开发区 370503-E02
[Dōngyínggǎng Jīngjì Kāifāqū]

在区境东北部。东、北至海，南至桩埕公路，西至孤北水库。面积9 025公顷。以所在地理位置名称和开发区性质得名。2006年4月经省政府正式批准建立省级开发区，由市级政府管理。主要发展化工、电力能源、现代物流等临港产业，临港化工产业园发挥港口仓储物流优势，主要布局大型炼化一体化项目，重点发展芳烃、乙烯、丙烯、碳四四大产业链条；滨海精细化工产业园主要布局石化链条中端项目，重点发展精细化学品和药用化学品；新材料产业园主要布局石化链条末端项目，重点发展新能源、新材料产业。有规模以上企业62家。开发区内道路纵横交错，有铁路、公路，通公交车。

河口街道 370503-A01
[Hékǒu Jiēdào]

河口区人民政府驻地。在区境西部。面积424平方千米。人口8.9万。2001年设立。因是河口区政府驻地而得名。1984年建设城市两纵三横主干道路网。2004年完善成四纵六横主干道路网。挑河、草桥沟、沾利河从境内穿过。有中小学2所，医疗卫生机构1个，有爱国主义教育基地河口烈士陵园。农业以芦苇种植、牛羊养殖、对虾养殖、冬枣种植为四大主导产业。工业以石油化工、建材制造、新能源为主，驻有油田单位20余家，油地结合优势明显。有河口汽车站，通公交车。

六合街道 370503-A02
[Liùhé Jiēdào]

属河口区管辖。在区境南部。面积147平方千米。人口4.3万。2010年设立。1984年建设城市两纵三横主干道路网。2004年完善成四纵六横主干道路网。因办事处驻地六合村而得名。挑河、羊栏河从境内穿过。有中小学2所，医疗卫生机构1个。境内有毕家咀印钞遗址、耀南中学遗址、老庙阻击战遗址等古迹。经济以农业为主。农业以种植玉米、棉花和大棚蔬菜为主。工业以石油钻采设备、家具制造、风电装备制造和精细化工为主导产业。通公交车。

义和镇 370503-B01
[Yìhé Zhèn]

河口区辖镇。在区境西部。面积131平方千米。人口2.5万。辖46村委会，有49自然村。镇人民政府驻义和庄。1931年属沾化县第六区。1949年更名义和区。1950年为沾化第八区。1957年撤区改建义和镇。1958年建义和人民公社。1963年复设义和区。1968年撤区合并小公社，建义和人民公社。1984年改义和镇。因镇政府驻地得名。沾利河、郭河从境内穿过。有中小学2所，图书馆1个，文化馆1个，医院1个，广场1个。经济以农业为主。农业以种植业为主，主产小麦、玉米、大豆、棉花、花生、蔬菜、苹果、草莓、地瓜、林枣、畜牧为特色主导产业。畜牧养殖以牛、羊、猪、家禽为主。工业有石油化工、农产品加工等产业。服务业以仓储物流为主。有省道孤滨公路过境。

仙河镇 370503-B02
[Xiānhé Zhèn]

河口区辖镇。在区境东部。面积672平方千米。人口4.6万。辖4村委会，有4自然村。镇人民政府驻海星。1984年始建，称孤岛新镇。1987年更名仙河镇。1992年孤岛办事处析出，设立仙河镇。以位于美丽的神仙沟畔得名。黄河故道、神仙沟自南向北入海。有中小学5所，图书馆1个，医院1个、卫生院1个，体育馆5个，公共绿地4个，广场10个。经济以服务业为主。有埕岛油气田、老河口油田、五号桩油田等，是石油生产、石油化工等重要的工业生产基地，属于典型的现代石油矿区城镇。农业以种植业为主，主产蔬菜瓜果、苇草等，有海产品、蜂蜜等特产。服务业以旅游业

为主，建有森林公园、蓬莱公园和靖海公园，有万亩槐林、芦苇荡、黄河入海口及卧海长堤等景观。东港高速、省道东营港—滨州段过境。

孤岛镇 370503-B03
[Gūdǎo Zhèn]

河口区辖镇。在区境东部。面积163平方千米。人口5.6万。辖2居委会、2村委会，有2自然村。镇人民政府驻镇苑。1972年胜利油田设立孤岛指挥部。1979年设垦利县孤岛办事处。1983年成立东营市孤岛办事处，划属河口区管辖。1992年撤办事处改置孤岛镇。因此地由黄河故道神仙沟、甜水沟入海成陆，四周环水成为高埠之地得名。黄河故道、神仙沟等水系贯穿南北。有中小学3所，图书馆1个，文化馆1个，卫生院1个，体育馆1个，公共绿地1个，广场1个。经济以工业为主。农业主产小麦、玉米、大豆，有芦苇、黄河刀鱼、鲤鱼等特色产品。驻有中石化最大的采油厂胜利油田孤岛采油厂。"山东欣马酒业" "山东三丰香油"为山东著名商标。孤岛万亩槐林温泉度假旅游区为旅游、摄影胜地。盛产槐花蜜、黄河王酒等。省道东营港—滨州段、寿光—济阳段过境。

新户镇 370503-B04
[Xīnhù Zhèn]

河口区辖镇。在区境西部。面积731平方千米。人口2.7万。辖75村委会，有83自然村。镇人民政府驻李坝。1957年设新户乡。1958年并入郭局公社。1963年析设新户公社。1984年改设新户乡。2010年太平乡、新户乡合并成立新户镇。以镇政府原驻地新户得名。潮河、马新河、沾利河、草桥沟从境内穿过。有中小学3所，图书馆1个，文化馆1个，卫生院2个，公共

绿地 3 个，广场 1 个。经济以农业种植、海水养殖、畜牧养殖为主。农业主产小麦、玉米、棉花、蔬菜、食用菌，有生态猪、天鹅、貂、梭子蟹、对虾等特色养殖。工业以发展盐及盐化工业为主。省道孤东公路过境。

旧地名

四扣乡（旧） 370503-U01
[Sìkòu Xiāng]

在河口区西部。河口区辖乡。1984 年设立。2001 年撤销，并入河口街道。

太平乡（旧） 370503-U02
[Tàipíng Xiāng]

在河口区西南部。河口区辖乡。1984 年设立。2010 年撤销，并入新户镇。

刘坨人民公社（旧） 370503-U03
[Liútuó Rénmíngōngshè]

河口区辖公社。1958 年设立。1968 年撤销，并入四扣人民公社。

郭局人民公社（旧） 370503-U04
[Guōjú Rénmíngōngshè]

河口区辖公社。1958 年设立。1969 年更名为海防渔业公社。1984 年撤销，改为海防办事处。

社区

德盛街社区 370503-A01-J01
[Déshèngjiē Shèqū]

属河口街道管辖。在河口区西部。面积 1.2 平方千米。人口 5 700。因德盛街得名。2011 年成立。有楼房 65 栋，现代建筑风格。驻有东营市河口区民政局等单位。有老年活动室、便民服务。通公交车。2014 年被评为省文明社区。

河宁社区 370503-A01-J02
[Héníng Shèqū]

属河口街道管辖。在河口区西北部。面积 0.6 平方千米。人口 4 200。以服务区域名命名。2011 年成立，有楼房 35 栋，中西结合建筑风格。驻有河口区医药公司、河口派出所、河口区水利局、河口区实验幼儿园等单位。有社区志愿者服务。通公交车。

海宁社区 370503-A01-J03
[Hǎiníng Shèqū]

属河口街道管辖。在河口区西北部。面积 1.8 平方千米。人口 4 900。以海宁路命名。2011 年成立，有楼房 59 栋，中西结合建筑风格。驻有河口区供销社等单位。有便民服务。通公交车。

黄河路社区 370503-A01-J04
[Huánghélù Shèqū]

属河口街道管辖。在河口区中部。面积 8 平方千米。人口 3 400。以黄河路命名。2004 年成立，有楼房 34 栋，中西结合建筑风格。驻有河口区财政局、河口区税务局、河口区工商局、河口区河锦保险公司等单位。有便民服务。通公交车。

河滨路社区 370503-A01-J05
[Hébīn Lù Shèqū]

属河口街道管辖。在河口区北部。面积 5 平方千米。人口 2 800。以河滨路命名。1992 年成立。有楼房 26 栋，中西结合建筑风格。驻有河口区教育局、河口区城市与管理局、河口区科技局等单位。有便民服务。通公交车。

二吕社区 370503-A01-J06
[Èrlǚ Shèqū]

属河口街道管辖。在河口区北部。面积1.1平方千米。人口700。以所在居民点名称命名。1984年成立。有楼房3栋，中西结合建筑风格。驻有河口看守所等单位。有便民服务。通公交车。

李坨社区 370503-A01-J07
[Lǐtuó Shèqū]

属河口街道管辖。在河口区西北部。面积4平方千米。人口800。以所在居民点名称命名。1984年成立。有楼房82栋，中西结合建筑风格。驻有河口区人民法院等单位。有便民服务。通公交车。

四扣社区 370503-A01-J08
[Sìkòu Shèqū]

属河口街道管辖。在河口区西部。面积0.4平方千米。人口600。以辖区内四扣村命名。1984年成立。有楼房1栋，中西结合建筑风格。有便民服务。通公交车。

河安社区 370503-A02-J01
[Hé'ān Shèqū]

属六合街道管辖。在河口区南部。面积1.2平方千米。人口4 300。因河安小区得名。2008年成立。有楼房185栋，中西结合建筑风格。驻有河安幼儿园、河安小学等单位。有便民服务。通公交车。2011年被评为省文明社区。

河庆路社区 370503-A02-J02
[Héqìnglù Shèqū]

属六合街道管辖。在河口区中部。面积28平方千米。人口5 800。因河庆路得名。2004年成立。有楼房188栋，中西结合建筑风格。驻有河口区交通局、河口区国税局等单位。通公交车。

广河社区 370503-A02-J03
[Guǎnghé Shèqū]

属六合街道管辖。在河口区东部。面积6.5平方千米。人口600。以所在居民点名称得名。1984年成立。有别墅100余栋，中西结合建筑风格。通公交车。

荆家社区 370503-A02-J04
[Jīngjiā Shèqū]

属六合街道管辖。在河口区南部。面积2.4平方千米。人口700。以所在居民点名称得名。1984年成立。有别墅20栋，中西结合建筑风格。通公交车。

义和社区 370503-A02-J05
[Yìhé Shèqū]

属六合街道管辖。在河口区南部。面积3平方千米。人口500。以所在居民点得名。1984年成立。以平房为主。通公交车。

老爷庙社区 370503-A02-J06
[Lǎoyemiào Shèqū]

属六合街道管辖。在河口区南部。面积11.5平方千米。人口1 800。以所在居民点得名。1984年成立。以平房为主。通公交车。

西韩社区 370503-B01-J01
[Xīhán Shèqū]

属义和镇管辖。在河口区西部。面积1.5平方千米。人口400。以所在居民点名称得名。1984年成立。有楼房1栋，中西结合建筑风格。有志愿者服务。通公交车。

镇苑社区 370503-B03-J01
[Zhènyuàn Shèqū]

属孤岛镇管辖。在河口区东南部。面积0.1平方千米。人口300。以居民点名称得名。1994 年成立。有楼房 26 栋，中西结合建筑风格。驻有馨雅物业等单位。通公交车。

刘鄜社区 370503-B04-J01
[Liúquān Shèqū]

属新户镇管辖。在河口区西部。面积 1.1 平方千米。人口 500。以所在居民点名称得名。1984 年成立。有楼房 1 栋，中西结合建筑风格。开展文化、体育等活动。通公交车。

太平社区 370503-B04-J02
[Tàipíng Shèqū]

属新户镇管辖。在河口区西部。面积 2.5 平方千米。人口 300。以所在居民点名称得名。1984 年成立。有楼房 3 栋，中西结合建筑风格。开展文化、体育等活动。通公交车。

南六合社区 370503-B04-J03
[Nánliùhé Shèqū]

属新户镇管辖。在河口区西部。面积 4.6 平方千米。人口 300。以所在居民点名称得名。1984 年成立。以平房为主。开展文化、体育等活动。通公交车。

南楼社区 370503-B04-J04
[Nánlóu Shèqū]

属新户镇管辖。在河口区西部。面积 3.2 平方千米。人口 600。以所在居民点名称得名。1984 年成立。有楼房 2 栋，中西结合建筑风格。开展文化、体育等活动。通公交车。

永合社区 370503-B04-J05
[Yǒnghé Shèqū]

属新户镇管辖。在河口区西部。面积 13.2 平方千米。人口 300。以所在居民点名

称得名。1984 年成立。以平房为主。开展文化、体育等活动。通公交车。

垦利县

垦利县 370521
[Kěnlì Xiàn]

东营市辖县。北纬 37°34′，东经 118°34′。在市境中部。面积 2331 平方千米。人口 22.2 万。辖 2 街道、5 镇。县人民政府驻垦利街道。1943 年抗日民主政权置垦利县，属清河行政区垦利专区。1944 年属渤海行政区第四专区。1949 年属渤海行政区垦利专区。1950 年属惠民专区。1956 年撤销，并入利津、广饶 2 县。1958 年析广饶县东北部置孤岛人民公社（县级），属惠民专区。1959 年惠民专区与淄博市合并，属淄博专区。1960 年撤销孤岛人民公社，于其辖区及沾化、广饶 2 县各一部于牛庄复置垦利县，与山东省渤海农垦局合署办公。1961 年局县分置，县机关迁友林。1965 年县人民政府迁今址。1967 年属惠民地区。1982 年划属东营市。（资料来源：《垦利县志》）取"土肥物丰、开垦有利"之意，且以辖地"垦区"和"利津洼"首字并称而得名。地处黄河三角洲地带，属海陆交互沉积的退海之地。地势自西南至东北渐低并呈扇形微倾斜，平均海拔 6~8 米。年均气温 12℃，1 月平均气温 −4℃，7 月平均气温 26℃。年平均降水量 569.9 毫米。有黄河流经。有石油、天然气、盐膏、地热等矿产资源。有野生植物 393 种，其中国家重点保护野生植物有野大豆 1 种。有野生动物 1 542 种，其中国家重点保护野生动物有天鹅、丹顶鹤等 9 种。有国家级自然保护区 1 个。森林覆盖率 24.5%。有省级工程技术研究中心 6 个，省级企业重点实验室 1 个，省级企业院士工作站 2 个。有中小学 23 所，图书馆 1 个，

博物馆1个，体育馆9个，二级以上医院4个。有省级文物保护单位5个，省级非物质文化遗产黄河口民间草编技艺，有黄河口生态旅游区、民丰湖休闲娱乐区、黄河入海口生态农业观光园、渤海垦区革命纪念馆等景点。三次产业比例为5：64：31。农业以种植业为主，主产小麦、大豆、棉花、水稻、玉米，海产品有黄河口刀鱼、梭鱼、毛虾、东方对虾、黄河口大闸蟹、梭子蟹、文蛤、海参等。土特产品主要有佛头黑陶、黄河口虾皮、梭鱼干、黄河口罗布麻茶。工业以石油化工、石油装备制造、精细化工、轮胎、汽车配件、光学膜、制药、热电、纺织、食品、酿酒为主。服务业以汽车贸易、现代物流、乡村旅游为主。有省级开发区1个。有荣乌高速、220国道和新博路、东青路、河辛路、永馆路、永莘路、永青路6条省道过境，建有东营胜利机场，开通东营至北京、大连、上海、杭州、武汉、郑州、西安、成都等12条航线。

山东垦利经济开发区 370521-E01
[Shāndōng kěnlì Jīngjì Kāifāqū]

在县境南部。西起黄河路，东至博新路，南至德州路，北至永莘路。面积9 000公顷。以所在政区及业务性质命名。1995年12月经省政府正式批准建立省级开发区，由县级政府管理。是山东省加工制造业基地（东营）的重要组成部分，入驻企业97家，有新发药业、山尔铝业等企业，主要生产饲料添加剂、工业铝型材等产品。有省道过境，通公交车。

垦利街道 370521-A01
[Kěnlì Jiēdào]

垦利县人民政府驻地。在县城西部。面积209平方千米。人口6.9万。2009年设立。沿用原垦利镇名。黄河从境内穿过。有中小学7所，医疗卫生机构1个。有爱国主义教育基地黄河口烈士陵园，省级非物质文化遗产黄河口民间草编。有民丰湖休闲娱乐区、黄河入海口生态农业观光园等景点。农业以种植小麦、棉花为主。工业以石油化工、高端石油装备、新材料、农副产品深加工为主，建有小微企业创业园。有垦利汽车站，通公交车。

兴隆街道 370521-A02
[Xīnglóng Jiēdào]

属垦利县管辖。在县城中部。面积70平方千米。人口0.6万。2009年设立。以所辖兴隆村，取"兴隆昌盛、兴旺发达"之意命名。有知名文艺团体1个，医疗卫生机构1个。经济以土地租赁和商贸服务业为主。工业以特种钢丝制品、高端石油装备、汽车配件、轮胎、制药、大豆蛋白、精细化工、新材料生产与制造为主。通公交车。

胜坨镇 370521-B01
[Shèngtuó Zhèn]

垦利县辖镇。在县境西部。面积182平方千米。人口6.0万。辖59村委会，有52自然村。镇人民政府驻坨庄。1956年属广饶县董集区。1963年改宁海、董集区。1964年划归垦利县。1984年设胜坨乡。1994年改置镇。2001年宁海、胜利2乡并入胜坨。以境内胜利村、政府驻地坨庄2村首字命名。溢洪河、广利河从境内穿过。有中小学4所，医院1个，广场1个。有天宁寺文化旅游区、天宁寺生态林场、陶园农业生态观光园、和利时水岛庄园、伟浩生态园等景点。农业以种植小麦、玉米、水稻、棉花、瓜菜、花生等为主。工业以石油化工、精细化工和轮胎、电缆、配电箱、绝缘子、新材料生产为主。省道永莘公路过境。

郝家镇 370521-B02
[Hǎojiā Zhèn]

垦利县辖镇。在县境西南部。面积 61 平方千米。人口 1.8 万。辖 28 村委会,有 28 自然村。镇人民政府驻郝家。1956 年属博兴县。1958 年属广饶县。1966 年由宋王公社析设郝家公社。1967 年划属垦利县。1984 年设乡。1994 年改置镇。老广蒲沟、南展大堤过境。有中小学 2 所,医院 1 个。有国家 AA 级景区郝家绿色生态观光园、黄河口孟子文化园、东营西郊现代服务区等。农业以种植小麦、玉米、棉花、瓜菜为主。工业以汽车贸易、汽车配件、石油化工、建材、物流为主。有淄东铁路、220 国道、省道新博公路过境。

永安镇 370521-B03
[Yǒng'ān Zhèn]

垦利县辖镇。在县境东部。面积 425 平方千米。人口 2.1 万。辖 1 居委会、44 村委会,有 56 自然村。镇人民政府驻永安。1950 年属垦利县七区。1955 年属永安区。1958 年划归孤岛人民公社。1959 年为永安、下镇人民公社。1984 年设永安、下镇乡。2001 年 2 乡合置永安镇。以镇政府驻地得名。永丰河、溢洪河过境。有中小学 2 所,医院 1 个,广场 1 个。有渤海垦区革命纪念馆和垦区抗日纪念碑、东营园博园、东营市现代渔业示范园。农业种植水稻、棉花、莲藕,水产养殖大闸蟹、海参、对虾等。工业有石油化工、建材制造等业。省道永馆公路、永莘公路、新博公路、广青公路过境,有东营胜利机场。

黄河口镇 370521-B04
[Huánghékǒu Zhèn]

垦利县辖镇。在县境东北部。面积 1 317 平方千米。人口 2.5 万。辖 1 居委会、63 村委会,有 88 自然村。镇人民政府驻友林。1950 年属垦利县二区。1955 年属建林区。1956 年划归广饶县。1958 年属孤岛人民公社。1959 年属垦利县。1961 年建新安人民公社。1984 年设建林、新安乡。2001 年并乡设黄河口镇。因地处黄河东流入海口地带得名。有中小学 2 所,医院 1 个。有国家 AAAA 级景区黄河口生态旅游区和黄河三角洲国家地质公园、森林公园、远望楼、瞭望台、孤东海堤纪念碑等旅游景点。农业以小麦、棉花、水稻、玉米、莲藕、林果种植和肉牛、猪、肉鸽养殖为主,沿海、水库养殖对虾、梭子蟹、海参等。工业以盐化工、新能源为主。省道新博公路、孤滨公路过境。

董集镇 370521-B05
[Dǒngjí Zhèn]

垦利县辖镇。在县境西南部。面积 68 平方千米。人口 2.2 万。辖 33 村委会,有 38 自然村。镇人民政府驻董集。1955 年设利津县董集区。1956 年划归广饶县。1958 年属东风人民公社。1961 年复归利津县。1963 年复设董集区。1966 年建董集人民公社。1984 年改乡。2010 年改设镇。以镇政府驻地得名。南展大堤纵贯中部。有中小学 2 所,医院 1 个,广场 1 个。有省级文物保护单位刘家遗址。农业以种植小麦、玉米、棉花、瓜菜为主。工业以建材生产、新能源产业为主。服务业以汽车贸易、现代物流等为主。220 国道、省道永莘公路、省道新博公路过境。

旧地名

西宋乡（旧） 370521-U01
[Xīsòng Xiāng]

在垦利县东北部。属垦利县管辖。1984 年设立。2009 年撤销,并入垦利街道。

宁海乡（旧） 370521-U02
[Nínghǎi Xiāng]

在垦利县西北部。属垦利县管辖。1984 年设立。2001 年撤销，并入胜坨镇。

胜利乡（旧） 370521-U03
[Shènglì Xiāng]

在垦利县西南部。属垦利县管辖。1984 年设立。2001 年撤销，并入胜坨镇。

高盖镇（旧） 370521-U04
[Gāogài Zhèn]

在垦利县南部。属垦利县管辖。1994 年设立。2001 年撤销，并入垦利镇，现属垦利街道。

下镇乡（旧） 370521-U05
[Xiàzhèn Xiāng]

在垦利县东部。属垦利县管辖。1984 年设立。2001 年撤销，与永安乡合并设立永安镇。

建林乡（旧） 370521-U06
[Jiànlín Xiāng]

在垦利县东北部。属垦利县管辖。1984 年设立。2001 年撤销，与新安乡合并设立黄河口镇。

新安乡（旧） 370521-U07
[Xīn'ān Xiāng]

在垦利县东北部。属垦利县管辖。1984 年设立。2001 年撤销，与建林乡合并设立黄河口镇。

红光渔业公社（旧） 370521-U08
[Hóngguāng Yúyè Gōngshè]

在垦利县东南部。属垦利县管辖。1970 年设立。1984 年改建成红光渔业管理站（副乡级），1993 年撤销，成立垦利县人民政府红光渔业办事处（正科级）。

西张公社（旧） 370521-U09
[Xīzhāng Gōngshè]

在垦利县西部。属垦利县管辖。1963 年设立。1984 年撤销，所辖村庄分别划归双河镇、西宋乡、永安乡。

社区

和平社区 370521-A01-J01
[Hépíng Shèqū]

属垦利街道管辖。在垦利县城中部。面积 2.5 平方千米。人口 7 700。因和平路而得名。2000 年成立。有楼房 106 栋，现代建筑风格。驻有垦利区第一幼儿园等单位。有志愿者服务、日间养老照料中心，开展文化、党建学习等活动。通公交车。2008 年被评为省文明社区。

佳苑社区 370521-A01-J02
[Jiāyuàn Shèqū]

属垦利街道管辖。在垦利县城中部。面积 0.69 平方千米。人口 6 400。因水岸佳苑小区得名。2010 年成立。有楼房 60 栋，现代建筑风格。驻有垦利汽车站、蓝海汇洲大酒店、集好运业、垦利县环保局等单位。开展助残帮扶等活动。通公交车。2012 年被评为省文明社区。

万光社区 370521-A01-J03
[Wànguāng Shèqū]

属垦利街道管辖。在垦利县城中部。面积 2.5 平方千米。人口 7 900。因万光花园得名。2003 年成立。有楼房 202 栋，现代建筑风格。驻有垦利街道社区卫生服务站、乐安村镇银行等单位。有日间照料中心。通公交车。2013 被评为省文明社区。

中兴社区 370521-A01-J04

[Zhōngxīng Shèqū]

属垦利街道管辖。在垦利县城北部。面积 3.5 平方千米。人口 10 300。因中兴路得名。2000 年成立。有楼房 106 栋,现代建筑风格。驻有垦利实验中学、浦发银行等单位。开展党员学习、公益课堂、技能培训等活动。通公交车。2007 年被评为省文明社区。

胜兴社区 370521-A01-J05

[Shèngxīng Shèqū]

属垦利街道管辖。在垦利县城南部。面积 2.1 平方千米。人口 6 000。因胜兴花园得名。2007 年成立。有楼房 103 栋,现代建筑风格。驻有中国共产党东营市垦利县委员会、东营市垦利县人民政府、东营市垦利县人大常委会、东营市垦利县民政局等单位。开展助残帮扶等活动。通公交车。2009 年被评为省文明社区。

振兴社区 370521-A01-J06

[Zhènxīng Shèqū]

属垦利街道管辖。在垦利县城西部。面积 0.77 平方千米。人口 5 000。因振兴路得名。2000 年成立。有楼房 110 栋,现代建筑风格。驻有垦利县党校、垦利县职业第二中学、振兴幼儿园、东营市垦利县交通运输局、东营市垦利县烟草专卖局等单位。开展文化、党建学习等活动。通公交车。2010 年被评为省文明社区。

新兴社区 370521-A01-J07

[Xīnxīng Shèqū]

属垦利街道管辖。在垦利县城西南部。面积 3.76 平方千米。人口 6 800。因新兴小区得名。2000 年成立。有楼房 112 栋,现代建筑风格。驻有垦利县第二实验中学、垦利县消防大队、垦利县石化总厂、新兴幼儿园等单位。开展文化、党建学习等活动。通公交车。2010 年被评为省文明社区。

永兴社区 370521-A01-J08

[Yǒngxīng Shèqū]

属垦利街道管辖。在垦利县城中部。面积 0.37 平方千米。人口 4 400。因永兴小区得名。2000 年成立。有楼房 71 栋,现代建筑风格。驻有垦利县第一实验小学、垦利县第二实验幼儿园、垦利县第五人民医院等单位。开展助残帮扶等活动。通公交车。2007 年被评为省文明社区。

双河社区 370521-A01-J09

[Shuānghé Shèqū]

属垦利街道管辖。在垦利县境中部。面积 1 平方千米。人口 400。因原自然村名称得名。1984 年成立。以平房为主。驻有垦利水厂、垦利灌溉公司、垦利筑路公司、垦利保险公司等单位。有志愿者服务,开展环境美化等活动。通公交车。

苍州社区 370521-A01-J10

[Cāngzhōu Shèqū]

属垦利街道管辖。在垦利县境中部。面积 2 平方千米。人口 400。因原自然村名称得名。1984 年成立。有楼房 1 栋,中式建筑风格。驻有垦利街道苍州幼儿园等单位。有志愿者服务,开展环境美化等活动。通公交车。

西宋社区 370521-A01-J11

[Xīsòng Shèqū]

属垦利街道管辖。在垦利县境中部。面积 1 平方千米。人口 1 200。因原自然村得名。1984 年成立。有楼房 2 栋,现代建筑风格。驻有垦利街道西宋社区办事处、垦利街道西宋小学、垦利街道西宋幼儿园等单位。有志愿者服务，开展环境美化等活动。通公交车。

前榆社区　370521-A01-J12
[Qiányú Shèqū]

属垦利街道管辖。在垦利县境中部。面积1平方千米。人口1 000。因原自然村得名。1984年成立。有楼房1栋，中式建筑风格。驻有胜利油田井下作业公司、供水公司民丰水厂、胜利油田集输公司、垦利区养老院等单位。有志愿者服务，开展环境美化等活动。通公交车。

东方社区　370521-A01-J13
[Dōngfāng Shèqū]

属垦利街道管辖。在垦利县境中部。面积1平方千米。人口4 600。因辖区内新东方小区得名。2014年成立。有楼房76栋，中式建筑风格。驻有东营市公安局垦利分局、渤海绳网厂等单位。开展党员学习、心乐园读书会、技能培训、青益堂暑假公益课堂、书法展示、模特表演、"全民健身日"乒乓球友好交流赛等活动。通公交车。

同兴社区　370521-A02-J01
[Tóngxīng Shèqū]

属兴隆街道管辖。在垦利县境中部。面积1平方千米。人口200。因所在居民点得名。1958年成立。有楼房63栋，现代建筑风格。驻有新发药业有限公司、山东石大科技集团公司等单位。有志愿者服务，开展环境美化等活动。通公交车。

巴东社区　370521-B01-J01
[Bādōng Shèqū]

属胜坨镇管辖。在垦利县境西部。面积5平方千米。人口1 500。因原巴东村得名。1984年成立。有楼房1栋，现代建筑

风格。有志愿者服务，开展环境美化等活动。通公交车。

张东社区　370521-B01-J02
[Zhāngdōng Shèqū]

属胜坨镇管辖。在垦利县境西部。面积1平方千米。人口2 000。因原张东村得名。1984年成立。以平房为主。有志愿者服务，开展环境美化等活动。通公交车。

大张社区　370521-B01-J03
[Dàzhāng Shèqū]

属胜坨镇管辖。在垦利县境西部。面积1平方千米。人口1 100。因原大张村得名。1984年成立。有楼房1栋，现代建筑风格。有志愿者服务，开展环境美化等活动。通公交车。

辛庄社区　370521-B01-J04
[Xīnzhuāng Shèqū]

属胜坨镇管辖。在垦利县境西部。面积4平方千米。人口400。因原辛庄得名。1984年成立。有楼房1栋，现代建筑风格。有志愿者服务，开展环境美化等活动。通公交车。

东王社区　370521-B01-J05
[Dōngwáng Shèqū]

属胜坨镇管辖。在垦利县境西部。面积3平方千米。人口1 000。因原东王村得名。1984年成立。以平房为主。有志愿者服务，开展环境美化等活动。通公交车。

郝家社区　370521-B02-J01
[Hǎojiā Shèqū]

属郝家镇管辖。在垦利县境西南部。面积2平方千米。人口900。因原郝家村得名。1984年成立。有楼房1栋，中式建筑风格。开展文化、党建学习等活动。通公交车。

宫家社区 370521-B02-J02
[Gōngjiā Shèqū]

属郝家镇管辖。在垦利县境西南部。面积 2 平方千米。人口 600。因原宫家村得名。1984 年成立。有楼房 1 栋，中式建筑风格。开展文化、党建学习等活动。通公交车。

大务社区 370521-B02-J03
[Dàwù Shèqū]

属郝家镇管辖。在垦利县境西南部。面积 7 平方千米。人口 1 500。因原大务村得名。1983 年成立。有楼房 1 栋，中式建筑风格。开展文化、党建学习等活动。通公交车。

惠鲁社区 370521-B03-J01
[Huìlǔ Shèqū]

属永安镇管辖。在垦利县境东部。面积 7 平方千米。人口 700。因原惠鲁村得名。1986 年成立。有楼房 44 栋，现代建筑风格。开展文化、党建学习等活动。通公交车。

红光新村社区 370521-B03-J02
[Hóngguāngxīncūn Shèqū]

属永安镇管辖。在垦利县境东南部。面积 0.05 平方千米。人口 400。因隶属红光渔业管理站，是新建村，故名红光新村，社区沿用原村名。1990 年成立。有楼房 1 栋，现代建筑风格。驻有红光渔业办事处、现代渔业示范区管委会等单位。开展文化、党建学习等活动。通公交车。

永安社区 370521-B03-J03
[Yǒng'ān Shèqū]

属永安镇管辖。在垦利县境中部。面积 4 平方千米。人口 600。因原永安村得名。1984 年成立。以平房为主。开展文化、党建学习等活动。通公交车。

中心社区 370521-B03-J04
[Zhōngxīn Shèqū]

属永安镇管辖。在垦利县境南部。面积 4 平方千米。人口 500。因原中心村得名。1984 年成立。有楼房 1 栋，现代建筑风格。驻有垦利县冷藏厂、东营市污水处理厂等单位。开展文化、党建学习等活动。通公交车。

宁海社区 370521-B04-J01
[Nínghǎi Shèqū]

属黄河口镇管辖。在垦利县境东北部。面积 2 平方千米。人口 200。因原宁海村得名。1985 年成立。以平房为主。有志愿者服务，开展环境美化等活动。通公交车。

辛集社区 370521-B04-J02
[Xīnjí Shèqū]

属黄河口镇管辖。在垦利县境东北部。面积 1 平方千米。人口 200。因原辛集村得名。1984 年成立。以平房为主。有志愿者服务，开展环境美化等活动。通公交车。

友林社区 370521-B04-J03
[Yǒulín Shèqū]

属黄河口镇管辖。在垦利县境东北部。面积 5 平方千米。人口 1 000。因原友林村得名。1984 年成立。有楼房 1 栋，现代建筑风格。有志愿者服务，开展环境美化等活动。通公交车。

建林社区 370521-B04-J04
[Jiànlín Shèqū]

属黄河口镇管辖。在垦利县境东北部。面积 7 平方千米。人口 700。因原建林村得名。1984 年成立。有楼房 1 栋，现代建筑风格。有志愿者服务，开展环境美化等活动。通公交车。

利津县

利津县 370522
[Lìjīn Xiàn]

　　东营市辖县。北纬 37°29′，东经 118°14′。在市境西北部。面积 1 665 平方千米。人口 29.9 万。辖 2 街道、4 镇、2 乡。县人民政府驻利津街道。秦为千乘县地。两汉属蓼城县。三国魏、晋、北魏属漯沃县。隋属蒲台县，唐属蒲台、渤海 2 县。北宋于渤海东置永利镇（今利津镇）。金明昌三年（1192）析渤海县置利津县，取永利镇之"利"与东津渡口之"津"2 字名县，属滨州。明属济南府。清属武定府。1914 年属济南道。1925 年属武定道。1928 年道废直属于省。1943 年属清河行政区垦利专区。后属渤海行政区第四专区（1944 年）、垦利专区（1949 年）、惠民专区（1950 年）。1958 年利津县撤销，地入沾化。1961 年复置，先后属惠民专区、地区。1982 年划属东营市。（资料来源：《中华人民共和国地名大词典》）地势向西北倾斜，西南高、东北低，近黄河处高、远黄河处低。西南端地面平均海拔 11.5 米，东北端沿海滩涂地面平均海拔 2 米。年均气温 13.2℃，1 月平均气温 −3.7℃，7 月平均气温 26.4℃。年均降雨量 526.2 毫米。有黄河流经。有石油、天然气、卤水、盐、煤等矿产资源。有野生植物 393 种，其中国家重点保护野生植物有野大豆 1 种。有野生动物 1 524 种，其中国家重点保护野生动物有江豚、斑海豹、小须鲸、伪虎鲸、丹顶鹤、白头鹤、白鹳、金雕、大鸨、中华秋沙鸭、白尾海雕、灰鹤、大天鹅、鸳鸯等 45 种。有国家级自然保护区 1 个。森林覆盖率 11.8%。有博士科研工作站 4 个。有中小学 36 所，博物馆 1 个，图书馆 1 个，文化馆 1 个，文艺团体 1 个，二级以上医院 2 个。有省级文物保护单位南望参古窑址，市级非物质文化遗产舞龙、舞狮、竹马灯、七巧灯、威风锣鼓、虎斗牛等，有 AAA 级旅游景区凤凰城滨河休闲旅游区、利津县博物馆，黄河三角洲湿地保护区、飞雁滩旅游区、黄河故道渔家度假村、王庄沙区生态林场等景点。三次产业结构为 11∶52∶37。农业以种植业为主，主产棉花、小麦、玉米、花生、瓜果、大棚蔬菜。鱼、虾、蟹、贝类资源丰富。工业以石油化工、盐业化工、畜禽肉食及饲料加工、石油装备制造为主。服务业以电子商务、仓储物流、商贸金融、餐饮旅游为主。有省级开发区 1 个。有德大铁路、东港高速、荣乌高速、济东高速、220 国道和省道永馆公路、孤滨公路过境。

山东利津经济开发区 370522-E01
[Shāndōng Lìjīn Jīngjì Kāifāqū]

　　在县境西北部。东起津二路，西至津十一路，南起滨港路，北至利十二路。面积 3 500 公顷。以所在行政区名称命名。2006 年 3 月经省政府正式批准建立省级开发区，由县级政府管理。确立了以石油化工、精细化工、生物制药、轻纺、机械电子、热电、农副产品深加工为主导的产业发展方向，有投资过千万元的企业 80 家，已发展成为利津县工业项目的重要积聚中心、利津经济发展的龙头、对外开放的窗口、招商引资的基地，区内已建成六纵十一横的道路网络，通公交车。

利津街道 370522-A01
[Lìjīn Jiēdào]

　　利津县人民政府驻地。在县城东部。面积 108 平方千米。人口 3.1 万。2010 年设立。沿用原利津县名。临渤海。中小学 5 所，医疗卫生机构 61 个。有凤凰广场等标志性建筑物。经济以工业为主，有石油、天然气等资源。农业以种植棉花、小麦、玉米为主。通公交车。

凤凰城街道 370522-A02

[Fènghuángchéng Jiēdào]

属利津县管辖。在利津城区西部。面积 64 平方千米。人口 1.8 万。2011 年设立。因县城古称凤凰城得名。临渤海。有医疗卫生机构 26 个。经济以农业、物流为主。农业以种植棉花、小麦、水稻为主。工业以石油化工、新能源建造为主。有利津南站、利津汽车总站，通公交车。

北宋镇 370522-B01

[Běisòng Zhèn]

利津县辖镇。在县境西南部。面积 106 平方千米。人口 3.8 万。辖 72 村委会，有 81 自然村。镇人民政府驻王官庄。1968 年建立北宋人民公社。1984 年建北宋乡。1998 年改设北宋镇。以镇政府原驻地得名。地处黄河冲积平原，地表岗、坡、洼相间。有中小学 4 所，卫生院 1 个。有市级不可移动保护文物王升墓。经济以农业为主。农业主产玉米、小麦、棉花、蔬菜。有特色产业养鸭、芦笋种植及中草药加工业等。工业以石油化工为主。服务业以仓储物流为主。有黄大铁路、德大铁路、疏港铁路过境。

陈庄镇 370522-B02

[Chénzhuāng Zhèn]

利津县辖镇。在县境北部。面积 226 平方千米。人口 5.7 万。辖 95 村委会，有 89 自然村。镇人民政府驻韩家园子村。1968 年设陈庄人民公社。1982 年更名为陈庄镇人民公社。1984 年改称陈庄镇。以镇政府原驻地得名。有中小学 8 所，卫生院 1 个。经济以农业、工业为主。农业以种植小麦、棉花、大豆、花生、蔬菜为主，特产无公害"临合蜜"西瓜、甜瓜。工业以化工、饲料加工、塑料加工为主。服务业以仓储物流为主。有荣乌高速、济东高速、疏港高速和 310 省道、315 省道、231 省道过境。

汀罗镇 370522-B03

[Tīngluó Zhèn]

利津县辖镇。在县境东北部。面积 177 平方千米。人口 3.5 万。辖 73 村委会，有 72 自然村。镇人民政府驻罗家村。1968 年设汀河人民公社和罗镇人民公社。1984 年更名为汀河乡和罗镇乡。1998 年撤销罗镇乡、汀河乡，合并设立汀罗镇。以原两乡名称（汀河乡、罗镇乡）首字命名。有中小学 5 所，卫生院 1 个。有省级文物保护单位铁门关遗址。经济以农业为主。农业以种植业为主，主产棉花、小麦、葡萄、瓜菜、牧草等，林业、畜牧业、水产业较为发达，特产巨峰葡萄、东方对虾。工业以石化、盐化工、药品制造、机械制造、饲料加工、工贸、建材为主。有油井 1000 余口，为油区重镇。服务业以物流、批发等业为主。有威乌高速、315 省道、227 省道过境。

盐窝镇 370522-B04

[Yánwō Zhèn]

利津县辖镇。在县境中部。面积 243 平方千米。人口 7.7 万。辖 125 村委会，有 106 自然村。镇人民政府驻盐窝村。1956 年设盐窝区。1958 年更名为盐窝人民公社。1984 年更名为盐窝镇。以镇人民政府驻地得名。有中小学 9 所，卫生院 1 个。有市级不可移动文物"小麻湾抗战纪念地"。经济以农业和工业为主。农业主产棉花、小麦，养殖肉羊，发展沿黄滩区特色农业产业带。工业主要以石油化工、装备制造、新能源加工为主。有荣乌高速、315 省道过境。

明集乡 370522-C01
[Míngjí Xiāng]

利津县辖乡。在县境中部。面积 119 平方千米。人口 2.0 万。辖 38 村委会，有 31 自然村。乡人民政府驻大张村。1956 年设明集区。1958 年改明集人民公社。1984 年更名为明集乡。因乡政府原驻地得名。属黄河冲积平原，地表形成岗、坡、洼相间的微地貌。有中小学 4 所，卫生院 1 个。有省级文物保护单位南望参古窑址，纪念地北张烈士陵园。经济以种植、养殖为主。农业主产小麦、玉米、高粱、棉花、花生、蔬菜、瓜果等，畜牧养殖以牛、羊为主，水产养殖以黄河鲤鱼、鲫鱼、草鱼为主。工业以石油化工为主。有东吕高速过境。

刁口乡 370522-C02
[Diāokǒu Xiāng]

利津县辖乡。在县境东北部。面积 512 平方千米。人口 1.1 万。辖 3 村委会，有 3 自然村。乡人民政府驻刁口海铺。1956 年设刁口渔业合作社。1958 年更名为刁口人民公社。1984 年更名为刁口乡。以乡人民政府驻地得名。多滩涂、潮间带、盐田等。有小学 1 所，卫生院 1 个。农业以种植棉花、玉米、大豆、小麦为主，海水养殖大菱鲆、牙鲆、半滑舌鳎、海参、美洲黑石斑等 16 种名贵鱼种，盛产对虾、海参、梭鱼、螃蟹、贝类等。工业以石油化工、石油装备制造等为主。有公路经此。

旧地名

北岭乡（旧） 370522-U01
[Běilǐng Xiāng]

在利津县中部。利津县辖乡。1984 年设立。2010 年撤销，并入盐窝镇。

虎滩乡（旧） 370522-U02
[Hǔtān Xiāng]

在利津县中部。利津县辖乡。1984 年设立。2010 年撤销，并入盐窝镇。

前刘乡（旧） 370522-U03
[Qiánliú Xiāng]

在利津县南部。利津县辖乡。1984 年设立。1998 年撤销，并入利津镇，后属利津街道。

王庄乡（旧） 370522-U04
[Wángzhuāng Xiāng]

在利津县东部。利津县辖乡。1958 年设立，后并入盐窝公社。1968 年析设王庄公社。1984 年复设乡。1998 年撤销，并入利津镇，后属利津街道。

大赵乡（旧） 370522-U05
[Dàzhào Xiāng]

在利津县中部。利津县辖乡。1984 年设立。1998 年撤销，并入盐窝镇。

店子乡（旧） 370522-U06
[Diànzi Xiāng]

在利津县南部。利津县辖乡。1984 年设立。1998 年撤销，并入北宋镇。

南宋乡（旧） 370522-U07
[Nánsòng Xiāng]

在利津县南部。利津县辖乡。1984 年设立。2001 年撤销，并入北宋镇。

傅窝乡（旧） 370522-U08
[Fùwō Xiāng]

在利津县东北部。利津县辖乡。1984 年设立。2001 年撤销，并入陈庄镇。

集贤乡（旧） 370522-U09
[Jíxián Xiāng]

在利津县中部。利津县辖乡。1984年设立。2001年撤销，并入陈庄镇。

汀河乡（旧） 370522-U10
[Tīnghé Xiāng]

在利津县中部。利津县辖乡。1984年设立。1998年撤销，与罗镇乡合并设立汀罗镇。

罗镇乡（旧） 370522-U11
[Luózhèn Xiāng]

在利津县北部。利津县辖乡。1958年设立，同年改公社，1984年复设乡。1998年撤销，与汀河乡合并设立汀罗镇。

社区

石家庄社区 370522-A01-J01
[Shíjiāzhuāng Shèqū]

属利津街道管辖。在利津县南部。面积0.13平方千米。人口500。因原石家庄得名。2011年成立。有楼房9栋，现代建筑风格。有志愿者服务，开展文化宣传等活动。通公交车。

崔林社区 370522-A01-J02
[Cuīlín Shèqū]

属利津街道管辖。在利津县南部。面积0.15平方千米。人口1 100。因原崔林村得名。2009年成立。有楼房5栋，现代建筑风格。有志愿者服务，开展文化宣传等活动。通公交车。

枣园社区 370522-A01-J03
[Zǎoyuán Shèqū]

属利津街道管辖。在利津县南部。面积0.26平方千米。人口500。因原枣园村得名。2012年成立。有楼房6栋，现代建筑风格。有志愿者服务，开展文化宣传等活动。通公交车。

王庄社区 370522-A01-J04
[Wángzhuāng Shèqū]

属利津街道管辖。在利津县中部。面积0.65平方千米。人口800。因原王庄得名。2010年成立。以平房为主。驻有王庄小学等单位。有志愿者服务，开展政策宣传、文体等活动。通公交车。

津苑社区 370522-A01-J05
[Jīnyuàn Shèqū]

属利津街道管辖。在利津县东北部。面积0.6平方千米。人口2 100。以利津的"津"字和寓意美好的"苑"命名。2008年成立。有楼房140栋，现代建筑风格。驻有利津县电视台、利津县交通局、利津县环保局等单位。有志愿者服务，开展文化宣传等活动。通公交车。2007年被评为省文明社区。

凤凰社区 370522-A01-J06
[Fènghuáng Shèqū]

属利津街道管辖。在利津县西部。面积0.4平方千米。人口13 600。以利津古称"凤凰城"寓意吉祥命名。2010年成立。有楼房35栋，现代建筑风格。驻有利津县河务局、利津县人民法院等单位。有志愿者服务，开展文化宣传等活动。通公交车。2013年被评为省文明社区。

四图社区 370522-B01-J01
[Sìtú Shèqū]

属北宋镇管辖。在利津县南部。面积0.46平方千米。人口800。因原四图村得名。2010年成立。有楼房1栋，现代建筑风格。

有幸福院，开展广场舞表演、象棋比赛、书法展示等文体活动。通公交车。

前林社区 370522-B01-J02
[Qiánlín Shèqū]

属北宋镇管辖。在利津县西南部。面积 0.16 平方千米。人口 500。因原前林村得名。2012 年成立。有楼房 1 栋，现代建筑风格。开展广场舞表演、象棋比赛等文体活动。通公交车。

吴家社区 370522-B01-J03
[Wújiā Shèqū]

属北宋镇管辖。在利津县西南部。面积 0.34 平方千米。人口 500。因原吴家村得名。2012 年成立。有楼房 1 栋，现代建筑风格。开展广场舞表演、象棋比赛、书法展示等文体活动。通公交车。

大牛社区 370522-B01-J04
[Dàniú Shèqū]

属北宋镇管辖。在利津县西南部。面积 0.52 平方千米。人口 500。因原大牛村得名。2007 年成立。以平房为主。开展广场舞表演、象棋比赛等文体活动。通公交车。

大盖社区 370522-B01-J05
[Dàgài Shèqū]

属北宋镇管辖。在利津县南部。面积 0.56 平方千米。人口 1 300。因原大盖村得名。2010 年成立。以平房为主。驻有利津县供电公司大盖变电所等单位。开展广场舞表演、象棋比赛、书法展览等文体活动。通公交车。

冯家社区 370522-B01-J06
[Féngjiā Shèqū]

属北宋镇管辖。在利津县南部。面积 0.17 平方千米。人口 500。因原冯家村得名。

2011 年成立。有楼房 1 栋，现代建筑风格。有幸福院，开展广场舞表演、象棋比赛、书法展览等文体活动。通公交车。

郭屋社区 370522-B02-J01
[Guōwū Shèqū]

属陈庄镇管辖。在利津县东部。面积 0.65 平方千米。人口 700。因原郭屋村得名。2008 年成立。有楼房 3 栋，现代建筑风格。驻有农村信用社等单位。通公交车。

辛庄社区 370522-B02-J02
[Xīnzhuāng Shèqū]

属陈庄镇管辖。在利津县东部。面积 1.6 平方千米。人口 2 000。因原辛庄村得名。2010 年成立。以平房为主。有志愿者服务。通公交车。

治河社区 370522-B02-J03
[Zhìhé Shèqū]

属陈庄镇管辖。在利津县东部。面积 5.81 平方千米。人口 3 100。因原治河村得名。2008 年成立。以平房为主。有志愿者服务。通公交车。

付窝社区 370522-B02-J05
[Fùwō Shèqū]

属陈庄镇管辖。在利津县东部。面积 8.3 平方千米。人口 1 100。因原付窝村得名。2006 年成立。有楼房 1 栋，现代建筑风格。驻有农村信用社等单位。有志愿者服务。通公交车。

道口社区 370522-B02-J06
[Dàokǒu Shèqū]

属陈庄镇管辖。在利津县东部。面积 0.14 平方千米。人口 1 000。因原道口村得名。1984 年成立。以平房为主。有志愿者服务。通公交车。

清河社区 370522-B02-J07
[Qīnghé Shèqū]

属陈庄镇管辖。在利津县东部。面积2.8平方千米。人口1 000。因原清河村得名。2012年成立。有楼房1栋，现代建筑风格。有志愿者服务。通公交车。

罗家社区 370522-B03-J01
[Luójiā Shèqū]

属汀罗镇管辖。在利津县中部。面积0.2平方千米。人口9 000。因原罗家村得名。2013年成立。有楼房1栋，现代建筑风格。开展各类文体活动。通公交车。

北码社区 370522-B03-J02
[Běimǎ Shèqū]

属汀罗镇管辖。在利津县中部。面积0.84平方千米。人口9 000。因原北码村得名。2013年成立。有楼房1栋，现代建筑风格。驻有北码幼儿园等单位。开展各类文体活动。通公交车。

金盆底社区 370522-B03-J03
[Jīnpéndǐ Shèqū]

属汀罗镇管辖。在利津县中部。面积0.21平方千米。人口6 500。因原金盆底村得名。2012年成立。以平房为主。开展各类文体活动。通公交车。

北岭社区 370522-B04-J01
[Běilǐng Shèqū]

属盐窝镇管辖。在利津县中部。面积1.76平方千米。人口1 600。因原北岭村得名。2010年成立。有楼房1栋，现代建筑风格。驻有盐窝镇环卫所、利津县司法局盐窝司法所等单位。通公交车。

虎滩社区 370522-B04-J02
[Hǔtān Shèqū]

属盐窝镇管辖。在利津县中部。面积1.3平方千米。人口700。因原虎滩村得名。2010年成立。有楼房1栋，现代建筑风格。通公交车。

广饶县

广饶县 370523
[Guǎngráo Xiàn]

东营市辖县。在市境南部。北纬37°03′，东经118°24′。面积1 166平方千米。人口52.3万。辖2街道、7镇。县人民政府驻广饶街道。西汉于县北境今广饶镇置巨定县，属齐郡。东汉县废。三国魏于故巨定城复置广饶县（西汉古县，今寿光市境），属齐国。西晋因之。南朝宋徙广饶离境，徙乐安郡、千乘郡来治，治故巨定城。北魏因之。隋开皇三年（583）徙千乘县治今广饶镇，属青州，后属北海郡。唐、宋属青州。金天眷元年（1138）改为乐安县，属益都府。元属益都路。明、清属青州府。1914年改乐安县为广饶县，属胶东道。1925年属淄青道。1928年道废直属于省。1940年属清河行政区。1941年析南部置广南县，析北部置广北行政区（县级），先后属清河行政区清东专区、清中专区。1945年广南、广北合并为广饶县，属渤海行政区第三专区。1949年属清河专区，1950年属惠民专区，1958年属淄博专区，1961年属惠民专区，1967年属惠民地区。1982年属东营市。（资料来源：《广饶县志》）县名源于"海滨广斥，饶于鱼盐"，取"广阔富饶"之意命名。北部为黄河冲积平原，南部属鲁中山地山麓平原。地势由西南向东北倾斜，海拔2~28米。年均气温11.8℃，1月平均气温−5.5℃，7月平均气温 25.4℃。年均降水量 638.2 毫米。有小清河、淄河等从境内穿过。有石油、天然气、煤炭、地下卤水、矿泉水、地热、建筑用砂、砖瓦用黏土和贝壳砂等矿产资源。有国家技术中心 2 个，博士后科研工作站 3 个，省级企业重点实验室 1 个，院士工作站 1 个。有中小学 51 所，文化馆 1 个，知名文艺团体 1 个，二级以上医院 2 个。有国家级文物保护单位 2 个，省级文物保护单位 4 个。有国家非物质文化遗产陈官短穗花鼓、吕剧，省级非物质文化遗产枣木杠子乱弹。有名胜古迹傅家遗址、五村遗址、营子遗址、寨村北岭遗址等文化遗址 418 个，景点广饶孙子文化旅游区、东营历史博物馆等。三次产业比例为 6∶68∶26。农业以小麦、玉米、大棚蔬菜种植为主。工业以石油化工、造纸、橡胶轮胎生产为主。服务业以金融、物流、商贸为主。有省级开发区 2 个。有兴广铁路、长深高速、荣乌高速和省道河辛公路、潍高公路、永青公路、新海公路、青垦公路过境。

广饶经济开发区 370523-E01
[Guǎngráo Jīngjì Kāifāqū]

在县境中部。东与广饶街道相邻，南与李鹊镇相连，西与博兴县店子镇接壤，北与花官镇交界。面积 10 000 公顷。以所在行政区名称及职能命名。1994 年经省政府正式批准为省级开发区，由县级政府管理。初步形成了棉纺织、精细化工、新型材料、橡胶轮胎、机械制造、食品药品等六大主导产业，有规模以上工业企业 67 家，年产值过亿元企业 56 家，拥有高新技术产业重点企业 23 家，拥有山东名牌产品 10 个。建成了"八纵八横"的道路网络。

大王经济开发区 370523-E02
[Dàwáng Jīngjì Kāifāqū]

在县境东部。东至大王镇界，南至 10 号生产路，西至刁孟路以西 1 000 米，北至 02 号生产路。面积 941 公顷。以所在行政区域及职能命名。2010 年 12 月经省政府正式批准建立省级开发区，由县级政府管理。高标准规划了机械电子、橡胶轮胎、精细化工等主题产业园区，主导产业为造纸印刷、汽车配件、橡胶轮胎、精细化工等，已建设成为全球单厂规模最大的新闻纸生产基地、全国重要的汽车摩擦材料研发制造出口基地、全国重点子午胎生产聚集地、全省重要的盐化工及石油化工基地和无内胎钢制车轮生产基地，有企业 58 家。开发区内道路纵横交错，交通便利。

广饶滨海新区 370523-E03
[Guǎngráo Bīnhǎi Xīnqū]

在县境东北部。南临小清河，北依支脉河，西靠新海路，东至渤海莱州湾，面积 12 000 公顷。因位于广饶县东南，且濒临渤海而得名。2011 年 3 月成立，由县级政府管理。区内产业发展按照高端、高效、低碳、生态、开放的发展定位。以机械制造、新能源、新材料、生物制药及海洋高新技术、滨海旅游等为产业主导，着力建设以生态经济、循环经济、海洋经济为核心的集约型、开放型、科技型产业园区，统筹建设基础设施配套、功能完善的现代化新城区和区域特色鲜明、带动能力强劲的海洋旅游风景区，促进产业发展与生态环境高度融合、人与自然和谐相处的国家示范区。辖区内有企业 52 家，有广饶盐化集团总公司、广饶海丰盐化有限公司、广饶明华盐化有限公司等知名企业。交通便利，通公交车。

广饶街道 370523-A01
[Guǎngráo Jiēdào]

县人民政府驻地。在县城南部。面积 82 平方千米。人口 9.3 万。2009 年设立。因是县政府驻地，故以县专名命名。城市建设先后完成迎宾路东延、广颖路东延、孙子文化旅游区、乐安公园、乐安大厦、国际博览中心、广饶汽车总站等建设。淄河、小清河、预备河从境内穿过。有中小学9所，图书馆1个，体育场馆1个，医疗卫生机构5个。有省级文物保护单位傅家遗址、五村遗址，有名胜古迹、景点孙武祠、綦公直墓、五村遗址公园、孙武祠文化广场、月河公园等。经济以工业为主。农业以种植小麦、玉米、蔬菜等为主。工业以电子生物、精细化工等高新产业为主。服务业以商贸业、金融业为主。有广饶汽车站、广饶汽车总站，通公交车。

乐安街道 370523-A02
[Lè'ān Jiēdào]

属广饶县管辖。在县城北部。面积87平方千米。人口4.5万。2009年设立。以县古称乐安县命名。先后完成广凯路东延、乐安中学、同和小学等建设。小清河、预备河、溢洪河、北贾沟从境内穿过。有中小学4所，知名文艺团体30个，医疗卫生机构36个。有省级文物保护单位营子遗址、倪宽墓，县级文物保护单位钟家遗址、寨村北岭遗址。有同和广场等标志性建筑物。经济以制造业、商贸、金融和物流业为主。农业种植小麦、玉米、蔬菜。工业形成棉纺织、精细化工、新型材料、橡胶轮胎、机械制造、食品药品等主导产业。境内有广饶经济开发区。通公交车。

大王镇 370523-B01
[Dàwáng Zhèn]

广饶县辖镇。在县境东北部。面积118平方千米。人口9.2万。辖97村委会，有93自然村。镇人民政府驻大王桥。1948年设区辖大王乡。1958年5月撤区并乡，设县辖大王乡，同年9月建东风四社，10月更名大王公社。1984年撤社设大王镇。

2001年西营乡并入。以镇人民政府驻地村得名。淄河、裙带河、阳河从境内穿过。有中小学10所，卫生院1个、医院1个，体育场1个，广场1个。有省级文物保护单位中共刘集支部旧址，县级文物保护单位西辛遗址、荣庄遗址。经济以制造业为主。农业以种植业为主，主产小麦、玉米、蔬菜、食用菌等。工业形成造纸印刷、汽车配件、化工热电、轮胎橡塑、建筑建材五大支柱产业，有规模以上企业128家、全国500强企业4家、中国制造业500强5家、上市公司3家、年销售收入过百亿的企业5家。有大王经济开发区，是环保新闻纸生产基地、子午胎生产聚集地、摩擦材料生产研发出口基地、山东省重点石油及盐化工基地。有长深高速、323省道、230省道过境，设大王客运站。

丁庄镇 370523-B02
[Dīngzhuāng Zhèn]

广饶县辖镇。在县境东北部。面积363平方千米。人口4.6万。辖45村委会，有54自然村。镇人民政府驻丁庄。1957年设赵嘴乡。1958年建赵嘴公社。1960年划归广北农场。1974年复归广饶县。1984年设丁庄乡。1994年撤乡设丁庄镇。以镇人民政府驻地村得名。小清河、支脉河、武家大沟从境内穿过，东临渤海湾。有中小学7所，卫生院1个。有县级文物保护单位唐头营，纪念地35个。经济以种植业为主。农业主产冬枣、玉米、小麦、棉花，"雪绒花"牌冬枣通过国家绿色食品认证。水产养殖业发达，盛产蓝蛤、蛏蜻、河蟹等海产品。工业以盐化工、造纸业为主。有荣乌高速和省道广青公路、青垦公路、新海公路过境。

李鹊镇 370523-B03
[Lǐquè Zhèn]

广饶县辖镇。在县境西南部。面积66

平方千米。人口 3.7 万。辖 57 村委会，有 45 自然村。镇人民政府驻李鹊。1956 年设李鹊区。1958 年建李鹊公社。1964 年建区分社，复设李鹊区。1970 年撤区建社，又设李鹊公社。1984 年设李鹊乡。2001 年撤销李鹊乡、小张乡，合并设李鹊镇。以镇人民政府驻地村得名。淄河、淉水河从境内穿过。有中小学 3 所，卫生院 1 个。有县级文物保护单位小张遗址、赵寺遗址、艾家遗址、车家遗址、郝家遗址等，纪念地 39 个。经济以农业为主。农业以蔬菜种植业为主，主产小麦、玉米、蔬菜。工业以面粉加工、石油仓储、汽车配件、建筑建材为主导产业，有广饶蔬菜批发市场。有兴广铁路和省道河辛公路、潍高公路过境。

稻庄镇 370523-B04
[Dàozhuāng Zhèn]

广饶县辖镇。在县境南部。面积 115 平方千米。人口 7.1 万。辖 85 村委会，有 86 自然村。镇人民政府驻稻庄。1947 年设稻庄区。1957 年设稻庄乡。1958 年 9 月建东风五社，10 月更名为稻庄公社。1984 年设稻庄镇。以镇政府驻地得名。淄河、小清河、丰收沟从境内穿过。有中小学 4 所，卫生院 1 个。有县级文物保护单位东水磨遗址，名胜古迹李青山故居、徐湾古墓等，纪念地 30 个。经济以轮胎制造业为主，建有稻庄高效生态经济区和西水橡胶轮胎循环经济园区。农业主产小麦、玉米、蔬菜、食用菌等，是重要的草莓、食用菌、植物油生产基地。工业形成印染纺织、橡胶轮胎、精细化工、机车制造、五金建材五大主导产业。有东青高速、荣乌高速、230 省道过境。

大码头镇 370523-B05
[Dàmǎtóu Zhèn]

广饶县辖镇。在县境东部。面积 128 平方千米。人口 4.8 万。辖 37 村委会，有 28 自然村。镇人民政府驻大码头。1948 年设马头乡。1958 年更名建马头公社。1982 更名为大码头公社。1984 年设大码头乡。2010 年刘桥乡部分地入，改设大码头镇。以镇人民政府驻地得名。小清河从境内穿过。有中小学 5 所，卫生院 1 个。有县级文物保护单位中共清河地委旧址，名胜古迹高港遗址群、桑三遗址等，纪念地 24 个。经济以农业为主。农业以种植业为主，主产小麦、玉米、棉花、食用菌等，建有山东黄河三角洲棉花物流基地。工业有新材料、粮油加工、化工、棉加工等企业。有荣乌高速、长深高速、230 省道过境。

花官镇 370523-B06
[Huāguān Zhèn]

广饶县辖镇。在县境西部。面积 116 平方千米。人口 3.9 万。辖 39 村委会，有 37 自然村。镇人民政府驻花官。1957 年设花官乡。1958 年建花官公社。1984 年设花官乡。2010 年改置镇。以镇政府驻地得名。小清河、支脉河从境内穿过。有中小学 4 所，卫生院 1 个。有县级文物保护单位柏寝台遗址、乐安故城遗址，名胜古迹来家遗址、草李遗址等，纪念地 33 个。经济以种植业为主。农业主产小麦、玉米、棉花、大蒜。大蒜种植历史悠久，为"中国蒜业十强乡镇"。工业以大蒜、棉花、食用菌、肉鸡加工为主，有 231 省道、319 省道过境。

陈官镇 370523-B07
[Chénguān Xiāng]

广饶县辖乡。在县境西北部。面积 108 平方千米。人口 2.4 万。辖 26 村委会，有 28 自然村。1948 年设陈官乡。1957 年并入碑寺乡。1958 年建碑寺公社。1961 年撤入花官公社。1970 年设斗柯公社。1984 年复设陈官乡。2014 年 11 月撤乡设镇。以乡政府驻地得名。支脉河从境内穿过。有中小学 2 所，卫生院 1 个。有名胜古迹燕儿遗址、高斗遗址、陈官遗址，纪念地 30 个。经济以农业为主。农业以种植业为主，主产小麦、玉米、棉花、大蒜等，畜牧养殖以牛、羊、肉食鸡为主。工业形成机械制造、精细化工等产业。有省道河辛公路、广青公路过境。

旧地名

石村镇（旧） 370523-U01
[Shícūn Zhèn]

在广饶县北部。广饶县辖镇。1994 年设立。2001 年大营乡并入。2009 年撤销，并入乐安街道，原镇东部 19 个行政村划归稻庄镇。

西刘桥乡（旧） 370523-U02
[Xīliúqiáo Xiāng]

在广饶县东部。广饶县辖镇。1984 年设立。2010 年撤销，并入大码头镇。

颜徐乡（旧） 370523-U03
[Yánxú Xiāng]

在广饶县中部。广饶县辖乡。1984 年设立，1996 年改颜徐镇。2001 年并入广饶镇，后属广饶街道。

花园乡（旧） 370523-U04
[Huāyuán Xiāng]

在广饶县西部。广饶县辖乡。1984 年设立。2001 年并入广饶镇，后属广饶街道。

小张乡（旧） 370523-U05
[Xiǎozhāng Xiāng]

在广饶县西南部。广饶县辖乡。1984 年设立。2001 年撤销李鹊乡、小张乡，合并设立李鹊镇。

西营乡（旧） 370523-U06
[Xīyíng Xiāng]

在广饶县南部。广饶县辖乡。1984 年设立。2001 年并入大王镇。

大营乡（旧） 370523-U07
[Dàyíng Xiāng]

在广饶县中部。广饶县辖乡。1984 年设立。2001 年并入石村镇，2009 年改称稻庄镇。

社区

西苑社区 370523-A01-J01
[Xīyuàn Shèqū]

属广饶街道管辖。在广饶县西南部。面积 0.4 平方千米。人口 9 500。因西苑小区得名。1999 年成立。有楼房 138 栋，现代建筑风格。驻有广饶县文化馆、广饶县妇幼保健计划生育服务中心等单位。有志愿者服务，开展"传承红色基因"教育等活动。通公交车。

阳光社区 370523-A01-J02
[Yángguāng Shèqū]

属广饶街道管辖。在广饶县东南部。面积 0.36 平方千米。人口 6 800。因阳光小区得名。2006 年成立。有楼房 202 栋，现代建筑风格。有志愿者服务。通公交车。

府前社区 370523-A01-J03
[Fǔqián Shèqū]

属广饶街道管辖。在广饶县中部。面积 1 平方千米。人口 6 400。因府前街得名。1999 年成立。有楼房 90 栋，现代建筑风格。驻有东营市博物馆、广饶县妇幼保健院等单位。有志愿者服务。通公交车。

迎宾社区 370523-A01-J04
[Yíngbīn Shèqū]

属广饶街道管辖。在广饶县北部。面积 15 平方千米。人口 6 300。因迎宾路得名。1999 年成立。有楼房 87 栋，现代建筑风格。驻有广饶党校、广饶宾馆、广饶县油地融合发展服务中心、广饶县疾病预防控制中心、广饶县烟草专卖局等单位。有志愿者服务。通公交车。

月河社区 370523-A01-J05
[Yuèhé Shèqū]

属广饶街道管辖。在广饶县西部。面积 5.5 平方千米。人口 4 100。因月河路得名。1999 年成立。有楼房 74 栋，现代建筑风格。驻有广饶县税务局、广饶县房管中心、凯泽集团、广饶一中西校、广饶县实验一小、新华书店等单位。通公交车。

孙武社区 370523-A01-J06
[Sūnwǔ Shèqū]

属广饶街道管辖。在广饶县南部。面积 6 平方千米。人口 4 000。因孙武路得名。1999 年成立。有楼房 76 栋，别墅 261 栋，现代建筑风格。驻有半球面粉厂、鲁星建筑公司等单位。有志愿者服务，开展元宵节包汤圆、端午节"粽"艺大比拼等活动。通公交车。

商业社区 370523-A01-J07
[Shāngyè Shèqū]

属广饶街道管辖。在广饶县中部。面积 3 平方千米。人口 3 400。因商业街得名。1998 年成立。有楼房 76 栋，现代建筑风格。驻有广饶县人民医院、广饶县退役军人事务局、中国人民银行、工商银行、广饶街道派出所等单位。有志愿者服务。通公交车。

康居社区 370523-A01-J08
[Kāngjū Shèqū]

属广饶街道管辖。在广饶县东部。面积 1.47 平方千米。人口 9 800。因康居花园小区得名。2009 年成立。有楼房 193 栋，现代建筑风格。有志愿者服务。通公交车。

二　居民点

东营区

城市居民点

海河小区 370502-I01

[Hǎihé Xiǎoqū]

在区境中部。人口 8 100。总面积 23.3 公顷。以北邻海河路而得名。1995 年始建，1999 年正式使用。建筑总面积 233 000 平方米，多层住宅楼 93 栋，现代建筑风格，绿地面积 70 000 平方米，有广场、商店、幼儿园、小学、农贸市场等配套设施。通公交车。

辽河小区 370502-I02

[Liáohé Xiǎoqū]

在区境中部。人口 4 000。总面积 18.1 公顷。因南邻辽河路而得名辽河小区。1999 年始建，1999 年正式使用。建筑总面积 118 000 平方米，多层住宅楼 47 栋，中西结合建筑风格，绿地面积 70 000 平方米，有广场、商店、幼儿园、农贸市场等配套设施。通公交车。

清风小区 370502-I03

[Qīngfēng Xiǎoqū]

在区境中部。人口 6 000。总面积 12.9 公顷。因是党政机关干部住宅区，取两袖清风之意得名。1992 年始建，1995 年正式使用。建筑总面积 121 000 平方米，多层住宅楼 60 栋，现代建筑风格，绿化率 23%，有广场、商店、幼儿园、社区卫生服务站等配套设施。通公交车。

府前小区 370502-I04

[Fǔqián Xiǎoqū]

在区境中部。人口 7 400。总面积 21.3 公顷。因在东营市政府驻地南侧而得名府前小区。1990 年始建，1994 年正式使用。建筑总面积 126 000 平方米，多层住宅楼 59 栋，现代建筑风格，绿化率 25%，有广场、商店、幼儿园、社区卫生服务站等配套设施。通公交车。

明月小区 370502-I05

[Míngyuè Xiǎoqū]

在区境中部。人口 5 000。总面积 7.1 公顷。以原明月湖得名明月小区。2000 年始建，2000 年正式使用。建筑总面积 147 000 平方米，多层住宅楼 47 栋，现代建筑风格，绿地面积 30 000 平方米，有广场、商店、幼儿园、社区卫生服务站等配套设施。通公交车。

安泰小区 370502-I06

[Āntài Xiǎoqū]

在区境中部。人口 8 000。总面积 67.9 公顷。以东营市直机关（安居工程）首字及吉祥嘉言、方位词得名安泰小区。2002 年始建，2005 年正式使用。建筑总面积 250 000 平方米，多层住宅楼 92 栋，中西结合建筑风格，绿化率30%，有广场、商铺、社区卫生服务站等配套设施。通公交车。

安宁小区 370502-I07
[Ānníng Xiǎoqū]

在区境中部。人口 6 200。总面积 54.1 公顷。以东营市直机关（安居工程）首字及吉祥嘉言得名安宁小区。2002 年始建，2006 年正式使用。建筑总面积 130 000 平方米，住宅楼 138 栋，其中高层 3 栋、多层 135 栋，现代建筑风格，绿地面积 58 000 平方米，有广场、商店、幼儿园、社区卫生服务站等配套设施。通公交车。

安盛小区 370502-I08
[Ānshèng Xiǎoqū]

在区境中部。人口 3 700。总面积 41.1 公顷。以东营市直机关（安居工程）首字和吉祥嘉言得名安盛小区。2004 年始建，2005 年正式使用。建筑总面积 161 000 平方米，多层住宅楼 53 栋，中西结合建筑风格，绿地面积 53 000 平方米，有广场、商店、幼儿园等配套设施。通公交车。

安兴小区 370502-I09
[Ānxīng Xiǎoqū]

在区境中部。人口 5 500。总面积 48.3 公顷。以东营市直机关（安居工程）首字和吉祥嘉言得名安兴小区。2005 年始建，2005 年正式使用。建筑总面积 180 000 平方米，多层住宅楼 57 栋，现代建筑风格，绿地面积 92 000 平方米，有广场、商店、幼儿园等配套设施。通公交车。

安和南区 370502-I10
[Ānhé Nánqū]

在区境中部。人口 6 000。总面积 35.8 公顷。以东营市直机关（安居工程）首字及吉祥词、方位词得名安和南区。2005 年始建，2005 年正式使用。建筑总面积 430 000 平方米，住宅楼 62 栋，其中高层 6 栋、多层 56 栋，现代建筑风格，绿地面积 113 000 平方米，有广场、商店、幼儿园等配套设施。通公交车。

惠州小区 370502-I11
[Huìzhōu Xiǎoqū]

在区境中部。人口 5 500。总面积 11.1 公顷。以邻近道路而得名。2005 年始建，2007 年正式使用。建筑总面积 139 000 平方米，多层住宅楼 41 栋，现代建筑风格，绿地面积 19 000 平方米，有广场、商店、幼儿园、社区卫生服务站等配套设施。通公交车。

金融小区 370502-I12
[Jīnróng Xiǎoqū]

在区境中部。人口 2 700。总面积 17.2 公顷。因居民均为市直国有金融系统干部职工而得名。2006 年始建，2009 年正式使用。建筑总面积 256 000 平方米，高层住宅楼 37 栋，中西结合建筑风格，绿化率 35%，有广场、商店、幼儿园、中医诊所等配套设施。通公交车。

明月豪庭 370502-I13
[Míngyuè Háotíng]

在区境中部。人口 1 400。总面积 14.3 公顷。以原明月湖得名明月豪庭。2003 年始建，2004 年正式使用。建筑总面积 120 000 平方米，多层住宅楼 118 栋，中西结合建筑风格，绿化率 52.7%，有广场、商店、幼儿园、社区卫生服务站等配套设施。通公交车。

辉煌庄园 370502-I14
[Huīhuáng Zhuāngyuán]

在区境中部。人口 2 100。总面积 24.1

公顷。以光辉灿烂,美好家园得名辉煌庄园。2002年始建,2003年正式使用。建筑总面积124 000平方米,多层住宅楼27栋,现代建筑风格,绿化率30%,有广场、商店、幼儿园、社区卫生服务站等配套设施。通公交车。

城发花园 370502-I15
[Chéngfā Huāyuán]

在区境中部。人口3 400。总面积9.8公顷。以开发公司和吉祥之意命名为城发花园。2010年始建,2011年正式使用。建筑总面积8.1万平方米。高层住宅楼38栋,中西结合建筑风格。绿化率25%。有健身器材等配套设施。通公交车。

中惠家园 370502-I16
[Zhōnghuì Jiāyuán]

在区境中部。人口1 300。总面积5.1公顷。以开发商东营中惠置业有限责任公司得名中惠家园。2009年始建,2009年正式使用。建筑总面积36 000平方米,多层住宅楼12栋,中西结合建筑风格,绿化率38.10%,有广场、健身器材、诊所、药店、便民超市、幼儿园等配套设施。通公交车。

英威花园 370502-I17
[Yīngwēi Huāyuán]

在区境中部。人口600。总面积2.2公顷。以嘉言得名英威花园。2007年始建,2008年正式使用。建筑总面积35 000平方米,高层住宅楼4栋,中西结合建筑风格,绿化率47.6%,有健身器材等配套设施。通公交车。

众成新居华府 370502-I18
[Zhòngchéng Xīnjū Huáfǔ]

在区境中部。人口3 000。总面积8.3公顷。以开发商山东众成地产集团有限公司及居住环境幽雅,得名众成新居华府。2008年始建,2008年正式使用。建筑总面积94 000平方米,住宅楼21栋,其中高层2栋、多层19栋,中西结合建筑风格。绿化率39%,有广场、健身器材、诊所、药店、便民超市、幼儿园等配套设施。通公交车。

万达丽日小区 370502-I19
[Wàndá Lìrì Xiǎoqū]

在区境中部。人口1 400。总面积8.1公顷。以开发商单位名称山东万达地产有限公司及附近地理实体丽日湖,得名万达丽日小区。2010年始建,2011年正式使用。建筑总面积120 000平方米,多层住宅楼7栋,别墅55栋,中西结合建筑风格,绿化率45%,有幼儿园、健身器材等配套设施。通公交车。

唐正四季花园 370502-I20
[Tángzhèng Sìjì Huāyuán]

在区境中部。人口3 100。总面积12.6公顷。以投资商山东唐正置业有限公司及居住环境优美,得名唐正四季花园。2012年始建,2013年正式使用。建筑总面积170 000平方米,住宅楼47栋,其中高层15栋、多层32栋,中西结合建筑风格,绿化率45%,有广场、商店、幼儿园、社区卫生服务站等配套设施。通公交车。

悦来新城小区 370502-I21
[Yuèlái Xīnchéng Xiǎoqū]

在区境中部。人口8 200。总面积18.6公顷。以开发商单位名称山东城投悦来地产有限公司,得名悦来新城小区。2011年始建,2013年正式使用。建筑总面积366 000平方米,高层住宅楼24栋,别墅28栋,中西结合建筑风格,绿化率35%,有广场、商店、幼儿园、社区卫生服务站等配套设施。通公交车。

永兴花园 370502-I22
[Yǒngxīng Huāyuán]

在区境中部。人口 1 600。总面积 7.7公顷。取永远兴旺之意而得名。2008 年始建，2009 年正式使用。建筑总面积 77 000 平方米，住宅楼 19 栋，其中高层 3 栋、多层 16 栋，中西结合建筑风格，绿化率 32%，有广场、商店、幼儿园等配套设施。通公交车。

沙营新园小区 370502-I23
[Shāyíng Xīnyuán Xiǎoqū]

在区境中部。人口 2 900。总面积 48.1公顷。随着东城建设的逐步扩大，从平房搬到城镇居民点，取建设一个新家园之意命名。2002 年始建，2004 年正式使用。建筑总面积 92 000 平方米，多层住宅楼 30 栋，中西结合建筑风格，绿化率 45%，有广场、幼儿园、商店、社区卫生服务站等配套设施。通公交车。

鑫雅庄园 370502-I24
[Xīnyǎ Zhuāngyuán]

在区境中部。人口 1 300。总面积 4.2公顷。以居住环境优美而得名鑫雅庄园。2007 年始建，2008 年正式使用。建筑总面积 36 000 平方米，高层住宅楼 8 栋，中西结合建筑风格，绿化率 20%，有广场、商店等配套设施。通公交车。

海丽园 370502-I25
[Hǎilì Yuán]

在区境中部。人口 1 845。总面积 7.9公顷。以建设单位原海丽丝织品厂得名海丽园。2002 年始建，2003 年正式使用。建筑总面积 81 000 平方米，多层住宅楼 18 栋，中西结合建筑风格，绿化率 3%，有广场、商店、幼儿园、社区卫生服务站等配套设施。通公交车。

锦华小区 370502-I26
[Jǐnhuá Xiǎoqū]

在区境中部。人口 30 000。总面积 257 公顷。寓意建设锦绣繁华新城区得名。1998 年始建，2000 年正式使用。建筑总面积 150 000 平方米，住宅楼 346 栋，其中高层 38 栋、多层 308 栋，中西结合建筑风格，绿化率 39%，有广场、公园、学校、医院、农贸市场等配套设施。通公交车。

金山小区 370502-I27
[Jīnshān Xiǎoqū]

在区境中部。人口 4 300。总面积 23.1公顷。因与江苏省徐州金山桥教育集团合作办学而得名金山小区。2005 年始建，2005年正式使用。建筑总面积 152 800 平方米，多层住宅楼 62 栋，别墅 26 栋，现代建筑风格，绿化率 30%，有广场、商店、幼儿园、社区卫生服务站等配套设施。通公交车。

鲁班公寓 370502-I28
[Lǔbān Gōngyù]

在区境中部。人口 3 800。总面积 20.2公顷。以取精益求精之意得名鲁班公寓。2002 年始建，2002 年正式使用。建筑总面积 167 600 平方米，多层住宅楼 43 栋，中西结合建筑风格，绿化率 30%，有广场、商店、幼儿园、社区卫生服务站等配套设施。通公交车。

槟香园小区 370502-I29
[Bīnxiāngyuán Xiǎoqū]

在区境中部。人口 4 400。总面积 16.3公顷。以植物之花香得名槟香园小区。2002 年始建，2004 年正式使用。建筑总面积 156 000 平方米，住宅楼 51 栋，其中高层 3 栋、多层 48 栋，中西结合建筑风格，绿化率 29%，有广场、商店、幼儿园、社区卫生服务站等配套设施。通公交车。

菊香园小区 370502-I30

[Júxiāngyuán Xiǎoqū]

在区境中部。人口1 800。总面积25.1公顷。以植物之花香得名菊香园小区。2002年始建，2004年正式使用。建筑总面积75 000平方米，多层住宅楼24栋，中西结合建筑风格，绿化率29%，有广场、商店、幼儿园、社区卫生服务站等配套设施。通公交车。

檀香园小区 370502-I31

[Tánxiāngyuán Xiǎoqū]

在区境中部。人口1 800。总面积8.5公顷。根据植物香气命名。2003年始建，2005年正式使用。建筑总面积89 000平方米，多层住宅楼30栋，中西结合建筑风格，绿化率27%，有广场、商店、健身器材等配套设施。通公交车。

榴香园小区 370502-I32

[Liúxiāngyuán Xiǎoqū]

在区境中部。人口2 600。总面积9.2公顷。因周边种植了很多石榴树，故名。2003年始建，2006年正式使用。建筑总面积97 000平方米，多层住宅楼34栋，现代建筑风格，绿化率27%，有广场、商店等配套设施。通公交车。

竹香园小区 370502-I33

[Zhúxiāngyuán Xiǎoqū]

在区境中部。人口1 500。总面积7.1公顷。根据植物香气命名。2002年始建，2004年正式使用。建筑总面积74 000平方米，多层住宅楼20栋，中西结合建筑风格，绿化率27%，有广场、商店、幼儿园等配套设施。通公交车。

桂香园小区 370502-I34

[Guìxiāngyuán Xiǎoqū]

在区境中部。人口300。总面积4.3公顷。根据植物香气命名。2002年始建，2004年正式使用。建筑总面积26 000平方米，多层住宅楼24栋，现代建筑风格，绿化率36%，有广场、商店、健身器材等配套设施。通公交车。

惠园小区 370502-I35

[Huìyuán Xiǎoqū]

在区境中部。人口4 500。总面积16.2公顷。因是市直廉租房，为与情况同样的市直下岗职工经济适用房的惠州小区名称一致，取其"惠"字加表示居住含义的"园"字为名。2007年始建，2008年正式使用。建筑总面积146 000平方米，住宅楼44栋，其中高层3栋、多层41栋，中西结合建筑风格，绿化率30%，有广场、商店等配套设施。通公交车。

建园小区 370502-I36

[Jiànyuán Xiǎoqū]

在区境中部。人口800。总面积4.2公顷。以建设美好家园得名建园小区。1989年始建，1990年正式使用。建筑总面积36 000平方米，多层住宅楼15栋，中西结合建筑风格，绿化率22%，有广场、商店、幼儿园、社区卫生服务站等配套设施。通公交车。

渤海小区 370502-I37

[Bóhǎi Xiǎoqū]

在区境中部。人口2 400。总面积18.9公顷。以所临海洋渤海得名渤海小区。1986年始建，1992年正式使用。建筑总面积49 000平方米，多层住宅楼18栋，中西结合建筑风格，绿化率40%，有广场、商店、幼儿园等配套设施。通公交车。

金宇润苑 370502-I38

[Jīnyǔ Rùnyuàn]

在区境中部。人口2 170。总面积14.8

公顷。以开发商单位名称山东金宇房地产开发有限公司，得名金宇润苑。2010 年始建，2012 年正式使用。建筑总面积 147 000 平方米，多层住宅楼 37 栋，中西结合建筑风格，绿化率 40%，有健身广场、超市等配套设施。通公交车。

伟浩春天花园 370502-I39
[Wěihào Chūntiān Huāyuán]

在区境中部。人口 800。总面积 4.1 公顷。以开发商山东伟浩建设工程有限公司及居住环境优美而得名伟浩春天花园。2009 年始建，2010 年正式使用。建筑总面积 28 300 平方米，住宅楼 14 栋，其中高层 4 栋、多层 10 栋，中西结合建筑风格，绿化率 50%，有健身广场、超市等配套设施。通公交车。

丰收家园 370502-I40
[Fēngshōu Jiāyuán]

在区境中部。户数 536，人口 500。总面积 5.1 公顷。因是胜利油田家属居住点丰收村的旧址，取名为丰收家园。2012 年始建，2013 年正式使用。建筑总面积 43 200 平方米，多层住宅楼 10 栋，中西结合建筑风格，绿化率 40.9%，有健身广场、超市等配套设施。通公交车。

盛苑小区 370502-I41
[Shèngyuàn Xiǎoqū]

在区境中部。人口 1 400。总面积 16.1 公顷。以吉祥嘉言得名盛苑小区。1984 年始建，1987 年正式使用。建筑总面积 146 000 平方米，多层住宅楼 40 栋，中西结合建筑风格，绿地面积 6 000 平方米，有健身广场、超市、幼儿园等配套设施。通公交车。

辛盛小区 370502-I42
[Xīnshèng Xiǎoqū]

在区境中部。人口 3 100。总面积 7.2 公顷。以吉祥嘉言得名辛盛小区。1982 年始建，1985 年正式使用。建筑总面积 68 300 平方米，多层住宅楼 33 栋，中西结合建筑风格，绿地面积 8 000 平方米，有健身广场、超市、药店等配套设施。通公交车。

华瑞小区 370502-I43
[Huáruì Xiǎoqū]

在区境中部。人口 1 800。总面积 14.1 公顷。以吉祥嘉言得名华瑞小区。1991 年始建，1992 年正式使用。建筑总面积 123 000 平方米，多层住宅楼 49 栋，中西结合建筑风格，绿地面积 35 000 平方米，有健身广场、超市、药店等配套设施。通公交车。

瑞康如意苑 370502-I44
[Ruìkāng Rúyìyuàn]

在区境中部。人口 1 000。总面积 29.8 公顷。以健康吉祥如意得名瑞康如意苑。2005 年始建，2006 年正式使用。建筑总面积 41 560 平方米，多层住宅楼 11 栋，中西结合建筑风格，绿化率 30.85%，有健身广场、超市等配套设施。通公交车。

运发小区 370502-I45
[Yùnfā Xiǎoqū]

在区境中部。人口 700。总面积 2.2 公顷。以吉祥嘉言鸿运发财而得名运发小区。1994 年始建，1996 年正式使用。建筑总面积 17 600 平方米，多层住宅楼 33 栋，中西结合建筑风格，绿地面积 17 300 平方米，有健身广场、超市等配套设施。通公交车。

海通骏景 370502-I46
[Hǎitōng Jùnjǐng]

在区境中部。人口 3 000。总面积 10.3

公顷。因是水景家园，追求环境与建筑的交融，空间的渗透与互补，故取名海通骏景。2005年始建，2006年正式使用。建筑总面积110 000平方米，住宅楼31栋楼，其中高层6栋、多层25栋，中西结合建筑风格，绿化率33%，有健身广场、超市等配套设施。通公交车。

新胜家园 370502–I47
[Xīnshèng Jiāyuán]

在区境中部。人口1 200。总面积7.3公顷。因是胜利街道办事处职工新的居住小区，取名新胜家园。1993年始建，1995年正式使用。建筑总面积55 000平方米，多层住宅楼17栋，现代建筑风格，绿地面积21 000平方米，有健身广场、超市等配套设施。通公交车。

胜利小区 370502–I48
[Shènglì Xiǎoqū]

在区境中部。人口5 400。总面积11.2公顷。以胜利油田中的"胜利"命名。1992年始建，1993年正式使用。建筑总面积98 500平方米，多层住宅楼52栋，中西结合建筑风格，绿地面积12 000平方米，有健身广场、超市、幼儿园等配套设施。通公交车。

青胜小区 370502–I49
[Qīngshèng Xiǎoqū]

在区境中部。人口2 700。总面积6.1公顷。以吉祥嘉言命名青胜小区。1993年始建，1995年正式使用。建筑总面积53 000平方米，多层住宅楼32栋，中西结合建筑风格，绿地面积29 746.94平方米，有便民超市、健身广场等配套设施。通公交车。

盛世嘉苑 370502–I50
[Shèngshì Jiāyuàn]

在区境中部。人口800。总面积29.9公顷。希望以后兴旺繁盛，故名盛世嘉苑。2008年始建，2009年正式使用。建筑总面积160 802平方米，多层住宅楼8栋，中西结合建筑风格，绿化率36%，有健身广场等配套设施。通公交车。

胜宏辰轩小区 370502–I51
[Shènghóng Chénxuān Xiǎoqū]

在区境中部。人口1 900。总面积18.1公顷。因是胜宏地产开发的楼盘，取"良辰美景"的含义，故名。2005年始建，2007年正式使用。建筑总面积90 000平方米，多层住宅楼26栋，中西结合建筑风格，绿化率39%，有商铺、健身广场等配套设施。通公交车。

锦程佳园 370502–I52
[Jǐnchéng Jiāyuán]

在区境中部。人口1 100。总面积17.5公顷。取"锦绣前程"之意而得名锦程佳园。2006年始建，2008年正式使用。建筑总面积160 877平方米，多层住宅楼56栋，中西结合建筑风格，绿化率41%，有便民超市、药店、银行、幼儿园等配套设施。通公交车。

胜宏美居小区 370502–I53
[Shènghóng Měijū Xiǎoqū]

在区境中部。人口3 900。总面积21.3公顷。因是胜宏地产开发的楼盘，取"良辰美景"的含义，故名。2006年始建，2008年正式使用。建筑总面积129 000平方米，多层住宅楼42栋，中西结合建筑风格，绿化率38.2%，有广场、超市、药店等配套设施。通公交车。

胜宏惠安小区 370502–I54
[Shènghóng Huì'ān Xiǎoqū]

在区境中部。人口1 200。总面积10.6公顷。因是市直廉租房，为与是相同情况的市直下岗职工经济适用房的惠州小区名称一致，取其"惠"字加安居乐业中的"安"字为名。2012年始建，2013年正式使用。建筑总面积90 000平方米，高层住宅楼16栋，中西结合建筑风格，绿化率30%，有便民超市、健身广场等配套设施。通公交车。

胜源小区　370502-I55
[Shèngyuán Xiǎoqū]

在区境中部。人口2 200。总面积3.1公顷。以胜利油田首字及吉祥嘉言得名胜源小区。1993年始建，1994年正式使用。建筑总面积26 000平方米，多层住宅楼13栋，中西结合建筑风格，绿地面积1 000平方米，有广场、健身器材等配套设施。通公交车。

涌金花园　370502-I56
[Yǒngjīn Huāyuán]

在区境中部。人口1 100。总面积13.2公顷。因盛产石油，石油俗称黑黄金，寓意在此居住和做生意的人财源广进，得名涌金花园。2009年始建，2011年正式使用。建筑总面积165 307平方米，高层住宅楼11栋，别墅30栋，中西结合建筑风格。绿化率38.7%，有广场、健身器材等配套设施。通公交车。

九禧花园　370502-I57
[Jiǔxǐ Huāyuán]

在区境中部。人口72。总面积0.6公顷。以寓意多喜多福得名九禧花园。2009年始建，2011年正式使用。建筑总面积4 000平方米，别墅4栋。绿地面积25 000平方米，有健身器材等配套设施。通公交车。

东方明珠小区　370502-I58
[Dōngfāng Míngzhū Xiǎoqū]

在区境中部。人口2 600。总面积14.2公顷。东是指东营，方是指供电公司方大置业公司，明珠是与电力系统有关的意思，故名东方明珠小区。2011年始建，2012年正式使用。建筑总面积179 061.57平方米。住宅楼25栋，其中高层9栋、多层16栋，别墅12栋，中西结合建筑风格，绿化率30%，有广场、健身器材等配套设施。通公交车。

金盾小区　370502-I59
[Jīndùn Xiǎoqū]

在区境中部。人口700。总面积39.1公顷。寓意居民人身和财产在此可以得到很好的保护，故名。2002年始建，2002年正式使用。建筑总面积38 000平方米，多层住宅楼10栋，中西结合建筑风格，绿地面积5 000平方米。有广场、健身器材等配套设施。通公交车。

红盾小区　370502-I60
[Hóngdùn Xiǎoqū]

在区境中部。人口400。总面积20.3公顷。因市工商局的标志像一块红色的盾牌，故名。2003年始建，2003年正式使用。建筑总面积31 000平方米，多层住宅楼12栋，中西结合建筑风格，绿化率37.85%，有健身器材等配套设施。通公交车。

蓝海馨园小区　370502-I61
[Lánhǎi Xīnyuán Xiǎoqū]

在区境中部。人口1 800。总面积16.1公顷。是蓝海酒店集团为解决内部员工住房问题而建造的温馨家园，故名。2010年始建，2012年正式使用。建筑总面积160 487平方米，住宅楼26栋，其中高层22栋、多层4栋，中西结合建筑风格，绿化率30%，有广场等配套设施。通公交车。

锦苑小区 370502-I62

[Jǐnyuàn Xiǎoqū]

在区境中部。人口 600。总面积 3.2 公顷。以吉祥嘉言得名锦苑小区。2004 年始建，2009 年正式使用。建筑总面积 523 000 平方米，高层住宅楼 21 栋，中西结合建筑风格，绿地面积 102 000 平方米，有幼儿园、卫生院、银行、广场、健身器材等配套设施。通公交车。

蓝天小区 370502-I63

[Lántiān Xiǎoqū]

在区境中部。人口 3 400。总面积 10.2 公顷。寓意像蓝天一样清澈、干净，故名蓝天小区。1983 年始建，2012 年正式使用。建筑总面积 145 000 平方米，高层住宅楼 17 栋，中西结合建筑风格，绿地面积 30 000 平方米，有广场、健身器材、幼儿园等配套设施。通公交车。

胜安小区 370502-I64

[Shèng'ān Xiǎoqū]

在区境北部。人口 3 300。总面积 1.2 公顷。以胜利安全为寓意命名胜安小区。1998 年始建，2001 年正式使用。建筑总面积 105 000 平方米，住宅楼 40 栋，其中高层 3 栋、多层 37 栋，中西结合建筑风格，绿化率 27%，有广场、商店、幼儿园、社区卫生服务站等配套设施。通公交车。

颐园小区 370502-I65

[Yíyuán Xiǎoqū]

在区境北部。人口 1 400。总面积 9.8 公顷。以中心医院谐音而得名颐园小区。1988 年始建，1992 年正式使用。建筑总面积 86 000 平方米，住宅楼 70 栋，其中高层 2 栋、多层 68 栋，现代建筑风格，绿化率 25%，有广场、商店、幼儿园、社区卫生服务站等配套设施。通公交车。

敬业小区 370502-I66

[Jìngyè Xiǎoqū]

在区境北部。人口 1 000。总面积 2.1 公顷。以吉祥嘉言得名敬业小区。1989 年始建，1992 年正式使用。建筑总面积 21 000 平方米，多层住宅楼 12 栋，中西结合建筑风格，绿化率 21%，有广场、商店、幼儿园、社区卫生服务站等配套设施，通公交车。

东利小区 370502-I67

[Dōnglì Xiǎoqū]

在区境中部。人口 3 000。总面积 20.2 公顷。以吉祥嘉言得名东利小区。2000 年始建，2003 年正式使用。建筑总面积 92 000 平方米，多层住宅楼 56 栋，中西结合建筑风格，绿化率 36%，有广场、商店、幼儿园、社区卫生服务站等配套设施。通公交车。

阳城小区 370502-I68

[Yángchéng Xiǎoqū]

在区境中部。总面积 21.1 公顷。以地处胜利发电厂，意味着带来阳光，得名阳城小区。1988 年始建，1992 年正式使用。建筑总面积 63 000 平方米，多层住宅楼 26 栋，中西结合建筑风格，绿化率 35%，有广场、商店、幼儿园、社区卫生服务站等配套设施。通公交车。

天鹅小区 370502-I69

[Tiān'é Xiǎoqū]

在区境中部。人口 1 426。总面积 10.1 公顷。以开发商海信置业及居住环境优美而得名海信天鹅湖。2008 年始建，2009 年正式使用。建筑总面积 92 000 平方米，多层住宅楼 24 栋，中西结合建筑风格，绿化率 24%，有广场、商店、社区卫生服务站等配套设施。通公交车。

桐凤小区 370502-I70

[Tóngfèng Xiǎoqū]

在区境中部。人口 5 200。总面积 17.2公顷。因栽下梧桐树引凤凰得名桐凤小区。1986 年始建，1989 年正式使用。建筑总面积 106 000 平方米，多层住宅楼 55 栋，中西结合建筑风格，绿化率 21%，有广场、商店、幼儿园、社区卫生服务站等配套设施。通公交车。

辛鸿家园 370502-I71

[Xīnhóng Jiāyuán]

在区境北部。人口 1 600。总面积 11.3公顷。"辛"字取自辛店街道首字，以吉祥词所得名辛鸿家园。2010 年始建，2012 年正式使用。建筑总面积 73 000 平方米，住宅楼 31 栋，其中高层 11 栋、多层 20 栋，中西结合建筑风格，绿化率 36%，有广场、商店、幼儿园、社区卫生服务站等配套设施。通公交车。

神树家园 370502-I72

[Shénshù Jiāyuán]

在区境北部。户数 50，人口 1 800。总面积 43.1 公顷。以所在居民点名神树坡而得名。2011 年始建，2012 年正式使用。建筑总面积 77 000 平方米，住宅楼 49 栋，其中高层 18 栋、多层 31 栋，中西结合建筑风格，绿化率 24%，配套设施有广场、商店、综合服务楼等。通公交车。

胜凯小区 370502-I73

[Shèngkǎi Xiǎoqū]

在区境北部。人口 2 000。总面积 34.2公顷。以胜利油田首字及吉祥词凯旋得名胜凯小区。1997 年始建，1998 年正式使用。建筑总面积 167 000 平方米，多层住宅楼 95 栋，中西结合建筑风格，绿化率 24%，有广场、商店、幼儿园、社区卫生服务站等配套设施。通公交车。

胜望小区 370502-I74

[Shèngwàng Xiǎoqū]

在区境北部。人口 2 000。总面积 15.1公顷。以胜利油田首字及吉祥嘉言得名胜望小区。1997 年始建，1998 年正式使用。建筑总面积 53 000 平方米，多层住宅楼 32栋，中西结合建筑风格，绿化率 23%，有广场、商店、幼儿园、社区卫生服务站等配套设施。通公交车。

胜兴小区 370502-I75

[Shèngxīng Xiǎoqū]

在区境北部。人口 2 000。总面积 15.3公顷。以所属企业胜利油田及吉祥嘉言得名胜兴小区。1997 年始建，1998 年正式使用。建筑总面积 79 000 平方米，多层住宅楼 51栋，中西结合建筑风格，绿化率 21%，有广场、商店、幼儿园、社区卫生服务站等配套设施。通公交车。

文汇小区 370502-I76

[Wénhuì Xiǎoqū]

在区境中部。人口 4 700。总面积 25.2公顷。取文化汇聚之意得名文汇小区。1996 年始建，1998 年正式使用。建筑总面积 128 000 平方米，多层住宅楼 45 栋，别墅 29 栋，现代建筑风格，绿地面积 15 000平方米，有广场、商店、幼儿园、社区卫生服务站等配套设施。通公交车。

聚园小区 370502-I77

[Jùyuán Xiǎoqū]

在区境南部。人口 3 200。总面积 19.9公顷。以吉祥嘉言得名聚园小区。1988 年始建，1995 年正式使用。建筑总面积 97 000

平方米，多层住宅楼 52 栋，中西结合建筑风格，绿化率 31%，有广场、商店、幼儿园、社区卫生服务站等配套设施。通公交车。

瑞景小区 370502-I78
[Ruìjǐng Xiǎoqū]

在区境南部。人口 3 600。总面积 21.2 公顷。以吉祥嘉言得名瑞景小区。1981 年始建，1987 年正式使用。建筑总面积 83 000 平方米，多层住宅楼 54 栋，中西结合建筑风格，绿化率 30%，有广场、商店、幼儿园、社区卫生服务站等配套设施。通公交车。

胜花小区 370502-I79
[Shènghuā Xiǎoqū]

在区境西部。人口 2 900。总面积 38.9 公顷。以所属单位名称胜利石化总厂谐音而得名胜花小区。1987 年始建，1989 年正式使用。建筑总面积 103 000 平方米，多层住宅楼 51 栋，中西结合建筑风格，绿化率 31%，有广场、商店、幼儿园、社区卫生服务站等配套设施。通公交车。

农村居民点

王营 370502-A01-H01
[Wángyíng]

在区驻地胜利街道北方向 6.1 千米。胜利街道辖自然村。人口 900。清道光年间，王本增由东营区辛店街道西营村迁居现在的王营村北，始系种地屋子，取名王家屋子。咸丰年间，又有王氏在村南建王家屋子。1945 年合并为一个村，因分别来自东营区辛店街道西营村、文汇街道东营村，故取名王家营子，后简称王营。聚落呈团块状分布。有农家书屋 1 个、乡村剧场 1 个、小学 1 所。经济以种植业为主，种植水稻、莲藕。有公路经此。

辛镇 370502-A01-H02
[Xīnzhèn]

在区驻地胜利街道东方向 0.5 千米。胜利街道辖自然村。人口 6 100。元代末年，有陈氏在此居住。明洪武二年（1369），康大用、陈友善从直隶省枣强县迁此，洪武五年（1372）建村，因年号天干地支为辛，取名辛镇。聚落呈团块状分布。有农家书屋 1 个、乡村剧场 1 个。有市级重点文物保护单位辛镇遗址。经济以商贸业、服务业为主。有公路经此。

孙家 370502-A01-H03
[Sūnjiā]

在区驻地胜利街道北方向 5.8 千米。胜利街道辖自然村。人口 400。1946 年，盖云汉、盖云江、盖安玉由蒲台县史口区黄店乡孙家村迁此立村，取名孙家屋子。1948 年春，王天宝兄弟三人由广饶县八区东营村迁居村西南 1.5 千米处居住，取名王天宝屋子。1972 年 12 月，孙家屋子和王天宝屋子合并为一个村，定名为孙家。聚落呈团块状分布。有农家书屋 1 个、文化大院 1 个、文化广场 1 个。经济以种植业为主，种植棉花、小麦，兼有运输业、服务业、商贸业。有公路经此。

耿井 370502-A03-H01
[Gěngjǐng]

在区驻地胜利街道西南方向 6.2 千米。黄河路街道辖自然村。人口 1 400。清乾隆年间耿世孝迁此立村，因位居退海之地，打出一甜水井，实属罕见，故名耿家井，简称耿井。聚落呈团块状分布。有农家书屋 1 个、乡村剧场 1 个。经济以种植业为主，种植棉花、蔬菜，兼有运输业、服务业、商贸业。有公路经此。

景屋　370502-A03-H02
[Jǐngwū]

在区驻地胜利街道西南方向11.3千米。黄河路街道辖自然村。人口500。明朝末年，景姓迁此定居，后渐成村落，故名景屋。聚落呈团块状分布。有农家书屋1个、乡村剧场1个。经济以种植业为主，兼有运输业、服务业、商贸业。有公路经此。

万泉　370502-A03-H03
[Wànquán]

在区驻地胜利街道西南方向8.3千米。黄河路街道辖自然村。人口2 700。明朝中期，张守财由寿光县迁此开荒定居，人称张家屋子。不久，闫、蒋等姓氏迁入，形成村落。清顺治年间，为征收钱粮赋税方便登记造册，改名万全庄。20世纪60年代胜利油田探得此处石油丰富，如泉喷涌，1985年，更名为万泉。聚落呈团块状分布。有农家书屋1个、乡村剧场1个、幼儿园1所。经济以种植业为主，种植小麦、棉花。兼有运输业、服务业、商贸业。有公路经此。

沙营　370502-A04-H01
[Shāyíng]

在区驻地胜利街道南6.2千米。东城街道辖自然村。人口2 900。明洪武二年（1369），张、纪二氏由山西省洪洞县迁此立村，因村前有一沙岭，取名沙岭。清顺治十五年（1658），苏明之妻携四子自唐头营迁此定居，更名沙营。聚落呈团块状分布。有文化广场1个。经济以种植业为主，种植棉花、小麦，兼有运输业、服务业、商贸业。有公路经此。

哨头　370502-A05-H01
[Shàotóu]

在区驻地胜利街道西北方向12.1千米。辛店街道辖自然村。人口1 500。明洪武年间，李氏先祖由直隶省枣强县迁此落户立村，因传说唐王李世民东征时在此地设过岗哨，故名哨头。聚落呈团块状分布。有农家书屋1个、乡村剧场1个、幼儿园1所。有市级重点文物保护单位哨头遗址。经济以种植业为主，种植小麦、棉花，兼有运输业、服务业、商贸业。有公路经此。

前进村　370502-A05-H02
[Qiánjìncūn]

在区驻地胜利街道西方向16.3千米。辛店街道辖自然村。人口1 400。明洪武年间，李、吕、赵、刘等姓由山西洪洞县迁至大佛寺院东北百米处建村，故取名李佛院，简称李佛。后在"文化大革命"期间改名为前进村。聚落呈团块状分布。有农家书屋1个、乡村剧场1个。经济以种植业为主，种植小麦、棉花，兼有运输业、服务业、商贸业。有公路经此。

成寨　370502-A05-H03
[Chéngzhài]

在区驻地胜利街道西南方向17.3千米。辛店街道辖自然村。人口2 100。明永乐四年（1406），成寿山由山西省洪洞县迁此立村，取名成寨。聚落呈团块状分布。有农家书屋1个、乡村剧场1个、幼儿园1所、小学1所。经济以种植业为主，兼有运输业、服务业、商贸业。有公路经此。

茶坡　370502-A05-H04
[Chápō]

在区驻地胜利街道西北方向13.5千米。辛店街道辖自然村。人口2 100。明洪武二年（1369），王氏由山西省洪洞县迁此定居，于西坡朝阳形成村落，取名朝阳坡。据传，朱元璋东征路过此地，曾在此地一大树下饮茶，加之当时此地生产茶果子，故改名为茶坡。聚落呈团块状分布。有农家书屋1

个、乡村剧场 1 个、小学 1 所。经济以种植业为主，兼有运输业、服务业、商贸业。有公路经此。

西现河 370502-A06-H01
[Xīxiànhé]

在区驻地胜利街道西南方向 11.1 千米。胜园街道辖自然村。人口 900。明洪武二年（1369），王姓直隶枣强县迁此立村，因村址坐落在三条河之间，故取名现河。后分为东西两个生产大队，居西者为西现河。聚落呈团块状分布。有农家书屋 1 个、乡村剧场 1 个。经济以种植业为主，兼有服务业、商贸业。有公路经此。

东商 370502-A06-H02
[Dōngshāng]

在区驻地胜利街道西南方向 17.4 千米。胜园街道辖自然村。人口 500。明永乐四年（1406），商氏由直隶省枣强县迁此立村，分立东西两个村，居东者取名东商。聚落呈团块状分布。有农家书屋 1 个、乡村剧场 1 个。有市级非物质文化遗产传统音乐东商锣鼓。经济以种植业为主，兼有运输业、服务业、商贸业。有公路经此。

卢家 370502-A06-H03
[Lújiā]

在区驻地胜利街道西南方向 17.9 千米。胜园街道辖自然村。人口 900。明洪武二年（1369），卢彦、卢松、卢柱兄弟三人由直隶省枣强县迁此立村，取名卢家。聚落呈团块状分布。有农家书屋 1 个、乡村剧场 1 个。有三里庄战役指挥部遗址。经济以种植蔬业为主，种植小麦、玉米、豆类、棉花，兼有运输业、服务业、商贸业。电厂铁路经此。

北高 370502-A06-H04
[Běigāo]

在区驻地胜利街道西南方向 13.2 千米。胜园街道辖自然村。人口 900。明洪武二年（1369），高福生由直隶省枣强县迁此立村，取名高家。因当地西南方有一西高，1958 年更名为北高。聚落呈团块状分布。有农家书屋 1 个、乡村剧场 1 个。经济以种植业为主，兼有建筑业、租赁业、运输业、服务业、商贸业。淄东铁路经此。

南王 370502-A06-H05
[Nánwáng]

在区驻地胜利街道西南方向 15.1 千米。胜园街道辖自然村。人口 1 100。明永乐四年（1406），王氏由直隶省枣强县迁此立村，取创业之意，得名为业基王，后因位居丁家村南，更名为南王。聚落呈团块状分布。有农家书屋 1 个、乡村剧场 1 个。有欢迎王道部队光荣反正大会遗址。经济以种植业为主，兼有建筑业、租赁业、运输业、服务业、商贸业。有公路经此。

牛庄 370502-B01-H01
[Niúzhuāng]

牛庄镇人民政府驻地。在区驻地胜利街道西南方向 18.6 千米。人口 1 600。明天顺五年（1461），东隋村隋佐明迁往牛氏遗址居住，因原村系牛氏所立，故称牛家庄，后称牛庄。聚落呈团块状分布。有农家书屋 1 个、乡村剧场 1 个、文化大院 1 个。有广兴布店遗址、广济药店遗址、牛庄烈士祠，有区级非物质文化遗产传统音乐牛庄七鼓点、传统舞蹈牛庄霸王鞭。经济以种植业为主，种植玉米。231 省道经此。

西隋 370502-B01-H02
[Xīsuí]

在区驻地胜利街道西南方向 16.3 千

米。牛庄镇辖自然村。人口600。明洪武二年（1369），张姓由直隶省枣强县迁来北隋西侧立村，取名小张家。明嘉靖十八年（1813），北隋隋皓迁至该村居住，因隋氏人丁兴旺，该村又和北隋一湾之隔，遂称湾西，后更名为西隋。聚落呈团块状分布。有农家书屋1个、乡村剧场1个。有区级重点文物保护单位隋氏祠堂。经济以种植业、养殖业为主，兼有运输业、服务业、商贸业。231省道经此。

东隋 370502-B01-H03

[Dōngsuí]

在区驻地胜利街道西南方向16.1千米。牛庄镇辖自然村。人口1 900。元皇庆年间，隋志远由栖霞县城南蛇窝泊迁此立村，因其弟同时迁居寿光立村为南隋，故取名北隋。后因村西隔湾有一西隋，1953年改称东隋。聚落呈团块状分布。有农家书屋1个、乡村剧场1个。有山纵三旅成立大会遗址。经济以种植业、养殖业为主，种植粮食，养殖田螺、肉兔，兼有运输业、服务业、商贸业。231省道经此。

解家 370502-B01-H04

[Xièjiā]

在区驻地胜利街道西南方向18.1千米。牛庄镇辖自然村。人口1 100。明洪武二年（1369），解恒由山西云州以南乌河卫解河寨迁来，更村名为解家楼，后称解家。聚落呈团块状分布。有农家书屋1个、乡村剧场1个。有区级非物质文化遗产解家草编。经济以种植业为主，编织业为辅，种植棉花、小麦。有公路经此。

曹家 370502-B01-H05

[Cáojiā]

在区驻地胜利街道西南方向17.1千米。牛庄镇辖自然村。人口800。明洪武二年

（1369），曹甫由山西省洪洞县迁此立村，故名曹家。聚落呈团块状分布。有农家书屋1个、乡村剧场1个。有广北县委驻地遗址。经济以种植业为主，种植小麦、棉花，兼有养殖业、服务业、商贸业。231省道经此。

贾刘 370502-B01-H06

[Jiǎliú]

在区驻地胜利街道西南方向17.2千米。牛庄镇辖自然村。人口700。明洪武二年（1369），贾阳明由山西洪洞县迁立此村，取名贾家。明万历四年（1576），刘瑁由直隶盐山县南关迁来，更名为贾刘。聚落呈团块状分布。有农家书屋1个、乡村剧场1个。有贾刘兵工厂遗址。经济以种植业为主，种植小麦、棉花，兼有养殖业、服务业、商贸业。231省道经此。

前邵 370502-B01-H07

[Qiánshào]

在区驻地胜利街道西南方向19.3千米。牛庄镇辖自然村。人口1 100。明嘉靖十四年（1535），邵斐然由广饶城北邵家庄迁来张李村前立村，取名邵家。1937年，因其在后邵村前，故更名为前邵。聚落呈团块状分布。有农家书屋1个、乡村剧场1个。经济以种植业为主，兼有养殖业、服务业、商贸业。231省道经此。

邵桥 370502-B01-H08

[Shàoqiáo]

在区驻地胜利街道西南方向20.2千米。牛庄镇辖自然村。人口200。清乾隆四年（1739），刘姓由刘营村迁至支脉河北岸搭屋居住，始称河崖屋子。乾隆七年（1742），在支脉河上建桥，当时该村属邵家管辖，故称桥为邵家桥，次年更村名为邵家桥，简称邵桥。聚落呈团块状分布。有农家书屋1个、乡村剧场1个。有邵桥地雷战遗址。

经济以种植业为主，兼有服务业、商贸业。有公路经此。

王营 370502-B01-H09

［Wángyíng］

在区驻地胜利街道西南方向20.1千米。牛庄镇辖自然村。人口400。清乾隆年间，王建才父子由魏家村迁此立村，故取名王营。聚落呈团块状分布。有农家书屋1个、乡村剧场1个。经济以种植业为主，种植棉花、小麦、玉米，兼有养殖业、服务业、商贸业。231省道经此。

谭家 370502-B01-H10

［Tánjiā］

在区驻地胜利街道西南方向19.2千米。牛庄镇辖自然村。人口800。明万历年间，谭波由莱阳县迁此立村，取名谭家。聚落呈团块状分布。有农家书屋1个、乡村剧场1个。经济以种植业为主，兼有服务业、商贸业。231省道经此。

时家 370502-B01-H11

［Shíjiā］

在区驻地胜利街道西南方向18.1千米。牛庄镇辖自然村。人口800。明洪武二年（1369），时国宏、时国俊兄弟二人由山西省洪洞县迁此立村，故名时家。聚落呈团块状分布。有农家书屋1个、乡村剧场1个。有国家级非物质文化遗产传统戏曲吕剧。经济以种植业为主，种植棉花、小麦、蔬菜，兼有服务业、商贸业。231省道经此。

大杜 370502-B01-H12

［Dàdù］

在区驻地胜利街道西南方向16.2千米。牛庄镇辖自然村。人口1 500。明天顺初年（1456），杜氏五世祖增盛迁至乐安北隅崇信乡以东立村，取名杜家，后称大杜。

聚落呈团块状分布。有农家书屋1个、乡村剧场1个。经济以种植业为主，种植小麦、棉花，兼有养殖业、服务业、商贸业。231省道经此。

东张 370502-B01-H13

［Dōngzhāng］

在区驻地胜利街道西南方向16.5千米。牛庄镇辖自然村。人口1 400。清康熙元年（1662），张诚涤由今广饶县西关寨子庄迁此立村，取名张家，后因该村地处广饶县第八区东部，故改称东张。聚落呈团块状分布。有农家书屋1个、乡村剧场1个。经济以种植业为主，兼有服务业、商贸业。有公路经此。

西范 370502-B01-H14

［Xīfàn］

在区驻地胜利街道西南方向20.2千米。牛庄镇辖自然村。人口1 900。明洪武四年（1371），王、周两姓从山西洪洞县迁至范家庄遗址立村。清乾隆年间，为避免传染病，北移2千米，居于范家坡地，故取名范家坡村。清光绪年间，以村中水湾为界，形成东、西两个自然村落，湾西为西范家坡，简称西范。聚落呈团块状分布。有农家书屋1个、乡村剧场1个、小学1所。经济以种植业为主，种植小麦、玉米、棉花，兼有养殖业、服务业、商贸业。有公路经此。

车里 370502-B01-H15

［Chēlǐ］

在区驻地胜利街道西南方向17.3千米。牛庄镇辖自然村。人口1 100。明宣德年间，张大贤从大许村迁此立村。张姓祖籍系山西云州以南乌沙卫车里镇张家胡同，为纪念桑梓地，起名车里。聚落呈团块状分布。有农家书屋1个、乡村剧场1个。有区级非物质文化遗产车里筛子制作技艺。经济以种植业为主，种植小麦、棉花。兼有服务业、商贸业。有公路经此。

辛集 370502-B01-H16
[Xīnjí]

在区驻地胜利街道西南方向18.2千米。牛庄镇辖自然村。人口1 100。明宣德年间，张大孔由大许村迁此立村，取名新庄子。明正统年间，邻村人在新庄子井边以物换物，逐渐形成小集市，村名称新集，明末清初，改为辛集。聚落呈团块状分布。有农家书屋1个、乡村剧场1个。有区级重点文物保护单位牛庄镇武庙、张氏祠堂，有蝎子湾（王武）战斗遗址。经济以种植业为主，兼有服务业、商贸业。有公路经此。

岳家 370502-B01-H17
[Yuèjiā]

在区驻地胜利街道西南方向19.3千米。牛庄镇辖自然村。人口400。明洪武二年（1369），岳世宠由直隶省枣强县迁此立村，取名岳家。聚落呈团块状分布。有农家书屋1个、乡村剧场1个。有岳拙园烈士墓。经济以种植业为主，兼有服务业、商贸业。有公路经此。

湾杨 370502-B01-H18
[Wānyáng]

在区驻地胜利街道西南方向19.6千米。牛庄镇辖自然村。人口500。明永乐三年（1405），杨珂由直隶省枣强县迁此立村，因居于水湾旁而取名湾杨。聚落呈团块状分布。有农家书屋1个、乡村剧场1个。经济以种植业为主，种植棉花、小麦、玉米，兼有养殖业、服务业、商贸业。有公路经此。

西小武 370502-B01-H19
[Xīxiǎowǔ]

在区驻地胜利街道西南方向19.7千米。牛庄镇辖自然村。人口200。明洪武二年（1369），武子宁由直隶枣强县迁此立村，取名武家。明宣德二年（1427），武子宁之三世孙东迁四里立东武家村，后称西武家。因与大武村区别，渐改为西小武。聚落呈团块状分布。有农家书屋1个、乡村剧场1个。经济以种植业为主，兼有养殖业、服务业、商贸业。有公路经此。

张庄 370502-B01-H20
[Zhāngzhuāng]

在区驻地胜利街道西南方向21.2千米。牛庄镇辖自然村。人口600。明正德年间，张姓由榆林村迁此立村，名张家庄。清雍正三年（1725）改称张庄。聚落呈团块状分布。有农家书屋1个、乡村剧场1个。经济以种植业为主，种植小麦、棉花。兼有服务业、商贸业。有公路经此。

陈庄 370502-B01-H21
[Chénzhuāng]

在区驻地胜利街道西南方向22.5千米。牛庄镇辖自然村。人口2 700。明万历十六年（1588），陈乐天勘治乐安县支脉沟北官荒，率众垦荒，建房舍集贫民，拔田宅，使其安居乐业，号称陈乐天庄。清康熙五十八年（1719），因陈姓众多，更名为陈家庄子，后简称陈庄。聚落呈团块状分布。有农家书屋1个、乡村剧场1个。有广博蒲三边工作委员会遗址。经济以种植业为主，兼有养殖业、服务业、商贸业。有公路经此。

西六户 370502-B02-H01
[Xīliùhù]

六户镇人民政府驻地。在区驻地胜利街道西南方向13.0千米。人口400。清代，张、刘、孙三氏分别由今东营区东寨和广饶县稻庄迁此立村，因村东有东六户，为区别故取名西六户。聚落呈团块状分布。有农家书屋 1 个、乡村剧场 1 个。经济以种植业为主，种植葡萄、甜瓜、棉花。荣乌高速经此。

东六户 370502-B02-H02
[Dōngliùhù]

区驻地胜利街道南方向 9.5 千米。六户镇辖自然村。人口 2 600。元代，就有张姓居此，明洪武年间，樊、马、苏等五姓迁此与张姓建村，因是六姓，故名六户，后改为东六户。聚落呈团块状分布。有农家书屋 1 个、乡村剧场 1 个。经济以种植业为主，种植葡萄、甜瓜，兼有服务业、商贸业。荣乌高速经此。

田庄 370502-B02-H03
[Tiánzhuāng]

在区驻地胜利街道东南方向 14.2 千米。六户镇辖自然村。人口 1 600。明洪武二年（1369），田三省由山西洪洞县迁此与刘姓建村，故名田刘庄。后田、刘二姓迁走，马姓迁入，名田庄。聚落呈团块状分布。有农家书屋 1 个、乡村剧场 1 个、幼儿园 1 所。经济以养殖业为主，兼有服务业、商贸业。230 省道、319 省道经此。

李宅 370502-B02-H04
[Lǐzhái]

在区驻地胜利街道南方向 10.2 千米。六户镇辖自然村。人口 800。明洪武二年（1369），李子新由直隶省枣强县迁此建宅定居，故名李宅。聚落呈团块状分布。有农家书屋 1 个、乡村剧场 1 个。经济以种植业为主，兼有服务业、商贸业。有公路经此。

王岗 370502-B02-H05
[Wánggǎng]

在区驻地胜利街道东南方向 8.1 千米。六户镇辖自然村。人口 2 200。元代，此地原是一高岗，因王姓建村，故名王家岗，简称王岗，后王姓迁走，闫、魏等姓迁入，仍名王岗。聚落呈团块状分布。有农家书屋 1 个、乡村剧场 1 个、幼儿园 1 所。有北海银行清河分行遗址。经济以种植业、盐业为主，兼有服务业、商贸业。230 省道经此。

北辛 370502-B02-H06
[Běixīn]

在区驻地胜利街道东南方向 7.4 千米。六户镇辖自然村。人口 1 900。明洪武年间，李德、孙友谅表兄弟三人在此立村，取名新庄，后演化为辛庄。后因南有一辛庄，更名北辛。聚落呈团块状分布。有农家书屋 1 个、乡村剧场 1 个、幼儿园 1 所。有北辛盐业遗址。经济以种植业为主，兼有服务业、租赁业、运输业、商贸业。230 省道经此。

武王 370502-B02-H07
[Wǔwáng]

在区驻地胜利街道南方向 14.3 千米。六户镇辖自然村。人口 1 700。明永乐年间，武、王两氏建村，故名武王。后武、王两姓迁走，张、赵、李姓迁入，仍名武王。聚落呈团块状分布。有农家书屋 1 个、乡村剧场 1 个。经济以种植业为主，兼有服务业、商贸业。有公路经此。

大许 370502-B02-H08
[Dàxǔ]

在区驻地胜利街道南方向 8.4 千米。六户镇辖自然村。人口 1 600。明初，许姓兄弟二人迁来，兄在此建村，故名大许。后许姓迁走，张姓迁入，仍名大许。聚落呈团块状分布。有文化大院1个、幼儿园1所。经济以种植业为主，种植棉花、小麦、大豆，兼有服务业、商贸业。荣乌高速、德大铁路经此。

邱家 370502-B02-H09
[Qiūjiā]

在区驻地胜利街道南方向14.8千米。六户镇辖自然村。人口1 200。明末，邱之岱、邱之桐、邱之柏、邱之傑兄弟四人由寿光弼家庄迁此立村，故名邱家。聚落呈团块状分布。有农家书屋1个、文化大院1个。经济以种植业为主，兼有服务业、商贸业。荣乌高速、德大铁路经此。

史口 370502-B03-H01
[Shǐkǒu]

史口镇人民政府驻地。在区驻地胜利街道西南方向22.6千米。人口5 000。因村庄在赵家河入海口处，且村内多史姓，得名史家口，后称史口。聚落呈团块状分布。有农家书屋1个、乡村剧场1个、文化大院1个。有非物质文化遗产史口水煎包、史口烧鸡制作技艺、史口肴兔制作技艺、史口羊肉汤制作技艺。有金代大钟、福昌寺、大佛寺、观音堂、天齐庙等重要历史遗迹。经济以种植业为主，种植棉花、大蒜。220国道、淄东铁路经此。

刘家集 370502-B03-H02
[Liújiājí]

在区驻地胜利街道西南方向20.1千米。史口镇辖自然村。人口1 800。明永乐年间，刘琢、刘讷兄弟二人由直隶省枣强县迁此立村，因严姓早居，故取名严刘庄，后因有集市，且严氏迁走，更名刘家集。聚落呈团块状分布。有农家书屋1个、乡村剧

场1个。有市级重点文物保护单位刘集遗址、刘集祠堂。经济以种植业为主，兼有养殖业、服务业、商贸业。淄东铁路、228省道经此。

徐家 370502-B03-H03
[Xújiā]

在区驻地胜利街道西南方向22.3千米。史口镇辖自然村。人口700。明永乐年间，徐德林、徐德兴兄弟二人由江苏省邳县迁来居住。因徐氏家业兴旺，故更名为徐家。聚落呈团块状分布。有农家书屋1个、乡村剧场1个、文化广场1个。经济以种植业为主，兼有养殖业、运输业、服务业、商贸业。淄东铁路经此。

安子张 370502-B03-H04
[Ānzizhāng]

在区驻地胜利街道西南方向19.5千米。史口镇辖自然村。人口600。明洪武二年（1369），张光普由直隶省枣强县迁此立村。因以贩卖棉花为生，得名花安子张。后为美化村名，改名为安子张。聚落呈团块状分布。有农家书屋1个、乡村剧场1个、文化广场1个。经济以种植业为主，兼有养殖业、服务业、商贸业。220国道、228省道经此。

前王 370502-B03-H05
[Qiánwáng]

在区驻地胜利街道西南方向22.3千米。史口镇辖自然村。人口200。明永乐年间，王先秀由山西洪洞县迁此立村，由于村民皮工多，乡民称之为裴王，后因神仙沟北有一王姓村，遂改称前王。聚落呈团块状分布。有农家书屋1个、乡村剧场1个、文化广场1个。经济以种植业为主，兼有养殖业、服务业、商贸业。220国道、228省道经此。

万家 370502-B03-H06

[Wànjiā]

在区驻地胜利街道西南方向23.1千米。史口镇辖自然村。人口500。明洪武二年（1369），万姓由直隶省枣强县迁此立村，故名万家。聚落呈团块状分布。有农家书屋1个、乡村剧场1个、文化广场1个。有市级重点文物保护单位曲氏祠堂。经济以种植业为主，兼有养殖业、服务业、商贸业。德大铁路经此。

于林 370502-B03-H07

[Yúlín]

在区驻地胜利街道西南方向17.2千米。史口镇辖自然村。人口1 200。明洪武二年（1369），郭龙、郭虎兄弟由隶省枣强县迁此立村，因此处有一条沟两岸榆树成荫，村民沿沟居住，故名榆林，后改名于林。聚落呈团块状分布。有农家书屋1个、乡村剧场1个、文化广场1个。经济以种植业为主，兼有养殖业、服务业、商贸业。淄东铁路、220国道经此。

三里 370502-B03-H08

[Sānlǐ]

在区驻地胜利街道西南方向19.5千米。史口镇辖自然村。人口300。明崇祯二年（1630），李金贵、李明安分别从培李村、都福李村迁此立村，因距史口关帝庙三里，故名三里庄，简称三里。聚落呈团块状分布。有农家书屋1个、乡村剧场1个、文化广场1个。有三里庄战斗遗址。经济以种植业为主，兼有养殖业、服务业、商贸业。淄东铁路经此。

大宋 370502-B03-H09

[Dàsòng]

在区驻地胜利街道西南方向16.3千米。史口镇辖自然村。人口1 500。明永乐年间，宋氏由直隶省枣强县迁此居住，渐成村落。以立村姓氏而得名。因东南有宋姓村，故名西宋，后因村落相对较大，更名大宋。聚落呈团块状分布。有农家书屋1个、乡村剧场1个、文化广场1个。经济以种植业为主，兼有养殖业、运输业、服务业、商贸业。231省道经此。

刘营 370502-B03-H10

[Liúyíng]

在区驻地胜利街道西南方向18.1千米。史口镇辖自然村。人口800。明永乐年间，刘卓、刘诸兄弟二人由直隶省枣强县迁此立村，因此处是古兵营遗址，取名刘营。聚落呈团块状分布。有农家书屋1个、乡村剧场1个、文化广场1个。经济以种植业为主，种植棉花、小麦、蔬菜，兼有养殖业、服务业、商贸业。有公路经此。

油郭 370502-B03-H11

[Yóuguō]

在区驻地胜利街道西南方向17.2千米。史口镇辖自然村。人口2 000。明洪武年间，郭磊、郭殿由兖州府泗水县郭山厂迁此立村，以卖油为生，形成集市，取名油郭。聚落呈团块状分布。有农家书屋1个、乡村剧场1个、文化广场1个、幼儿园1所。经济以种植业为主，兼有养殖业、服务业、商贸业。有公路经此。

艾家 370502-B03-H12

[Àijiā]

在区驻地胜利街道西南方向19.2千米。史口镇辖自然村。人口300。明洪武二年（1369），陈氏迁此立村，名陈家庄。明永乐六年（1408），艾氏来此落户，更名艾家。聚落呈团块状分布。有农家书屋1个、乡村剧场1个、文化广场1个。有区级非物质文化遗产艾家纺纱锭杆制作技艺。经济以种植业为主，兼有养殖业、服务业、商贸业。有公路经此。

西商 370502-B03-H13
[Xīshāng]

在区驻地胜利街道西南方向17.1千米。史口镇辖自然村。人口1 400。明永乐四年（1406），商氏由直隶枣强县迁此立村，后分为东、西两个村，居西者名西商。聚落呈团块状分布。有农家书屋1个、乡村剧场1个、文化广场1个。经济以种植业为主，兼有养殖业、服务业、商贸业。有公路经此。

龙居 370502-B04-H01
[Lóngjū]

龙居镇人民政府驻地。在区驻地胜利街道西南方向28.5千米。人口1 800。传宋太祖赵匡胤曾居此，故名。聚落呈团块状分布。有文化大院1个、邻里剧场1个、文化广场1个。有市级非物质文化遗产龙居丸子制作技艺、民间传说龙居的传说。经济以种植业为主，种植小麦、棉花，兼有养殖业、服务业。220国道经此。

大麻湾 370502-B04-H02
[Dàmáwān]

在区驻地胜利街道西南方向32.4千米。龙居镇辖自然村。人口1 600。明洪武二年（1369），刘氏由直隶省枣强县迁此定居，后移居湾西立村，因村东有小麻湾，故取名大麻湾。聚落呈团块状分布。有农家书屋1个、乡村剧场1个、文化广场1个。有市级重点文物保护单位麻湾古镇遗址，区级非物质文化遗产龙居麻湾刀。经济以种植业、桑蚕业为主，兼有养殖业和服务业。有公路经此。

小麻湾 370502-B04-H03
[Xiǎomáwān]

在区驻地胜利街道西南方向30.1千米。龙居镇辖自然村。人口700。明洪武二年（1369），李氏由直隶省枣强县狼格庄迁此立村，因西有大麻湾，故取名小麻湾。聚落呈团块状分布。有农家书屋1个、乡村剧场1个、文化广场1个。经济以种植业、桑蚕业为主，兼有养殖业、服务业、商贸业。有公路经此。

北薛 370502-B04-H04
[Běixuē]

在区驻地胜利街道西南方向24.1千米。龙居镇辖自然村。人口600。明洪武二年（1369），薛氏三兄弟由山西羊曲县，经直隶枣强县迁此，入胡家庄定居。因原胡姓无嗣继，故更名薛家，后又因与南薛家重名，故更名北薛。聚落呈团块状分布。有农家书屋1个、乡村剧场1个、文化广场1个。经济以种植业为主，兼有养殖业、服务业、商贸业。有公路经此。

十三图 370502-B04-H05
[Shísāntú]

在区驻地胜利街道西南方向24.2千米。龙居镇辖自然村。人口1 000。明永乐年间，张氏由直隶省枣强县迁此立村，因旧管制推行图制行政区划，编为十三图。聚落呈团块状分布。有农家书屋1个、乡村剧场1个、文化广场1个。经济以桑蚕业、畜牧业为主，兼有服务业、商贸业。228省道经此。

杨集 370502-B04-H06
[Yángjí]

在区驻地胜利街道西南方向29.6千米。龙居镇辖自然村。人口600。明洪武二年（1369），杨氏由山西省洪洞县迁此立村，因旧管制推行图制行政区划，编为九图，故取名九图杨。清同治年间立集市，遂更名杨家集，1959年后简称杨集。聚落呈团块状分布。有农家书屋1个、乡村剧场1个、文化广场1个。经济以桑蚕业、种植业为主，兼有养殖业、服务业、商贸业。有公路经此。

尚家 370502-B04-H07

[Shàngjiā]

在区驻地胜利街道西南方向27.3千米。龙居镇辖自然村。人口700。明洪武二年（1369），冯氏由山西上党县迁至小麻湾定居，取名冯家湾。清同治二年（1864），尚良由小麻湾迁来，更名尚家。聚落呈团块状分布。有农家书屋1个、乡村剧场1个、文化广场1个。经济以种植业为主，兼有养殖业、服务业、商贸业。南展大堤经此。

小杨 370502-B04-H08

[Xiǎoyáng]

在区驻地胜利街道西南方向28.3千米。龙居镇辖自然村。人口200。明正统十三年（1448），杨氏后代杨其珍由大杨分支迁此立村，因族氏小，故取名小杨。聚落呈团块状分布。有农家书屋1个、乡村剧场1个、文化广场1个。经济以桑蚕业、种植业为主，兼有运输业、服务业、商贸业。有公路经此。

赵家 370502-B04-H09

[Zhàojiā]

在区驻地胜利街道西南方向33.2千米。龙居镇辖自然村。人口2000。明洪武二年（1369），赵氏由直隶省枣强县迁此立村，后建庙宇，取名老观赵。明末举人赵三川任日照县令，回归故里，改名为老官赵。1945年与潘家合并，更名为赵家。聚落呈团块状分布。有农家书屋1个、乡村剧场1个、幼儿园1所。经济桑蚕业为主，兼有养殖业、服务业、商贸业。德大铁路经此。

打渔张 370502-B04-H10

[Dǎyúzhāng]

在区驻地胜利街道正西方向33.1千米。龙居镇辖自然村。人口400。明洪武二年（1369），张氏由直隶省枣强县迁此立村，村依黄河，以打鱼为生，取名打渔张。聚落呈团块状分布。有农家书屋1个、乡村剧场1个、文化广场1个。经济以桑蚕业、种植业为主，兼有养殖业、服务业。德大铁路经此。

王家 370502-B04-H11

[Wángjiā]

在区驻地胜利街道西南方向37.3千米。龙居镇辖自然村。人口400。明洪武二年（1369），王氏由直隶省枣强县迁居此地，取名王家。聚落呈团块状分布。有农家书屋1个、乡村剧场1个、文化广场1个。经济以种植业为主，兼有养殖业、服务业、商贸业。有公路经此。

谢何 370502-B04-H12

[Xièhé]

在区驻地胜利街道西南方向29.2千米。龙居镇辖自然村。人口700。明洪武二年（1369），何氏由直隶省枣强县迁此立村，取名何家。后因人口增多，且与谢村相连，1945年两村合并称谢何。聚落呈团块状分布。有农家书屋1个、乡村剧场1个、文化广场1个。经济以桑蚕业、种植业为主，兼有养殖业、服务业、商贸业。有公路经此。

盐垛 370502-B04-H13

[Yánduò]

在区驻地胜利街道西南方向26.1千米。龙居镇辖自然村。人口2300。明永乐年间，马玉由直隶省枣强县迁此立村，因当时村西南有一食盐转运站，盐堆成垛（垛），故取名盐垛。聚落呈团块状分布。有农家书屋1个、乡村剧场1个、幼儿园1所。有省级非物质文化遗产传统舞蹈盐垛斗虎。经济以种植业为主，兼有养殖业、服务业、商贸业。有公路经此。

河口区

城市居民点

河颐小区　370503-I01
[Héyí Xiǎoqū]

在区境中部。人口4 300。总面积16.2公顷。因所在行政区域河口，寓意颐神养寿而得名。1982年始建，1982年正式使用。建筑总面积105 435.2平方米，多层住宅楼52栋，中西结合建筑风格，绿地面积34 167.22平方米，有幼儿园、便民超市等配套设施。通公交车。

河凯小区　370503-I02
[Hékǎi Xiǎoqū]

在区境西部。人口1 000。总面积15.5公顷。取义河口区的"河"及凯歌之意命名。2002年始建，2005年正式使用。建筑总面积42 600平方米，多层住宅楼12栋，中西结合建筑风格，绿化率23%，有幼儿园、便民超市、卫生所等配套设施。通公交车。

河康小区　370503-I03
[Hékāng Xiǎoqū]

在区境中部。人口2 000。总面积20.1公顷。因所在行政区域河口，取康平富庶之意得名。1982年始建，1983年正式使用。建筑总面积245 417.7平方米，多层住宅楼80栋，中西结合建筑风格，绿化率22.5%，有幼儿园、小学、便民超市等配套设施。通公交车。

河锦小区　370503-I04
[Héjǐn Xiǎoqū]

在区境中部。人口2 700。总面积10.1公顷。因所在行政区域河口，取锦绣家园之意得名。1986年始建，1989年正式使用。建筑总面积59 506.46平方米，多层住宅楼34栋，中西结合建筑风格，绿化率15%，有幼儿园、便民超市等配套设施。通公交车。

河欣小区　370503-I05
[Héxīn Xiǎoqū]

在区境中部。人口3 200。总面积17.2公顷。因所在行政区域河口，取欣欣向荣之意得名。1985年始建，1986年正式使用。建筑总面积为61 903.9平方米，多层住宅楼48栋，中西结合建筑风格，绿化率25%，有卫生所等配套设施。通公交车。

河乐小区　370503-I06
[Hélè Xiǎoqū]

在区境中部。人口2 500。总面积11.5公顷。因所在行政区域为河口，取安居乐业之意得名。1983年始建，1984年正式使用。建筑总面积71 418平方米，多层住宅楼34栋，中西结合建筑风格，绿化率20%，有便民超市等配套设施。通公交车。

河旭小区　370503-I07
[Héxù Xiǎoqū]

在区境东部。人口2 500。总面积9.8公顷。因所在行政区域为河口，取旭日东升之意得名。1995年始建，1996年正式使用。建筑总面积83 596平方米，多层住宅楼45栋，中西结合建筑风格，绿地面积12 430平方米，有幼儿园、老年活动中心、便民超市等配套设施。通公交车。

河阳小区 370503-I08

[Héyáng Xiǎoqū]

在区境东部。人口 8 646。总面积 52.9 公顷。因所在行政区域为河口，取阳光普照之意得名。2002 年始建。建筑总面积 469 000 平方米，多层住宅楼 157 栋，中西结合建筑风格，绿地面积 40 230 平方米，有文化广场、幼儿园、卫生所、联通营业厅、便民超市等配套设施。通公交车。

河安小区 370503-I09

[Hé'ān Xiǎoqū]

在区境西部。人口 12 400。总面积 99.8 公顷。因小区为河口区安康居住工程而得名。2006 年始建，2008 年正式使用。住宅楼 179 栋，其中高层 13 栋、多层 166 栋，中西结合建筑风格，绿化率 33.79%，有广场、篮球场、门球场等配套设施。通公交车。

河辉小区 370503-I10

[Héhuī Xiǎoqū]

在区境中部。人口 1 100。总面积 3.3 公顷。因所在行政区域为河口，取再创辉煌之意得名。1996 年始建，1998 年正式使用。建筑总面积 8 200 平方米。多层住宅楼 15 栋，中西结合建筑风格，绿化率 30%，有幼儿园等配套设施。通公交车。

农村居民点

二吕 370503-A01-H01

[Èrlǚ]

在区驻地河口街道东方向 0.8 千米。河口街道辖自然村。人口 700。因此处居民集聚地划分为十个吕，自西向东按顺序号排列而得名。聚落呈团块状分布。有文化大院 1 个、文化广场 1 个、图书室 1 个、农家书屋 1 个、小学 1 所。经济以种植业为

主，种植小麦、玉米、大豆、棉花、地瓜等。有公路经此。

八吕 370503-A01-H02

[Bālǚ]

在区驻地河口街道东方向 2.1 千米。河口街道辖自然村。人口 500。1935 年，鲁西南迁民安置为十个吕，因位于八吕处而得名八吕。聚落呈团块状分布。有文化大院 1 个、文化广场 1 个、图书室 1 个、农家书屋 1 个、小学 1 所。经济以种植业、建筑业为主，种植玉米、棉花等。有公路经此。

长青 370503-A01-H03

[Chángqīng]

在区驻地河口街道西方向 2.4 千米。河口街道辖自然村。人口 200。1950 年，山东省人民政府将长青县部分移民安置于此，立村取名长青。聚落呈团块状分布。有文化大院 1 个、文化广场 1 个、图书室 1 个、农家书屋 1 个。经济以种植业为主，种植林果、小麦、玉米、大豆、棉花。312 省道经此。

四扣 370503-A01-H04

[Sìkòu]

在区驻地河口街道西方向 4.0 千米。河口街道辖自然村。人口 600。1940 年，因居民在四扣地段上居住，故取名四扣。聚落呈团块状分布。有文化大院 1 个、文化广场 1 个、图书室 1 个、农家书屋 1 个。经济以种植业为主，种植棉花、玉米等，有芦苇加工、运输、销售等产业，有建板厂。312 省道经此。

三合 370503-A01-H05

[Sānhé]

在区驻地河口街道西方向 6.5 千米。河口街道辖自然村。人口 500。头扣、二扣、

三扣三村合并建房居住，名高王庄。1945年地名普查，改称东三合，后简称三合。聚落呈团块状分布。有文化大院1个、文化广场1个、图书室1个、农家书屋1个。经济以种植业为主，种植棉花、玉米。312省道经此。

坨子 370503-A01-H06
[Tuózi]

在区驻地河口街道西方向8.8千米。河口街道辖自然村。人口400。1930年，利津县崔荣甲来此领地建房，取名崔家窝坨，1948年，因该村地形较高，改称坨子。聚落呈团块状分布。有文化大院1个、文化广场1个、图书室1个、农家书屋1个。经济以种植业为主，种植棉花、玉米、大豆、小麦。有公路经此。

福祥 370503-A01-H07
[Fúxiáng]

在区驻地河口街道西方向11.0千米。河口街道辖自然村。人口200。1942年，陈才桥、张志立在此定居，取名福祥屋子，是年，此地解放后，再次安置村庄，更名为福祥。聚落呈团块状分布。有文化大院1个、文化广场1个、图书室1个、农家书屋1个。经济以种植业为主，种植小麦、玉米、棉花、大豆。有公路经此。

五顷 370503-A01-H08
[Wǔqǐng]

在区驻地河口街道西北方向6.8千米。河口街道辖自然村。人口300。张洪喜最早迁此立村。因此处有南、北两个五顷地段，本村立于南段，故名南五顷，后称五顷。聚落呈团块状分布。有文化大院1个、文化广场1个、图书室1个、农家书屋1个。经济以种植业为主，种植棉花、玉米、大豆、蘑菇，养殖生猪、貂。有公路经此。

范家 370503-A02-H01
[Fànjiā]

在区驻地河口街道东南方向9.5千米。六合街道辖自然村。人口800。始祖自利津县董集乡三范村迁此居住。清末光绪二十二年（1887），此地由于黄河水淤积，土地肥沃，水草丰茂，树立丛生，曾称为柳林子。后又有邻村农户陆续迁来，形成村落，人称范家屋子。1947年后，称范家。聚落呈团块状分布。文化大院1个、图书室1个。经济以种植业为主，养殖波尔山羊、生猪等。有公路经此。

荆家 370503-A02-H02
[Jīngjiā]

在区驻地河口街道南方向10.1千米。六合街道辖自然村。人口700。因黄河冲击村庄，高地淤平，荆氏迁此地居住，称荆家屋子。1945年起，称荆家。聚落呈团块状分布。有农家书屋1个、文化大院1个。经济以种植业、畜牧业、淡水养殖业为主，种植小麦、玉米、高粱、大豆、水稻、花生，饲养绵羊。有公路经此。

安家 370503-A02-H03
[Ānjiā]

在区驻地河口街道东南方向9.8千米。六合街道辖自然村。人口400。安河令由利津北侧安家庄迁此地种田，后渐成规模，称安家。聚落呈团块状分布。有农家书屋1个、文化大院1个、图书室1个。经济以种植业、淡水养殖业为主。特产有安家豆腐、安家粗布。有公路经此。

协胜 370503-A02-H04
[Xiéshèng]

在区驻地河口街道南方向4.6千米。六合街道辖自然村。人口1 000。因名协胜永的商家在此占地盖房，故取村名为协胜永。1942年，垦利、寿光等地群众来此开荒种地，更名协胜永屋子，后简称协胜。聚落呈团块状分布。有文化广场1个、图书室1个、农家书屋1个、幼儿园2所。经济以种植业为主，种植棉花，饲养牛、鸡、猪等。有公路经此。

新合 370503-A02-H05
[Xīnhé]

在区驻地河口街道南方向5.6千米。六合街道辖自然村。人口400。1947年，杨家咀、广寿镇遭黄河水灾，部分灾民迁此居住，因增若干新户，重新组建新村，为表示团结，定名新合。聚落呈团块状分布。有文化大院1个、农家书屋1个。经济以种植业为主，种植棉花、冬枣、蔬菜。有纯净水厂、树脂化工厂。有公路经此。

前沟 370503-A02-H06
[Qiángōu]

在区驻地河口街道南方向10.5千米。六合街道辖自然村。人口500。1856年，利津县汀河村部分村民来此开荒种地，因在潮道沟前，取名前潮道沟子，1949年后简称前沟。聚落呈团块状分布。有文化大院1个、图书室1个、农家书屋1个。经济以种植业为主，兼有养殖业、运输业。有公路经此。

胡家 370503-A02-H07
[Hújiā]

在区驻地河口街道南方向11.3千米。六合街道辖自然村。人口300。1930年，胡姓农户迁此垦荒种地，故称胡家屋子。后简称胡家。聚落呈团块状分布。有农家书屋1个、文化大院1个、图书室1个。经济以种植业、养殖业为主，种植棉花、果蔬，养殖牛、羊、猪、鸡。有公路经此。

东坝 370503-A02-H08
[Dōngbà]

在区驻地河口街道东南方向10.5千米。六合街道辖自然村。人口400。1964年，东崔部分村民迁到村南黄河废坝上居住，故名东崔坝。1981年更名为东坝。聚落呈团块状分布。有农家书屋1个。有老庙阻击战遗址。经济以种植业、养殖业为主，种植棉花，养殖南貂、美白对虾、淡水白鲳、罗非等。有公路经此。

六合 370503-A02-H09
[Liùhé]

在区驻地河口街道东南方向13.4千米。六合街道辖自然村。人口500。1964年，庙一、庙二、薄家嘴、大夹河、小夹河、下小街6个村皆被水淹没，村民四散居住，后将六村合为一村，故得名六合。聚落呈团块状分布。有农家书屋1个、文化大院1个、文化广场1个。经济以种植业、养殖业为主。有公路经此。

东崔 370503-A02-H10
[Dōngcuī]

在区驻地河口街道东南方向10.4千米。六合街道辖自然村。人口600。1887年名崔家庄，因村西有一个重名村，本村居东，故称东崔家庄，1941年后简称东崔。聚落呈团块状分布。有农家书屋1个、文化大院1个、图书室1个。经济以种植业、畜牧业及服务业为主，养殖小龙虾、黄河口大闸蟹。有公路经此。

大夹河 370503-A02-H11
[Dàjiāhé]

在区驻地河口街道东南方向10.8千米。六合街道辖自然村。人口700。1860年，利津张家夹河村高氏迁此居住垦荒，

1939—1942 年利津县夹河村村民迁至此地居住，形成两个村庄，因该村较大，称大夹河。聚落呈团块状分布。有农家书屋 1 个。有大夹河烈士陵墓、大夹河战地医院遗址。经济以种植业为主，种植棉花。有公路经此。

毕家嘴 370503-A02-H12
[Bìjiāzuǐ]

在区驻地河口街道东南方向 10.7 千米。六合街道辖自然村。人口 600。1882 年，利津县毕家咀村毕克敏、毕克濂兄弟二人迁此居住，村名沿用毕家咀，后演变为毕家嘴。聚落呈团块状分布。有农家书屋 1 个。有毕家咀印钞厂遗址。经济以种植业、水产业为主。有公路经此。

老庙 370503-A02-H13
[Lǎomiào]

在区驻地河口街道东南方向 10.2 千米。六合街道辖自然村。人口 1 800。因含庙一、庙二两个村，故名。聚落呈团块状分布。有农家书屋 1 个。有耀南中学遗址。经济以种植业、畜牧养殖业、水产养殖业为主，种植棉花，饲养猪、牛。有公路经此。

义和庄 370503-B01-H01
[Yìhézhuāng]

义和镇人民政府驻地。在区驻地河口街道西方向 14.1 千米。人口 4 200。1914 年，沾化县流钟火把张村李大龙到此开荒种地，后又有寿光、利津等地农民迁入，因住户增多，取和睦团结之意，立村名义和庄。聚落呈团块状分布。有义和庄惨案遗址、鲁北行署遗址。经济以种植业为主，种植棉花、小麦、玉米，兼有餐饮服务业、建筑安装、批发、五金建材等产业。省道孤东—滨城路经此。

王集 370503-B01-H02
[Wángjí]

在区驻地河口街道西方向 11.5 千米。义和镇辖自然村。人口 1 000。1918 年，王景先从胶东迁此定居，形成村落，并立一集市，故名王家集，简称王集。聚落呈团块状分布。有文化大院 1 个、农家书屋 1 个。有王集兵工厂遗址。经济以种植业为主，种植棉花、玉米、小麦、花生等。312 省道经此。

小河 370503-B01-H03
[Xiǎohé]

在区驻地河口街道西方向 13.0 千米。义和镇辖自然村。人口 500。1920 年，赵洪庆、韩树青从寿光县迁此立村。因当时有一小股水从村中流过，故取名小河子崖，简称小河。1961 年，划分为河北、河一、河二三个村，本村为河北。后因重名，改名为小河。聚落呈团块状分布。有文化大院 1 个。经济以餐饮业、运输服务业为主。312 省道经此。

大牟二村 370503-B01-H04
[Dàmù'èrcūn]

在区驻地河口街道西南方向 14.2 千米。义和镇辖自然村。人口 700。1910 年，利津县尚天庆在此建畦晒盐，一大亩为一畦，故名大亩畦，后演变为地名大牟里。1991 年，以序数得名大牟二村。聚落呈团块状分布。有文化大院 1 个、农家书屋 1 个。经济以种植业为主，种植棉花、玉米、小麦。有公路经此。

五二村 370503-B01-H05
[Wǔ'èrcūn]

在区驻地河口街道西南方向 15 千米。义和镇辖自然村。人口 500。1930 年，利津县五股道张德香迁来居住，故名五股道。后形成两个村，本村为五股道二村，简称五二村。聚落呈团块状分布。有文化大院1个、农家书屋1个。经济以种植业为主，种植小麦、玉米、棉花等。特产水豆腐。有公路经此。

六顷 370503-B01-H06

[Liùqǐng]

在区驻地河口街道西南方向12.9千米。义和镇辖自然村。人口500。1930年，利津县盐窝尚树樟在此开垦荒地，占地六顷，故立村名六顷。聚落呈团块状分布。有文化大院1个、农家书屋1个。经济以种植业为主，种植小麦、玉米、棉花等。特产农家老粗布。有公路经此。

薄家 370503-B01-H07

[Bójiā]

在区驻地河口街道西南方向15.3千米。义和镇辖自然村。人口1 300。因薄之茂兄弟四人由利津薄家庄迁此居住，称薄家屋子，后简称薄家。聚落呈团块状分布。有文化大院1个、农家书屋1个。经济以种植业、养殖业为主，种植草莓、棉花、玉米等，养殖羊。有草莓种植合作社。有公路经此。

七顷 370503-B01-H08

[Qīqǐng]

在区驻地河口街道西南方向14.2千米。义和镇辖自然村。人口900。1925年，寿光县尹真迁此定居，人称寿光屋子。1935年，韩复榘在此占地划界，安置功劳兵，因该村建在七顷地段上，故称七顷。聚落呈团块状分布。有文化大院1个、农家书屋1个。经济以种植业、畜牧业为主，种植棉花、西瓜、葡萄等，养殖猪、羊。特产绿淳葡萄。有公路经此。

大山 370503-B01-H09

[Dàshān]

在区驻地河口街道西方向14.1千米。义和镇辖自然村。人口500。1920年棣县孟令发迁此居住，后有棣县大山十几户迁入，共同立村，称大山屋子，简称大山。聚落呈团块状分布。有文化大院1个、农家书屋1个。经济以种植业为主，种植棉花、小麦、玉米。特产天丰西瓜。有公路经此。

德民 370503-B01-H10

[Démín]

在区驻地河口街道西南方向15.7千米。义和镇辖自然村。人口300。1910年，利津县常占文迁此定居，人称常家屋子。1916年利津县大赵乡人尹成清迁此定居，为了不给日本人交粮，起名碱场屋子。1958年，取居民有德之意，称德民屋子，简称德民。聚落呈团块状分布。有文化大院1个、农家书屋1个。经济以种植业、养殖业为主，种植玉米、小麦、棉花，养殖猪、羊。有公路经此。

河王 370503-B01-H11

[Héwáng]

在区驻地河口街道西南方向15.5千米。义和镇辖自然村。人口600。1838年，王成明兄弟四人迁此定居，以打鱼为生，当时此处位于黄河故道小河旁边，故取名河王屋子，简称河王。聚落呈团块状分布。有文化大院1个、农家书屋1个。经济以种植业、养殖业为主，种植草莓、棉花、玉米等，养殖羊。有公路经此。

同合 370503-B01-H12

[Tónghé]

在区驻地河口街道西方向15.3千米。义和镇辖自然村。人口400。因村子在黄河故道东岸，与邻近村都在黄河边上，1948年取名同河，1991年更名为同合。聚落呈团块状分布。有文化大院1个、农家书屋1个。经济以养殖业为主。有公路经此。

梁家 370503-B01-H13
[Liángjiā]

在区驻地河口街道西方向12.7千米。义和镇辖自然村。人口1 100。1910年，棣县梁郑王村梁振泽到此地开荒种地，后来棣县梁什村梁富恩、梁富军、梁富印也到此开垦。1920年，为防止土匪来骚扰，梁振泽组织村民修建围子墙，故名梁家围子，1991年更名梁家。聚落呈团块状分布。有文化大院1个、农家书屋1个。经济以种植业为主，种植大豆、高粱、棉花、玉米、小麦、花生等。特产有梁家苹果。312省道经此。

蒲台 370503-B01-H14
[Pútái]

在区驻地河口街道西方向13.9千米。义和镇辖自然村。人口500。1900年，蒲台县高有亮迁此居住，人称蒲台屋子，简称蒲台。聚落呈团块状分布。有文化大院1个、农家书屋1个。经济以种植业为主，种植棉花、小麦、玉米。312省道经此。

西河四村 370503-B01-H15
[Xīhésìcūn]

在区驻地河口街道西方向15.8千米。义和镇辖自然村。人口300。1925年，肥城县张子凡迁此，称肥城屋子。1956年，肥城屋子、姜家屋子、大楼屋子、孟家屋子四个村合并为一个村，因位于黄河故道西滩上，故取名西河滩，简称西河，按序数下设西河一村、二村、三村、四村四个自然村，本村为西河四村。聚落呈团块状分布。有文化大院1个、农家书屋1个。

经济以种植业为主，种植小麦、玉米、棉花等。有公路经此。

油坊 370503-B01-H16
[Yóufáng]

在区驻地河口街道西方向15.1千米。义和镇辖自然村。人口200。1940年，利津县姚继红迁此立村，人称继红村，又因姚姓在此设一油坊，故又名姚家油坊，简称油坊。聚落呈团块状分布。有农家书屋1个。经济以种植业为主，种植小麦、玉米、棉花等。312省道经此。

四顷坝 370503-B01-H17
[Sìqǐngbà]

在区驻地河口街道西方向15.6千米。义和镇辖自然村。人口200。1925年，垦利县的徐文湖来此定居，后垦利县黄店村的村民也来此定居，故取名黄店屋子。后因此村种地四顷且周围有一圈防御黄河水的坝子，故更名为四顷坝。聚落呈团块状分布。有文化大院1个、农家书屋1个。经济以种植业为主，种植小麦、玉米、棉花等。312省道经此。

围子 370503-B01-H18
[Wéizi]

在区驻地河口街道西方向15.7千米。义和镇辖自然村。人口400。1930年李元庆由广饶县迁此立村，为防土匪骚扰，在院外周围修建一条土围子墙，故称此村为围子。聚落呈团块状分布。有文化大院1个、农家书屋1个。经济以种植业为主，种植棉花、花生、红薯。有公路经此。

西韩 370503-B01-H19
[Xīhán]

在区驻地河口街道西北方向15.0千米。义和镇辖自然村。人口400。此地原先为沾化城里韩姓所占地段，因地边有一大坝，称韩家坝。1910年梁山县徐茂兴迁此定居，称徐家屋子。1930年肥城县刘吉旺迁韩家坝以东居住，共同立村，得村名韩家坝。1958年，韩家坝村按方位分为两村，本村居西，为西韩。聚落呈团块状分布。有文化大院1个、农家书屋1个。经济以种植业为主，种植玉米、棉花、果树。特产有西韩无花果。有石油、天然气。有公路经此。

后博兴 370503-B01-H20
[Hòubóxīng]

在区驻地河口街道西北方向12.2千米。义和镇辖自然村。人口200。1910年，博兴县刘座起迁此居住立村，称博兴屋子，简称博兴。随着居民增多，逐渐形成前后两个自然村，该村居后，故称后博兴。聚落呈团块状分布。有文化大院1个、农家书屋1个。经济以种植业为主，种植小麦、玉米、棉花，养殖羊、鸡。有公路经此。

大英 370503-B01-H21
[Dàyīng]

在区驻地河口街道西北方向13.2千米。义和镇辖自然村。人口500。1923年，有一伙打雁人在此以草作铺住过一年，故称打雁铺。后因此地土质变坏，所以南迁三华里，另立村庄，仍用原名，后演变为大英铺。1991年定名大英。聚落呈团块状分布。有文化大院1个、农家书屋1个。经济以种植业为主，种植小麦、玉米、大豆、棉花。有公路经此。

义胜 370503-B01-H22
[Yìshèng]

在区驻地河口街道西北方向12.1千米。义和镇辖自然村。人口300。1935年，韩复榘在此安置老残士兵开荒种地，1938年，取村名北老兵屋子。1958年9月，建生产

大队时以嘉言得名义胜大队，后称义胜。聚落呈团块状分布。有文化大院1个、农家书屋1个，有八路军机械修配所遗址。经济以种植业、养殖业为主，种植以棉花、玉米，养殖牛、羊。有公路经此。

海星 370503-B02-H01
[Hǎixīng]

仙河镇人民政府驻地。在区驻地河口街道东北方向30.6千米。人口200。1996年垦利村民到此收购海产品，萌生在此定居之念。1997年注册成立海星公司，1998年正式立村海星。聚落呈团块状分布。有文化大院1个、图书室1个、文化广场1个。经济以苗种繁育、贝类养殖、海参养殖、水产品加工销售、渔港配套服务、原盐及盐化工、餐饮服务等为主。省道东营港—滨州段经此。

渔村 370503-B02-H02
[Yúcūn]

在区驻地河口街道东方向30.8千米。仙河镇辖自然村。人口500。1961年，利津县刁口镇合一大队渔民集体搬迁到垦利县新安乡西2千米处，1962年，联合一大队家属迁往该地，改村名为渔村。聚落呈团块状分布。有文化大院1个、文化广场1个、图书室2个、农家书屋2个、幼儿园1所。经济以种植业、运输业为主，种植棉花、玉米、大豆等。有公路经此。

东港 370503-B02-H03
[Dōnggǎng]

在区驻地河口街道东方向43.5千米。仙河镇辖自然村。人口300。因靠近东营港而得名。聚落呈团块状分布。有文化大院1个、图书室1个。经济以种植业为主，种植水稻、棉花，兼有劳务工程业、运输业、餐饮服务业等第三产业。有公路经此。

镇苑 370503-B03-H01

[Zhènyuàn]

孤岛镇人民政府驻地。在区驻地河口街道东南方向 24.2 千米。人口 400。因村落位于孤岛镇中部故名镇苑。聚落呈团块状分布。有幼儿园 1 个、文化广场 1 个、文化大院 1 个、文化广场 1 个、图书室 1 个、农家书屋 1 个。经济以商贸业、运输业、物业保洁和建筑劳务为主。有公路经此。

西韩 370503-B03-H02

[Xīhán]

在区驻地河口街道东方向 29.3 千米。孤岛镇辖自然村。人口 400。1967 年，因落户村民韩姓居多，名西韩屋子，后改为西韩。聚落呈团块状分布。有文化大院 1 个、文化广场 1 个、图书室 1 个、经济以生态旅游、公路运输为主。有公路经此。

李坝 370503-B04-H01

[Lǐbà]

新户镇人民政府驻地。在区驻地河口街道西北方向 18.9 千米。人口 200。1930 年沾化县人李洪庆迁来筑坝占地，取名李家坝，简称李坝。聚落呈团块状分布。有文化广场 1 个、文化大院 1 个、图书室 1 个。经济以种植业为主，种植小麦、棉花、玉米、大豆等。府前街过境。

韩家 370503-B04-H02

[Hánjiā]

在区驻地河口街道西方向 19.2 千米。新户镇辖自然村。人口 200。1930 年，沾化县刘钟乡韩家村人韩树禹迁来此居住立村，人称韩家屋子，简称韩家。聚落呈团块状分布。有农家书屋 1 个、文化大院 1 个、图书室 1 个。经济以种植业、养殖业为主，种植小麦、玉米、大豆、地瓜等。有公路经此。

顺河 370503-B04-H03

[Shùnhé]

在区驻地河口街道西方向 16.6 千米。新户镇辖自然村。人口 200。1925 年，颜士玉迁来此居住立村。因该村位于黄河故道岸边，故命名为顺河。聚落呈团块状分布。有农家书屋 1 个、文化大院 1 个、图书室 1 个、小学 1 所。经济以种植业为主，种植小麦、玉米、大豆、棉花、地瓜等。特产有顺河的地瓜粉条。有公路经此。

南王 370503-B04-H04

[Nánwáng]

在区驻地河口街道西北方向 24.0 千米。新户镇辖自然村。人口 300。1918 年，沾化县永丰乡大王庄王关义迁此立村，取名大王庄屋子，后因北面有大王庄村，而称南王。聚落呈团块状分布。有农家书屋 1 个。有清河军区被服厂遗址、清河军区皮革厂遗址、清河军区后勤处遗址。经济以种植业、水产养殖业为主，种植小麦、玉米、大豆、棉花、地瓜。有公路经此。

友谊 370503-B04-H05

[Yǒuyì]

在区驻地河口街道西北方向 23.8 千米。新户镇辖自然村。人口 200。1921 年，沾化县坝上村杨永堂、杨生峰迁此立村。因原有渔民顺海沟来此靠岸过夜，做饭挖灶时曾掘出一个驴头，故称此地为驴头。村取地之名，称为驴头。后改为友谊。聚落呈团块状分布。有农家书屋 1 个、文化大院 1 个、图书馆 1 个、小学 1 所。经济以种植业为主，种植小麦、玉米、大豆、棉花、地瓜等。有公路经此。

永合 370503-B04-H06

[Yǒnghé]

在区驻地河口街道西北方向 24.6 千

米。新户镇辖自然村。人口 300。1921 年，蒲台县苗子华迁此居住，人称蒲台屋子。1929 年沾化永丰田王庄田光中迁此居住，人称老田屋子。1938 年，大海潮退后，住户增多，共同立村，取和睦相处之意，取名永合，1956 年更名北六合。1958 年，两村合并，称永合。聚落呈团块状分布。有农家书屋 1 个、文化大院 1 个、图书馆 1 个、小学 1 所。经济以种植业、林果业、畜牧业为主，种植小麦、玉米、大豆、棉花、地瓜等。有公路经此。

双合 370503-B04-H07
[Shuānghé]

在区驻地河口街道西北方向 21.5 千米。新户镇辖自然村。人口 400。1933 年，河南濮阳县马德臣迁此居住，人称马家屋子。1956 年与盐山屋子合并，名双合社。1961 年盐山屋子分出后，原马家屋子仍称双合。聚落呈团块状分布。有农家书屋 1 个、文化大院 1 个、小学 1 所。经济以种植业为主，种植小麦、玉米、大豆、棉花、地瓜等，兼有浅海捕捞和养殖业。有公路经此。

杏行 370503-B04-H08
[Xìngxíng]

在区驻地河口街道西北方向 19.4 千米。新户镇辖自然村。人口 300。1919 年沾化县杏行王新田迁此居住，取名杏行屋子，又称杏行。聚落呈团块状分布。有农家书屋 1 个、文化大院 1 个、图书室 1 个、小学 1 所。有非物质文化遗产民间杂技"眼皮挑水"。经济以种植业为主，种植小麦、玉米、大豆、棉花、地瓜等，是冬枣生产专业村。有公路经此。

南六合 370503-B04-H09
[Nánliùhé]

在区驻地河口街道西北方向 20.3 千米。

新户镇辖自然村。人口 300。1956 年，因附近六个屋子并为一个高级社，故得村名为六合。1961 年，因附近有两个六合，本村居南，改称为南六合。聚落呈团块状分布。有农家书屋 1 个、文化大院 1 个、图书室 1 个。经济以种植业为主，种植小麦、玉米、大豆、棉花、地瓜、冬枣。有公路经此。

东鲍井 370503-B04-H10
[Dōngbàojǐng]

在区驻地河口街道西北方向 18.9 千米。新户镇辖自然村。人口 300。1927 年，垦利县毛坨王廷木、徐本义两户迁此居住，人称双户屋子。后因位于鲍家井村东，改名东鲍井。聚落呈团块状分布。有农家书屋 1 个、文化大院 1 个、图书室 1 个、小学 2 所。经济以种植业为主，种植冬枣、小麦、玉米、大豆、棉花、地瓜等。有公路经此。

老鸦 370503-B04-H11
[Lǎoyā]

在区驻地河口街道西北方向 17.6 千米。新户镇辖自然村。人口 1 300。1925 年，利津县王庄王成美迁此居住，立村名为王成美屋子。后因黄河改道，村南淤积成崖嘴，后演变成老鸦嘴，简称老鸦。聚落呈团块状分布。有农家书屋 1 个。有老鸦后方医院遗址。经济以种植业为主，兼有水产业、林果业和服务业，种植小麦、玉米、大豆、棉花、地瓜等。有公路经此。

北李 370503-B04-H12
[Běilǐ]

在区驻地河口街道西北方向 19.3 千米。新户镇辖自然村。人口 700。1923 年，郓城县李集李佃邦迁至该村居住，人称李佃邦屋子，又称李家屋子。1943 年，因相望于南李屋子，故改称北李。聚落呈团块状分布。有农家书屋 1 个。有八路军后勤医院遗址。经济以种植业、畜牧业为主，种植棉花、冬枣、小麦、玉米、大豆、地瓜。有公路经此。

兴合 370503-B04-H13
[Xīnghé]

在区驻地河口街道西北方向13.8千米。新户镇辖自然村。人口1 200。1930年，张大燕、王利伟分别由嘉祥县张楼、王集两村迁此居住，因位于中合村西南，称西南屋子。1948年，得村名兴合。聚落呈团块状分布。有农家书屋1个、文化大院1个、图书室1个、小学1所。经济以种植业、芦苇开发为主，种植棉花、小麦、玉米、大豆、地瓜。有公路经此。

中合堂 370503-B04-H14
[Zhōnghétáng]

在区驻地河口街道西北方向13.7千米。新户镇辖自然村。人口800。1920年前后，济南富商刁参斗从济南乘船到此一，见荒无人烟，是一眼望不到边的黄河新淤地，遂圈地招农开垦，并以自己商号的名字"中合堂"命名，渐成村落，遂称中合堂。聚落呈团块状分布。有农家书屋1个、文化大院1个、图书室1个、小学1所、幼儿园1所。经济以种植业、海水捕捞业、畜牧业为主，种植小麦、玉米、大豆、棉花、地瓜等。有公路经此。

太平 370503-B04-H15
[Tàipíng]

在区驻地河口街道西北方向23.4千米。新户镇辖自然村。人口200。1943年，吴东亮从太平镇迁此居住，称太平屋子。1946年，郭长菊、韩齐洋、孙义胜等几户迁至马新河以东居住，称博兴屋子。后两村合并，称太平。聚落呈团块状分布。有农家书屋1个、文化大院1个、图书室1个、

小学1所。经济以种植业、畜牧业为主，种植棉花、冬枣、小麦、玉米、大豆、地瓜，养殖牛、羊、肉鸡。有公路经此。

北刚 370503-B04-H16
[Běigāng]

在区驻地河口街道西北方向18.4千米。新户镇辖自然村。人口300。1925年，沾化县刚家村人刚玉英到此占地租佃，后此地住户渐多，并形成南北两村，该村居北，故称北刚。聚落呈团块状分布。有农家书屋1个、文化大院1个、图书室1个。经济以种植业为主，种植小麦、玉米、大豆、棉花、地瓜等。有公路经此。

太和 370503-B04-H17
[Tàihé]

在区驻地河口街道西方向16.5千米。新户镇辖自然村。人口400。1925年沾化县程井村的颜廷云迁往此地立村，取名程井屋子。1946年改名为太和村。聚落呈团块状分布。有农家书屋1个、文化大院1个、图书室1个、小学1所。经济以种植业为主，种植小麦、玉米、高粱、大豆。有公路经此。

丁家集 370503-B04-H18
[Dīngjiājí]

在区驻地河口街道西方向16.6千米。新户镇辖自然村。人口400。1925年，沾化县黄升店人丁老八迁此居住，靠卖锅饼为生，后立有小集，故立村名为丁家集。同年沾化县邓王庄张洪彬等迁此居住，人称邓王庄屋子，1951年邓王庄屋子与丁家集合并为一个村，名丁家集。聚落呈团块状分布。有农家书屋1个、文化大院1个、小学1所、幼儿园1所。经济以种植业、养殖业为主，种植小麦、玉米、大豆、棉花、地瓜等。有公路经此。

双泉 370503-B04-H19

[Shuāngquán]

在区驻地河口街道西方向17.2千米。新户镇辖自然村。人口700。1920年，沾化县城关镇农民丁广仁来此居住，取名丁家屋子。1956年更名为双泉。聚落呈团块状分布。有农家书屋1个、文化大院1个、图书室1个、小学1所。有徐家坝战斗遗址。经济以种植业为主，种植冬枣、棉花、小麦、玉米、大豆、地瓜等。312省道经此。

肥城 370503-B04-H20

[Féichéng]

在区驻地河口街道西方向16.9千米。新户镇辖自然村。人口300。1941年，山东省肥城县人张泗增迁来居住，取名肥城屋子，简称肥城。同年，付姓村民迁此居住立村，称付家屋子，简称付家。1958年，两个村并为一个村，取名肥城。聚落呈团块状分布。有农家书屋1个、文化大院1个、小学1所。经济以种植业为主，种植棉花、冬枣、蔬菜、玉米、小麦等。特产有肥城香椿。有公路经此。

胜利村 370503-B04-H21

[Shènglìcūn]

在区驻地河口街道西方向17.3千米。新户镇辖自然村。人口400。1929年，原蒲台县的几户农民迁来居住，人称蒲台屋子。1942年，以嘉言取名胜利村。聚落呈团块状分布。有农家书屋1个、文化大院1个。经济以种植业、养殖业为主，种植小麦、玉米、大豆、棉花、地瓜等，养殖貂、狐、貉。有公路经此。

一顷六村 370503-B04-H22

[Yīqǐngliùcūn]

在区驻地河口街道西方向19.3千米。新户镇辖自然村。人口200。1930年，高丰军来此占地租佃，人称高丰军屋子。1937年，当地农民合伙向高丰军买地0.11平方千米，并改村名为一顷六村。聚落呈团块状分布。有农家书屋1个、文化大院1个。经济以种植业为主，种植冬枣、小麦、玉米、大豆、棉花、地瓜等。有公路经此。

龙王 370503-B04-H23

[Lóngwáng]

在区驻地河口街道西方向19.9千米。新户镇辖自然村。人口200。1936年，蒲台县人赵金山迁来，人称蒲台屋子。1940年，因大旱祈雨，村民崔祥德组织于村西南角修龙王庙一座，故改村名龙王庙，简称龙王。聚落呈团块状分布。有农家书屋1个、文化大院1个、图书室1个、小学1所。经济以种植业为主，种植小麦、玉米、大豆、棉花、地瓜。有公路经此。

刘圈 370503-B04-H24

[Liúquān]

在区驻地河口街道西方向24.1千米。新户镇辖自然村。人口500。1930年，博兴县刘玉成到此圈地立村，因立村人姓氏而得名。聚落呈团块状分布。有农家书屋1个、文化大院1个、小学1所。经济以种植业为主，种植棉花、冬枣、小麦、玉米、大豆、棉花、地瓜等，有水产养殖业，兼有火药工厂。有公路经此。

郭局 370503-B04-H25

[Guōjú]

在区驻地河口街道西北方向18.4千米。新户镇辖自然村。人口900。1922年春，广饶县三水口村村民刘增生为生计携家室来此垦荒种地。后棣县郭四、阳信县劳店劳辞长迁此圈地垦荒，为防止坏人盗窃，遂修局子，养护坡之士，日夜巡逻田间，故有劳局、郭局之称。因郭家势力较大，逐渐称郭局。聚落呈团块状分布。有农家书屋1个、文化大院1个、图书室1个、小学1所。有中共清河区海上工作委员会遗址。经济以水产业为主,主产东方大对虾、文蛤。有公路经此。

垦利县

城市居民点

利河佳苑 370521-I01
[Lìhé Jiāyuàn]

在县境西北部。人口1 700。总面积9.1公顷。因临近利河路,寓意为利河路旁的美丽花园,故取名利河佳苑。2011年始建,2014年正式使用。建筑总面积73 000平方米,多层住宅楼33栋,中西结合建筑风格,绿化率36.4%,有幼儿园、诊所、商超等配套设施。通公交车。

和平佳苑 370521-I02
[Hépíng Jiāyuàn]

在县境西北部。人口2 900。总面积7.1公顷。因临近和平路,又寓意为和平吉祥,故取名和平佳苑。2011年始建,2012年正式使用。建筑总面积99 303平方米,多层住宅楼27栋,中西结合建筑风格,绿地面积18 744平方米,有文化广场、诊所、商超等配套设施。通公交车。

民丰佳苑 370521-I03
[Mínfēng Jiāyuàn]

在县境东部。人口1 900。总面积7.9公顷。寓意农民年年丰收,丰衣足食,故名。2007年始建,2010年正式使用。建筑总面积98 000平方米,多层住宅楼33栋,中西结合建筑风格,绿地面积22 164平方米,有幼儿园、文化广场、卫生诊所等配套设施。通公交车。

军苑小区 370521-I04
[Jūnyuàn Xiǎoqū]

在县境北部。人口1 700。总面积8.2公顷。是为改善官兵职工居住环境而建的小区,故名。2007年始建,2011年正式使用。建筑总面积55 600平方米,多层住宅楼30栋,中西结合建筑风格,绿地面积11 988平方米,有文化广场、商店、卫生诊所、幼儿园、饭店、商铺等配套设施。通公交车。

中兴小区 370521-I05
[Zhōngxīng Xiǎoqū]

在县境北部。人口1 300。总面积4.9公顷。意为方兴未艾、欣欣向荣的小区,故名中兴小区。1991年始建,1993年正式使用。建筑总面积23 113平方米,多层住宅楼17栋,中西结合建筑风格,绿化率31%,有文化广场、商店、幼儿园等配套设施。通公交车。

永兴小区 370521-I06
[Yǒngxīng Xiǎoqū]

在县境北部。人口1 400。总面积6.2公顷。因坐落于永兴路而得名。1987年始建,2012年正式使用。建筑总面积50 836.5平方米,多层住宅楼30栋,中西结合建筑风格,绿化率29%,有文化广场、幼儿园等配套设施。通公交车。

康居小区 370521-I07
[Kāngjū Xiǎoqū]

在县境中部。人口3 000。总面积15.1公顷。安居乐业、安康舒适之意命名。2005年始建,2007年正式使用。多层住宅楼58栋,中西结合建筑风格,绿化率85%,有文化广场、商店、银行等配套设施。通公交车。

新兴小区 370521-I08
[Xīnxīng Xiǎoqū]

在县境中部。户数 781，人口 1 800。总面积 6.2 公顷。因邻近新兴路而得名新兴小区。1996 年始建，1998 年正式使用。建筑总面积 60 236 平方米，多层住宅楼 24 栋，中西结合建筑风格，绿地面积 2 721 平方米，有幼儿园、商场等配套设施。通公交车。

康力花园 370521-I09
[Kānglì Huāyuán]

在县境北部。户数 590，人口 1 700。总面积 12.1 公顷。取健康活力之意命名。2010 年始建，2011 年正式使用。建筑总面积 870 000 平方米，多层住宅楼 22 栋，中西结合建筑风格，绿化率 32%，有文化广场、商店、饭店、药店等配套设施。通公交车。

农村居民点

西双河 370521-A01-H01
[Xīshuānghé]

在县驻地垦利街道西方向 1.0 千米。垦利街道辖自然村。人口 1 100。因村址在黄河护堤西及黄河两干流故道之间，故取村名西双河。聚落呈团块状分布。有农家书屋 1 个、文化大院 1 个。经济以种植业为主，种植小麦、玉米、棉花等。有公路经此。

左家庄 370521-A01-H02
[Zuǒjiāzhuāng]

在县驻地垦利街道北方向 2.7 千米。垦利街道辖自然村。人口 1 500。光绪十一年（1885），成立新左家庄，1937 年在黄河大坝以南重建村庄，取名前左村。聚落呈团块状分布。有农家书屋 2 个、文化大院 2 个、幼儿园 1 所。经济以种植业为主，种植小麦、玉米、大豆、棉花。荣乌高速经此。

义和 370521-A01-H03
[Yìhé]

在县驻地垦利街道北方向 0.3 千米。垦利街道辖自然村。人口 500。清宣统二年（1910），王建书迁此居住，始住种地屋子，故得名王建书屋子。不久迁民增多，形成村落。1929 年 8 月，土匪决堤，黄河水泛滥，村民逃难寄居他乡。同年灾民迁旧村址复建村，因该村比沾化县义和庄小，故改名为小义和庄，后简称为义和。聚落呈团块状分布。有农家书屋 1 个、文化大院 1 个。经济以种植业为主，种植大豆、小麦、水稻、棉花等。有公路经此。

南羊栏子 370521-A01-H04
[Nányánglánzi]

在县驻地垦利街道中方向 1.1 千米。垦利街道辖自然村。人口 100。因在东、中、西羊栏子以南，故名南羊栏子。聚落呈团块状分布。有农家书屋 1 个、文化大院 1 个。经济以种植业为主，种植小麦。有公路经此。

新利全 370521-A01-H05
[Xīnlìquán]

在县驻地垦利街道西南方向 1.2 千米。垦利街道辖自然村。人口 1 200。清宣统二年（1910），武为州、武春峻携全家从寿光北孙云子村迁寿光围子居住；1912 年，西迁至老利泉一带居住；1943 年取名利双全之意更名为利全；1956 年北迁 1.5 千米，名新利全。聚落呈团块状分布。有农家书屋 1 个、文化大院 1 个、幼儿园 1 所。经济以种植业为主，种植玉米、大豆、棉花、地瓜等，兼有车辆运输、餐饮服务、建筑安装、电气焊、油地联营工程、小化工等产业。有公路经此。

民丰 370521-A01-H06
［Mínfēng］

在县驻地垦利街道东南方向 4.0 千米。垦利街道辖自然村。人口 1 900。民丰村原系种地屋子，1943 年，以嘉言命名民丰。聚落呈团块状分布。有农家书屋 1 个、文化大院 1 个。经济以运输业为主。有公路经此。

吴旺 370521-A01-H07
［Wúwàng］

在县驻地垦利街道东南方向 6.0 千米。垦利街道辖自然村。人口 200。吴姓从广饶县第八区辛店村迁此居住，盼望吴姓家族兴旺发达，以姓氏嘉言命名吴旺。聚落呈团块状分布。有农家书屋 1 个、文化大院 1 个。经济以种植业为主。有公路经此。

西麻王 370521-A01-H08
［Xīmáwáng］

在县驻地垦利街道东南方向 7.0 千米。垦利街道辖自然村。人口 600。清乾隆年间，乐安县神树坡人王大吉携两子来此开荒种地，名麻湾屋子。1950 年，因与东麻王村相邻对应而正式命名为西麻王。聚落呈团块状分布。有农家书屋 1 个、文化大院 1 个。经济以种植业为主，兼有运输、大型机械维修等产业。有土方工程公司。有公路经此。

卫东 370521-A01-H09
［Wèidōng］

在县驻地垦利街道东北方向 26.0 千米。垦利街道辖自然村。人口 300。1970 年，部分村民从本县西张公社围子村迁此建村，据"文革"期间政治形势命名卫东。聚落呈团块状分布。有农家书屋 1 个、文化大院 1 个。经济以种植业为主，兼有畜牧业、林果业和服务业。有公路经此。

新立 370521-A01-H10
［Xīnlì］

在县驻地垦利街道东北方向 13.2 千米。垦利街道辖自然村。人口 200。1978 年，部分村民从本县西张公社闫家村、中张村迁此建村，编为一个大队，因系新立村，故得名新立。聚落呈团块状分布。有农家书屋 1 个。经济以种植业为主，种植小麦、玉米、大豆、棉花、地瓜、冬枣等。有公路经此。

赵屋 370521-A01-H11
［Zhàowū］

在县驻地垦利街道东北方向 21.0 千米。垦利街道辖自然村。人口 600。1939 年，赵同郎自山东寿光倒迁此建村，始系种地屋子，故得名赵同郎屋子。1949 年改名赵家屋子，1974 年后简称赵屋。聚落呈团块状分布。有农家书屋 1 个、文化大院 1 个。经济以种植业为主，兼有畜牧业、水产业、林果业和服务业。有公路经此。

小口子 370521-A01-H12
［Xiǎokǒuzi］

在县驻地垦利街道东北方向 16.0 千米。垦利街道辖自然村。人口 400。1896 年，李元祥之父迁往一小沟的流水口子旁建村，以村址旁地理特征得名小口子。1962 年部分村民北迁至黄河大坝北建村，1969 年村向东南迁 0.7 千米，沿用原村名。聚落呈团块状分布。有农家书屋 1 个。经济以种植业为主，种植小麦、玉米、大豆、棉花、地瓜等，兼有林果业和服务业。有公路经此。

大山 370521-A01-H13
［Dàshān］

在县驻地垦利街道东北方向 8.7 千米。垦利街道辖自然村。人口 400。1932 年，山东省无棣县大山村部分村民迁此建村，故沿用原籍村名为大山。聚落呈团块状分布。有农家书屋1个、文化大院1个。经济以种植业为主，种植小麦、玉米、大豆、棉花、水稻、莲藕等。兼有渔业养殖业、海产捕捞业、交通运输业、建筑装修业。有公路经此。

宋坨 370521-A01-H14
[Sòngtuó]

在县驻地垦利街道东北方向4.0千米。垦利街道辖自然村。人口700。清宣统元年（1909），宋长治自利津县宋家迁此建村，当时人称坨子。后来居民增多，多为宋姓，故以宋姓得名宋家坨子，后简称宋坨。聚落呈团块状分布。有农家书屋1个、文化大院1个。经济以种植业为主，种植小麦、玉米、大豆、棉花等。有公路经此。

小高 370521-A01-H15
[Xiǎogāo]

在县驻地垦利街道东北方向16.0千米。垦利街道辖自然村。人口100。1937年，高守成自利津县小高村来此垦荒种地，始系种地屋子。1942年部分村民陆续从利津县小高村来此居住，故得名小高。聚落呈团块状分布。有农家书屋1个、文化大院1个。经济以种植业、养殖业为主，种植玉米、棉花、小麦等。有公路经此。

邵家 370521-A01-H16
[Shàojiā]

在县驻地垦利街道东北方向10.0千米。垦利街道辖自然村。人口600。1937年，张怀荣从利津县老左家庄迁此建村，始系种地屋子，故得名张怀荣屋子。1941年利津县左家庄邵登迎迁入，1943年邵登迎当村长，故改名邵登迎屋子，后渐改称邵家。聚落呈团块状分布。有农家书屋1个、文化大院1个。经济以种植业为主，种植小麦、玉米、棉花。特产黄河口草编。有公路经此。

苍州 370521-A01-H17
[Cāngzhōu]

在县驻地垦利街道东北方向7.5千米。垦利街道辖自然村。人口400。1918年，河北苍州一农户到此建村，始系种地屋子，故得名苍州屋子，后名苍州。聚落呈团块状分布。有农家书屋1个、文化大院1个、幼儿园1所。经济以种植业为主，种植小麦、水稻、玉米、棉花。有公路经此。

荆条岭 370521-A01-H18
[Jīngtiáolǐng]

在县驻地垦利街道北方向0.7千米。垦利街道辖自然村。人口200。1923年，王辛华、王在启等数十户村民，从潍县泊子迁此，建村于长有茂盛野生植物红荆条的长坝土岭南侧，由此得村名荆条岭。聚落呈团块状分布。有农家书屋1个、文化大院1个。经济以种植业为主，种植水稻、玉米、棉花等。荣乌高速经此。

南十井 370521-A01-H19
[Nánshíjǐng]

在县驻地垦利街道南方向2.0千米。垦利街道辖自然村。人口500。1961年，因三村皆称十字井，因本村在南面，改称南十字井，后简称南十井。聚落呈团块状分布。有农家书屋1个、文化大院1个。经济以运输业、服务业为主。有公路经此。

崔家 370521-A01-H20
[Cuījiā]

在县驻地垦利街道东北方向10.5千米。垦利街道辖自然村。人口400。1937年，崔氏景波三兄弟自利津县汀河崔庄迁此垦荒种地，条件很差，身居简陋茅舍，因此得名崔家屋子。1970 年因引黄灌淤，遂将旧村南迁，后称崔家。聚落呈团块状分布。有农家书屋 1 个。经济以种植业为主。有公路经此。

西宋　370521-A01-H21
［Xīsòng］

在县驻地垦利街道东北方向 10.7 千米。垦利街道辖自然村。人口 1 200。宋东汉从胜坨镇迁来建院，故名西宋家院。1949 年正式命名为西宋。聚落呈团块状分布。有农家书屋 1 个、文化大院 1 个、幼儿园 1 所、小学 1 所。经济以种植业为主，兼有林果业和服务业，种植玉米、棉花、小麦。有公路经此。

二十一户　370521-A01-H22
［Èrshíyīhù］

在县驻地垦利街道东北方向 21.0 千米。垦利街道辖自然村。人口 1 100。清光绪八年（1890），宋金环由河北南皮县迁此垦荒，时与宋玉莆、宋长青等人扎芦为屋，结篱为户，群居而建庄。1929 年，黄河泛滥成灾，为避河水之患，二口子、十三户、河岸头迁居坝南建村，因当时有二十一户村民，故名。聚落呈团块状分布。有农家书屋 1 个、文化大院 1 个。经济以种植业、养殖业为主，种植小麦、玉米、大豆、棉花、地瓜等。有公路经此。

大三合　370521-A01-H23
［Dàsānhé］

在县驻地垦利街道东北方向 15.0 千米。垦利街道辖自然村。人口 1 100。清光绪六年（1880），赵柱从利津县南岭村迁此建村，始系种地屋子，故得名赵屋。1946 年，因在垦利县人民政府补给安烈的土地上复建村庄，故得名拨补地。1956 年，因村庄较大、人口多，更名大三合。聚落呈团块状分布。

有农家书屋 1 个、文化大院 1 个。经济以种植业为主，种植小麦、玉米、大豆、棉花等，兼有林果业和服务业。有公路经此。

前榆　370521-A01-H24
［Qiányú］

在县驻地垦利街道南方向 6.0 千米。垦利街道辖自然村。人口 1 000。乾隆十四年（1750），苟登龙、苟登虎与堂兄苟登云、苟登庸由利津县东韩境小宁海村到此垦荒。此处后逐渐形成了三个小部落。苟登虎、苟秉兴等人住前，称前村。后来，由于村中榆树茂盛，更名前榆。聚落呈团块状分布。有农家书屋 1 个、文化大院 1 个、幼儿园 1 所、小学 1 所。经济以建筑业、餐饮服务业、运输业等为主。有公路经此。

李呈　370521-A01-H25
［Lǐchéng］

在县驻地垦利街道东方向 2.0 千米。垦利街道辖自然村。人口 1 000。清宣统二年（1910），袁松房、刘乐之从寿光县李家呈子迁此建村，沿用原籍村名李家呈子，简称李呈。聚落呈团块状分布。有农家书屋 1 个、文化大院 1 个。经济以装卸、车辆维修、面条加工等为主。有公路经此。

后苟　370521-A01-H26
［Hòugǒu］

在县驻地垦利街道南方向 4.0 千米。垦利街道辖自然村。人口 1 000。清乾隆元年（1736），苟士粹拖家带口由胜坨小宁海村垦荒至此；清咸丰年间（1851）建村，名苟家屋子；1946 年 7 月改名为后苟。聚落呈团块状分布。有农家书屋 1 个、文化大院 1 个。经济以种植业为主，种植小麦、水稻、玉米、棉花等。有公路经此。

高盖 370521-A01-H27

［Gāogài］

在县驻地垦利街道东南方向 8.0 千米。垦利街道辖自然村。人口 900。据传，清雍正末年（1732），高金、高银从利津县北关迁此建村院，得名高家院，又称高家屋子。19 世纪中叶，盖恩庆迁此建村，得名盖家屋子；王同林迁此建王同林屋子。1947 年，高家屋子、盖家屋子、王同林屋子合并为一个村，因高、盖两姓居多，故得名高盖。聚落呈团块状分布。有农家书屋 1 个、文化大院 1 个、幼儿园 1 所。经济以种植业为主，种植水稻、莲藕、玉米、小麦等。有公路经此。

新安 370521-A01-H28

［Xīn'ān］

在县驻地垦利街道中方向 0.2 千米。垦利街道辖自然村。人口 900。寓意村民在新建村庄里能安居乐业，故名。聚落呈团块状分布。有农家书屋 1 个、文化大院 1 个。经济以建筑、油田安装、土建等为主。有公路经此。

东陈 370521-A01-H29

［Dōngchén］

在县驻地垦利街道东南方向 6.0 千米。垦利街道辖自然村。人口 900。清道光年间，陈惠从利津县秦家村迁此种地，始系种地屋子，故得名陈家屋子。1900 年巴梦图迁此种地，得名巴家屋子。1951 年，巴家屋子、陈家屋子两村合为一村，更名陈家，因重名，更名东陈村。聚落呈团块状分布。有农家书屋 1 个、文化大院 1 个。经济以种植业为主。有公路经此。

复兴 370521-A01-H30

［Fùxīng］

在县驻地垦利街道西方向 1.0 千米。垦利街道辖自然村。人口 800。清宣统二年

（1910），王可宗等数十户灾民从寿光县王呈迁此建村，沿用原籍村名王呈屋子。1925 年，恶霸王玉山（绰号王栏坡）霸占此地，遂改名为王栏坡屋子。1943 年以嘉言更名复兴。聚落呈团块状分布。有农家书屋 1 个、文化大院 1 个。经济以种植业为主，种植小麦、玉米、大豆、棉花、地瓜等，兼有水产业、林果业和服务业。有建筑公司、劳动服务公司。有公路经此。

东宋 370521-A01-H31

［Dōngsòng］

在县驻地垦利街道东北方向 15.6 千米。垦利街道辖自然村。人口 800。1937 年，宋立昌、宋义昌由今垦利县胜坨镇宋家庄迁此建村，取名滩沟子崖。1947 年更名东宋家院。1949 年简称东宋村。聚落呈团块状分布。有农家书屋 1 个、文化大院 1 个。经济以种植业为主，种植小麦、玉米、大豆、棉花、地瓜等，兼有林果业、零售业、养殖业。有公路经此。

十八户 370521-A01-H32

［Shíbāhù］

在县驻地垦利街道东北方向 13.0 千米。垦利街道辖自然村。人口 700。清光绪十六年（1890），18 户村民从利津县董王庄迁此建村，由此得名十八户。聚落呈团块状分布。有农家书屋 1 个、文化大院 1 个。经济以种植业、养殖业为主，种植小麦、玉米、棉花、莲藕。有公路经此。

渔洼 370521-A02-H01

［Yúwā］

在县驻地垦利街道东方向 5.0 千米。兴隆街道辖自然村。人口 700。因村前地势低洼，积水有鱼，故得名渔洼。聚落呈团块状分布。有农家书屋 1 个、文化大院 1 个。经济以商贸服务业为主。荣乌高速经此。

大河 370521-A02-H02

[Dàhé]

在县驻地垦利街道东南方向10.0千米。兴隆街道辖自然村。人口400。1934年前后，黄河向北改道，其冲积土地被广饶县北部农民曲毛宅、成立堂、王兰堂等十二户分占，故得名十二大伙；又因地处黄河故道南岸，通称大河崖；1943年更名为大河村。聚落呈团块状分布。有农家书屋1个。经济以种植业为主，种植玉米、棉花、大豆、地瓜、杂粮等。有公路经此。

兴隆 370521-A02-H03

[Xīnglóng]

在县驻地垦利街道东南方向10.0千米。兴隆街道辖自然村。人口300。1942年，唐连珠、唐发善等四户从东营区辛店镇唐家迁到现兴隆东南侧居住，始是种地屋子，故得名唐家屋子；次年刘全成及刘存义、刘存志父子三人迁至今址居住，改名刘家屋子，1956年更名为兴隆。聚落呈团块状分布。有农家书屋1个。经济以商贸业、服务业为主。有公路经此。

同兴 370521-A02-H04

[Tóngxīng]

在县驻地垦利街道东方向9.4千米。兴隆街道辖自然村。人口200。1941年杨氏迁此地建村，时因堆有荆条垛，因此得名荆条垛村，1958年以嘉言更名为同兴。聚落呈团块状分布。有农家书屋1个。经济以种植业为主，种植棉花、大豆、高粱、花生、玉米等。有公路经此。

坨庄 370521-B01-H01

[Tuózhuāng]

胜坨镇人民政府驻地。在县驻地垦利街道西南方向11.2千米。人口5 600。明洪武二年（1369），张宽工从直隶枣强县迁此，在临海地势较高的坨子处建村，故得名坨坨庄，后简称坨庄。聚落呈团块状分布。有农家书屋1个、文化大院1个。经济以种植业、养殖业为主，种植棉花、小麦，养殖生猪。省道永莘线经此。

胜利村 370521-B01-H02

[Shènglìcūn]

在县驻地垦利街道西方向6.3千米。胜坨镇辖自然村。人口400。1945年，宋、陈、路、周迁此种地养家糊口，得名新安，1958年更名为胜利村。聚落呈团块状分布。有省级重点文物保护单位坨十一井。经济以种植业、养殖业为主，种植棉花、水稻。有公路经此。

皇殿 370521-B01-H03

[Huángdiàn]

在县驻地垦利街道西南方向13.2千米。胜坨镇辖自然村。人口1400。明洪武二年（1369），王三从东昌府临清洲迁此荒洼地，并以嘉言得名王家庄科。传说当时村址前有寺院，从前曾有一朝廷武官在寺内居住，群众迷信，认为此地风水好，称龙盘地，后以吉祥嘉言更名为皇殿。聚落呈团块状分布。有农家书屋1个、文化大院1个。经济以种植业为主，种植小麦、玉米、大豆、棉花、地瓜等。有公路经此。

孙家 370521-B01-H04

[Sūnjiā]

在县驻地垦利街道西南方向12.7千米。胜坨镇辖自然村。人口900。据传明洪武二年（1369），傅氏从直隶枣强县迁此建村，故得名傅家庄。清孙克威从博兴县王文庄迁入，因傅家家势颇衰，故更名孙家。聚落呈团块状分布。有农家书屋1个、文化大院1个。经济以种植业为主，种植小麦、玉米、棉花等，兼有养殖业、运输业。有公路经此。

尚庄 370521-B01-H05
[Shàngzhuāng]

在县驻地垦利街道西南方向13.1千米。胜坨镇辖自然村。人口2 100。明洪武二年（1369），始祖尚伯岗由山西省随垦荒移民迁居于此，起名尚家庄；1958年，改名为尚庄。聚落呈团块状分布。有农家书屋1个、文化大院1个。经济以种植业为主，种植玉米、棉花、小麦。有公路经此。

东王 370521-B01-H06
[Dōngwáng]

在县驻地垦利街道西南方向15.5千米。胜坨镇辖自然村。人口1 000。明洪武二年（1369），王有然、王有直兄弟从洪洞县迁至益都青州府，分发至此建村，故名王王庄。不久，因居住位置以方位分称东王王庄、西王王庄；1956年，合并称王二庄；1962年，改为东王。聚落呈团块状分布。有农家书屋1个。有市级重点文物保护单位东王古井、东王庄古庙遗址。经济以种植业为主，种植小麦、玉米、大豆、棉花、地瓜等。有公路经此。

花台 370521-B01-H07
[Huātái]

在县驻地垦利街道西方向13.1千米。胜坨镇辖自然村。人口400。清光绪年间，刘氏、许氏从宁海迁此建村，因此处地势高，生长花树，命名花台。聚落呈团块状分布。有农家书屋1个、文化大院1个。经济以种植业为主，种植小麦、水稻、玉米、大豆、棉花等，兼有林业和服务业。有公路经此。

宁家 370521-B01-H08
[Níngjiā]

在县驻地垦利街道西方向12.6千米。胜坨镇辖自然村。人口2 800。明洪武二年（1369），宁熙带家人自山西洪洞县迁至山东宁阳县，又由宁阳县迁至此地，历经繁衍生息，形成宁家。聚落呈团块状分布。有农家书屋1个、文化大院1个、小学1所。经济以种植业、养殖业为主，种植小麦、大豆、玉米、水稻、棉花、莲藕，养殖鸡、鸭、猪。有公路经此。

大张 370521-B01-H09
[Dàzhāng]

在县驻地垦利街道西方向17.3千米。胜坨镇辖自然村。人口1 100。原邵氏农户在此居住，故得名邵家泡；明洪武二年（1369），张端携带家眷自直隶枣强县张家楼来邵家泡居住，家世繁昌，人丁兴旺，名张家庄；清康熙二年（1663），因村位于东张家庄以西，故更名为西张家庄；清光绪九年（1883），因西张庄比小张庄大，而改称大张庄；1956年，大张庄与小张庄合为一村，更名为大张。聚落呈团块状分布。有农家书屋1个。经济以种植业、水产业为主，种植小麦、玉米等。有公路经此。

陈家 370521-B01-H10
[Chénjiā]

在县驻地垦利街道西方向17.5千米。胜坨镇辖自然村。人口600。明洪武年间，陈友功自山西迁来建此村，故得名陈家。聚落呈团块状分布。有农家书屋1个、文化大院1个。经济以种植业为主，兼有养殖业，种植棉花、小麦。有公路经此。

胥家 370521-B01-H11
[Xūjiā]

在县驻地垦利街道西方向17.9千米。

胜坨镇辖自然村。人口 400。明洪武二年（1369），先祖胥世成自古籍江苏江宁县迁至山东利津以西，后因黄河决口，河东域漫出现可耕地，为耕种谋生而迁现在住地，起名胥家。聚落呈团块状分布。有农家书屋 1 个。经济以种植业、养殖业为主。有公路经此。

周家 370521-B01-H12
［Zhōujiā］

在县驻地垦利街道西方向 17.1 千米。胜坨镇辖自然村。人口 900。明洪武二年（1369），周英、周雄、周豪、周杰兄弟四人自山西迁此建村，故得名周家。聚落呈团块状分布。有农家书屋 1 个、文化大院 1 个。经济以种植业、养殖业为主，种植小麦、大豆、棉花、玉米、地瓜等，养殖猪。有公路经此。

宋家 370521-B01-H13
［Sòngjiā］

在县驻地垦利街道西方向 19.2 千米。胜坨镇辖自然村。人口 1 100。明朝洪武五年（1372），宋升、宋焕兄弟二人由河南省商丘县归德府虎邱村迁此立村，因当时是河滩地，故取名宋家滩，1984 年改为宋家。聚落呈团块状分布。有农家书屋 1 个。经济以种植业为主，种植玉米、棉花、大豆、小麦等，兼有水产业、养殖业。有公路经此。

崔家 370521-B01-H14
［Cuījiā］

在县驻地垦利街道西方向 12.5 千米。胜坨镇辖自然村。人口 3 100。崔姓由宁海河滩经常来此垦荒，渐成村庄，称崔家屋子。后称崔家庄子村。1984 年，更为崔家。聚落呈团块状分布。有农家书屋 1 个、文化大院 1 个。经济以种植业为主，种植玉米、

小麦、棉花等，兼有养殖业、运输业。有公路经此。

林子 370521-B01-H15
［Línzi］

在县驻地垦利街道西南方向 22.5 千米。胜坨镇辖自然村。人口 1 200。相传，明洪武二年（1369），一张姓农户从直隶枣强县迁此居住，后刘姓四兄弟迁此建村，因居地树木繁盛成林，故名林子。聚落呈团块状分布。有农家书屋 1 个、文化大院 1 个。经济以种植业为主，种植小麦、玉米、棉花等。有公路经此。

常家 370521-B01-H16
［Chángjiā］

在县驻地垦利街道西方向 19.5 千米。胜坨镇辖自然村。人口 600。明洪武二年（1369），始祖从河北枣强县迁入，立村常家。聚落呈团块状分布。有农家书屋 1 个、文化大院 1 个。经济以种植业为主，种植小麦、大豆、玉米、棉花。有公路经此。

三佛殿 370521-B01-H17
［Sānfódiàn］

在县驻地垦利街道西方向 19.6 千米。胜坨镇辖自然村。人口 600。李氏家族李怀金从利津县城小东街迁往此地，当时居地南部有一座寺庙，内有三尊佛像，称三佛庙，由此得村名三佛殿。聚落呈团块状分布。有农家书屋 1 个、文化大院 1 个。经济以种植业为主，种植小麦、大豆、玉米、棉花。有公路经此。

后彩 370521-B01-H18
［Hòucǎi］

在县驻地垦利街道西方向 19.8 千米。胜坨镇辖自然村。人口 600。清咸丰五年（1855），黄河改道入大清河，护河冲滩，

部分村民从彩家庄北迁立村，称后彩。聚落呈团块状分布。有农家书屋1个、文化大院1个。有市级重点文物黄河古柳。经济以种植业为主，种植小麦、玉米、棉花、花生等，兼有养殖业、服务业。有公路经此。

大白 370521-B01-H19
[Dàbái]

在县驻地垦利街道西南方向21.4千米。胜坨镇辖自然村。人口600。明洪武二年（1369），刘白川自直隶枣强县迁大清河河滩处，当时已有一白氏居户，故名白家庄。清咸丰五年（1855），黄河改道入大清河而扩宽河道，迫使一部分村民迁出建村小白，本村改名为大白。聚落呈团块状分布。有农家书屋1个、文化大院1个。经济以种植业为主，种植小麦、玉米、棉花、花生、蔬菜等，兼有养殖业、服务业。有公路经此。

佛头寺 370521-B01-H20
[Fótóusì]

在县驻地垦利街道西南方向21.5千米。胜坨镇辖自然村。人口600。明洪武二年（1369），李元通、李元成兄弟二人自山西洪洞县迁此建村，因当地有一寺庙，故名佛头寺。聚落呈团块状分布。有农家书屋1个、文化大院1个。有市级非物质文化遗产民间手工技艺佛头黑陶。经济以种植业、养殖业为主，种植小麦、大豆、玉米、棉花等。有公路经此。

徐王 370521-B01-H21
[Xúwáng]

在县驻地垦利街道西南方向21.6千米。胜坨镇辖自然村。人口1000。明洪武二年（1369），徐明、王怀芳同时自直隶枣强县迁此建村，故以双姓命名徐王。聚落呈团块状分布。有农家书屋1个、文化大院1个。经济以种植业为主，种植小麦、玉米、棉花、花生等，兼有养殖业、服务业。有公路经此。

戈武 370521-B01-H22
[Gēwǔ]

在县驻地垦利街道西南方向18.4千米。胜坨镇辖自然村。人口1700。相传有一土皇帝，率兵至此，正值过年，一举取胜，故取"过年"的谐音，含挥戈斗武之意，得名戈武。聚落呈团块状分布。有农家书屋1个、文化大院1个。经济以种植业、养殖业为主，种植小麦、玉米、大豆、棉花。有公路经此。

小宁海 370521-B01-H23
[Xiǎonínghǎi]

在县驻地垦利街道西南方向8.1千米。胜坨镇辖自然村。人口3900。明洪武二年（1369），苟大玄由山西省洪洞县迁此建村。因北倚黄河，东临渤海，经常遭受海潮侵袭，群众为祈求安宁，故以吉祥嘉言将村名定为宁海。因前有宁海渔场和大宁海，故名小宁海。聚落呈团块状分布。有农家书屋1个。有省级重点文物保护单位海北遗址。经济以种植业为主，种植玉米、棉花、小麦等。有公路经此。

巴家集 370521-B01-H24
[Bājiājí]

在县驻地垦利街道西南方向10.9千米。胜坨镇辖自然村。人口3000。明朝洪武二年（1369），始祖巴景威由山西省洪洞县大槐村随垦荒移民迁来立村，以姓氏起名巴家。后因有集市，更名为巴家集。聚落呈团块状分布。有农家书屋1个、文化大院1个。经济以种植业为主，种植小麦、玉米、棉花。有公路经此。

东张 370521-B01-H25

[Dōngzhāng]

在县驻地垦利街道西方向 9.2 千米。胜坨镇辖自然村。人口 3900。据传，清康熙年间，张易从寿光县桃尔张迁此晒盐谋生，时因在张家庄东，故得名东张家庄，后简称东张。聚落呈团块状分布。有农家书屋 1 个、文化大院 1 个。经济以种植业为主，种植小麦、大豆、玉米、棉花。有公路经此。

宁海 370521-B01-H26

[Nínghǎi]

在县驻地垦利街道西方向 14.4 千米。胜坨镇辖自然村。人口 2 000。清康熙四十一年（1702），此地居民先祖倚海而居，站在村头就能看到大海，故名凝海，后大海离村越来越远，故演变为宁海。聚落呈团块状分布。有农家书屋 1 个。经济以种植业、养殖业为主，种植小麦、玉米、棉花等。有公路经此。

苏刘 370521-B01-H27

[Sūliú]

在县驻地垦利街道西方向 15.7 千米。胜坨镇辖自然村。人口 1 200。明永乐年间，刘氏从山西洪洞县迁此居住建村，村庄规模小于河口刘家而得名小刘庄。清光绪二十六年（1900）前后，张氏从乐安县张家屋子迁此，并据村后有一苏庙而得名小苏庄。此后，两村渐成一村，命名苏刘。聚落呈团块状分布。有农家书屋 1 个、文化大院 1 个。经济以种植业为主，种植小麦、大豆、玉米、棉花、花生等。有公路经此。

郑王 370521-B01-H28

[Zhèngwáng]

在县驻地垦利街道西南方向 16.7 千米。胜坨镇辖自然村。人口 1 100。明洪武二年（1369），王邦臣、郑氏均自直隶枣强县迁此建村，故得名郑王庄，后简称郑王。聚落呈团块状分布。有农家书屋 1 个、文化大院 1 个。经济以种植业为主，种植小麦、大豆、玉米、棉花。有公路经此。

苏家 370521-B01-H29

[Sūjiā]

在县驻地垦利街道西方向 11.4 千米。胜坨镇辖自然村。人口 1 000。清乾隆四十七年（1782），苏宝全、苏宝林兄弟二人由广饶县六户村迁此安居，称苏家庄，后简称苏家。聚落呈团块状分布。有农家书屋 1 个、文化大院 1 个。经济以种植业、养殖业为主，种植小麦、玉米、棉花、花生等。有公路经此。

孙家 370521-B01-H30

[Sūnjiā]

在县驻地垦利街道西南方向 12.7 千米。胜坨镇辖自然村。人口 900。明洪武二年（1369），傅氏从直隶枣强县迁此建村，故得名傅家庄。清孙克威从博兴县王文庄迁入，因傅家家势颓衰，故更名孙家。聚落呈团块状分布。有农家书屋 1 个、文化大院 1 个。经济以种植业为主，种植小麦、玉米等。有公路经此。

卞家 370521-B01-H31

[Biànjiā]

在县驻地垦利街道西南方向 23.3 千米。胜坨镇辖自然村。人口 900。明洪武二年（1369），卞孟利从博兴县今柳桥乡卞家疙瘩迁此建村，后人为示纪念，命名卞家。聚落呈团块状分布。有农家书屋 1 个、文化大院 1 个。经济以种植业为主，种植棉花、小麦、玉米。有公路经此。

梅家 370521-B01-H32
[Méijiā]

在县驻地垦利街道西南方向24.5千米。胜坨镇辖自然村。人口700。明洪武二年（1369），梅氏自直隶枣强县迁此建村，故得名梅家庄，后简称梅家。聚落呈团块状分布。有农家书屋1个、文化大院1个。经济以种植业为主，种植花生、玉米、小麦、地瓜等。有公路经此。

王营 370521-B01-H33
[Wángyíng]

在县驻地垦利街道西南方向15.3千米。胜坨镇辖自然村。人口700。清道光年间，西王户王振方、王振元兄弟二人从东王村迁来居住，始称王家屋子。后有东王户王德龙率子、侄搬来形成村落，称王家营子，后称王营。聚落呈团块状分布。有农家书屋1个、文化大院1个。经济以种植业、养殖业为主，种植小麦、玉米、棉花、辣椒等。有公路经此。

小张 370521-B01-H34
[Xiǎozhāng]

在县驻地垦利街道西方向16.6千米。胜坨镇辖自然村。人口700。清雍正八年（1730），张盾从利津县迁居西张家庄的东北建村，时因村小，故得名小张。聚落呈团块状分布。有农家书屋1个、文化大院1个。经济以种植业为主，种植小麦、玉米、大豆、棉花。有公路经此。

小务头 370521-B01-H35
[Xiǎowùtóu]

在县驻地垦利街道西南方向10.9千米。胜坨镇辖自然村。人口700。明洪武二年（1369），刘进从直隶枣强县迁此倚海处建村，因此地有一小码头，故名小码头，群众渐渐以方言衍化为小雾头，后复衍为

小务头。聚落呈团块状分布。有农家书屋1个、文化大院1个。经济以种植业为主，种植玉米、小麦、棉花等。有公路经此。

郝家 370521-B02-H01
[Hǎojiā]

郝家镇人民政府驻地。在县驻地垦利街道西南方向23.4千米。人口900。明洪武二年（1369），郝五公自山西洪洞县迁至直隶枣强县，同年复迁此建村，以姓氏得名郝家。聚落呈团块状分布。有农家书屋1个、文化大院1个。有重点文物保护单位郝家据点遗址。经济以种植业为主，种植小麦、玉米。有公路经此。

侯家 370521-B02-H02
[Hóujiā]

在县驻地垦利街道西南方向23.5千米。郝家镇辖自然村。人口500。明洪武二年（1369），侯氏迁此建村，故以姓氏得名侯家。聚落呈团块状分布。有农家书屋1个、文化大院1个。经济以种植业、养殖业为主，种植小麦、玉米、大豆、棉花等。有公路经此。

宫家 370521-B02-H03
[Gōngjiā]

在县驻地垦利街道西南方向23.9千米。郝家镇辖自然村。人口600。明洪武二年（1369），移民宫九仙、张君成迁此建村。因宫氏居多，取名宫家。聚落呈团块状分布。有农家书屋1个、文化大院1个。经济以种植业为主，种植小麦、玉米、高粱、谷子、大豆、棉花、地瓜、黍、稷等。有公路经此。

孟家 370521-B02-H04
[Mèngjiā]

在县驻地垦利街道西南方向23.7千米。郝家镇辖自然村。人口500。孟氏四十九代

由孟子故里邹县迁来此地居住，名孟家。聚落呈团块状分布。有农家书屋 1 个、文化大院 1 个。经济以种植业为主，种植棉花、小麦、玉米、大豆、高粱。有公路经此。

薛家 370521-B02-H05
[Xuējiā]

在县驻地垦利街道西南方向 19.9 千米。郝家镇辖自然村。人口 700。明洪武二年（1369），薛永自直隶枣强县迁此建村，故名薛家。聚落呈团块状分布。有农家书屋 1 个、文化大院 1 个。经济以种植业为主，种植小麦、玉米、棉花、大豆、葡萄。有公路经此。

许家 370521-B02-H06
[Xǔjiā]

在县驻地垦利街道西南方向 25.5 千米。郝家镇辖自然村。人口 700。明洪武二年（1369），许刚自直隶枣强县迁此定居，故名许家。聚落呈团块状分布。有农家书屋 1 个。经济以种植业为主，种植小麦、玉米、棉花等。有公路经此。

黄店 370521-B02-H07
[Huángdiàn]

在县驻地垦利街道西南方向 19.4 千米。郝家镇辖自然村。人口 300。明洪武二年（1369），徐狄自直隶枣强县迁此立村，因村东北隅有一寺院，人称玉皇殿，由此得村名皇殿，1964 年后演变为黄店。聚落呈团块状分布。有农家书屋 1 个。有市级重点文物保护单位黄店遗址。经济以种植业为主，种植棉花、玉米、小麦、大豆等。有公路经此。

店子 370521-B02-H08
[Diànzi]

在县驻地垦利街道西南方向 24.9 千米。郝家镇辖自然村。人口 200。张九林从本镇南张村迁入此处开店，原称张家店子，后简称店子。聚落呈团块状分布。有农家书屋 1 个、文化大院 1 个。经济以种植业为主，种植小麦、玉米、大豆、棉花等。有公路经此。

前缪 370521-B02-H09
[Qiánmiào]

在县驻地垦利街道西南方向 27.3 千米。郝家镇辖自然村。人口 600。明洪武二年（1369），始祖缪中元携长子闯、次子将、三子守讲、四子守计自直隶枣强县迁此，四子分建两村，故本村以方位定名为前缪。聚落呈团块状分布。有农家书屋 1 个。经济以种植业为主，种植棉花、小麦、玉米、高粱、大豆等。有公路经此。

后缪 370521-B02-H10
[Hòumiào]

在县驻地垦利街道西南方向 26.9 千米。郝家镇辖自然村。人口 400。明洪武二年（1369），始祖缪中元携长子闯、次子将、三子守讲、四子守计自直隶枣强县迁此，四子分建两村，故本村以方位定名为后缪。聚落呈团块状分布。有农家书屋 1 个。经济以种植业为主，种植小麦、玉米、大豆、棉花等农作物。有公路经此。

十八图 370521-B02-H11
[Shíbātú]

在县驻地垦利街道西南方向 23.4 千米。郝家镇辖自然村。人口 1 000。明洪武二年（1369），张氏祖由山西省洪洞县经直隶枣强县迁此建村，因清政府行政划分一图、二图、三图、四图……十八图，本村按序得名十八图。聚落呈团块状分布。有农家书屋 1 个、文化大院 1 个。经济以种植业为主，种植小麦、玉米、大豆、棉花等。有公路经此。

耿家 370521-B02-H12

[Gěngjiā]

在县驻地垦利街道西南方向20.1千米。郝家镇辖自然村。人口1 000。1580年，耿事修由博兴县辛耿村迁此立村，因耿氏人多，故名耿家。聚落呈团块状分布。有农家书屋1个、文化大院1个。经济以种植业、养殖业为主，种植玉米、小麦、棉花、蔬菜等，养殖牛、猪。有公路经此。

樊家 370521-B02-H13

[Fánjiā]

在县驻地垦利街道西南方向17.4千米。郝家镇辖自然村。人口800。明洪武二年（1369），樊纲自直隶枣强迁此建村，故名樊家。聚落呈团块状分布。有农家书屋1个、文化大院1个。经济以种植业为主，种植玉米、小麦、棉花、大豆、高粱等。有公路经此。

后岳 370521-B02-H14

[Hòuyuè]

在县驻地垦利街道西南方向21.5千米。郝家镇辖自然村。人口800。明洪武二年（1369），始祖岳林自直隶枣强县迁此建村，以姓氏命名岳家，后六世孙岳庆林北迁一华里建村，故名后岳。聚落呈团块状分布。有农家书屋1个、文化大院1个。经济以种植业为主，种植小麦、玉米、大豆、棉花、地瓜等。有公路经此。

前岳 370521-B02-H15

[Qiányuè]

在县驻地垦利街道西南方向21.8千米。郝家镇辖自然村。人口700。明洪武二年（1369），始祖岳林自直隶枣强县迁此建村，以姓氏命名岳家，后因六世孙岳庆林北迁一华里建村，本村故更名前岳。聚落呈团块状分布。有农家书屋1个、文化大院1个。经济以种植业为主，种植小麦、棉花、玉米等。有公路经此。

永安 370521-B03-H01

[Yǒng'ān]

永安镇人民政府驻地。在县驻地垦利街道东方向16.3千米。人口700。光绪年间，广饶移民迁此桃园处建村，名桃树园子。民国年间，鲁西迁民第八大组驻此复建村，名八大组。1935年改名为上八大组。1936年4月以嘉言更名为永安。聚落呈团块状分布。有文化大院1个。经济以房屋租赁为主。省道新博线经此。

五村 370521-B03-H02

[Wǔcūn]

在县驻地垦利街道东方向17.8千米。永安镇辖自然村。人口1 400。1935年，因黄河决口，灾民迁移，重新规划村庄。村庄自西向东按序数命名，本村由此得名五村。聚落呈团块状分布。有农家书屋1个、文化大院1个。有渤海实验小学遗址、刘翰卿故居遗址。经济以种植业、养殖业为主，种植棉花、莲藕，养殖黄河口大闸蟹、东方对虾、南美对虾、奶牛等。有公路经此。

十村 370521-B03-H03

[Shícūn]

在县驻地垦利街道东方向16.7千米。永安镇辖自然村。人口1 100。1935年，因黄河决口，灾民迁移，重新规划村庄。村庄自西向东按序数命名，本村由此得名十村。聚落呈团块状分布。有农家书屋1个、文化大院1个。有垦区抗日纪念碑。经济以种植业为主，种植棉花、小麦、大豆、蔬菜，兼有养殖业，养殖大闸蟹。有公路经此。

镇南 370521-B03-H04
[Zhènnán]

在县驻地垦利街道东方向 17.6 千米。永安镇辖自然村。人口 600。1935 年，因黄河决口，灾民迁移，重新规划村庄。村庄自西向东按序数命名，本村由此得名十三村。1984 年，因重名，更名十七村。1986 年，十七村分为两个村，本村因位于永安镇南侧，改称为镇南。聚落呈团块状分布。有农家书屋 1 个、文化大院 1 个。有渤海垦区革命纪念馆。经济以种植业为主，种植小麦、玉米、棉花。特产有紫薯、无核葡萄。有公路经此。

一村 370521-B03-H05
[Yīcūn]

在县驻地垦利街道东方向 10.5 千米。永安镇辖自然村。人口 900。1935 年，因黄河决口，灾民迁移，重新规划村庄。村庄自西向东按序数命名，本村由此得名一村。聚落呈团块状分布。有农家书屋 1 个、文化大院 1 个。经济以种植业、养殖业为主，种植棉花、玉米、莲藕等，养殖羊、牛、鸡等。有公路经此。

二十村 370521-B03-H06
[Èrshícūn]

在县驻地垦利街道东方向 21.8 千米。永安镇辖自然村。人口 700。1935 年，因黄河决口，灾民迁移，重新规划村庄。村庄自西向东按序数命名，本村由此得名二十村。聚落呈团块状分布。有农家书屋 1 个。经济以种植业为主，种植大豆、玉米、棉花等。有公路经此。

二十八村 370521-B03-H07
[Èrshíbācūn]

在县驻地垦利街道东方向 20.2 千米。永安镇辖自然村。人口 200。1935 年，因黄河决口，灾民迁移，重新规划村庄。村庄自西向东按序数命名，本村由此得名二十八村。聚落呈团块状分布。有农家书屋 1 个、文化大院 1 个。经济以种植业为主，种植水稻、玉米、棉花、大豆、小麦等。有公路经此。

牛圈 370521-B03-H08
[Niúquān]

在县驻地垦利街道东方向 10.9 千米。永安镇辖自然村。人口 200。1941 年，广饶县丁庄乡牛圈村的部分村民迁来此处开荒种地，由此得名牛圈屋子，后更名牛圈。聚落呈团块状分布。有农家书屋 1 个、文化大院 1 个。经济以种植业、水产养殖业、物流运输业为主，种植小麦、玉米、大豆，养殖黄河口大闸蟹。有公路经此。

三十八户 370521-B03-H09
[Sānshíbāhù]

在县驻地垦利街道东方向 9.1 千米。永安镇辖自然村。人口 200。1935 年，因黄河决口，灾民迁移，重新规划村庄，因有三十八户人家居住在此，故名三十八户。聚落呈团块状分布。有农家书屋 1 个、文化大院 1 个。经济以种植业为主，兼有养殖业。种植棉花、莲藕、玉米、小麦、杂粮等。有公路经此。

东三村 370521-B03-H10
[Dōngsāncūn]

在县驻地垦利街道东方向 15.2 千米。永安镇辖自然村。人口 200。1935 年，因黄河决口，灾民迁移，重新规划村庄。村庄自西向东按序数命名，本村由此得名三村。后演化为两个自然村，故以方位得名东三村。聚落呈团块状分布。有农家书屋 1 个、文化大院 1 个。经济以种植业为主。有公路经此。

西三村 370521-B03-H11

［Xīsāncūn］

在县驻地垦利街道东方向 14.3 千米。永安镇辖自然村。人口 500。1935 年，因黄河决口，灾民迁移，重新规划村庄。村庄自西向东按序数命名，本村由此得名三村。后演化为两个自然村，故以方位得名西三村。聚落呈团块状分布。有农家书屋 1 个、文化大院 1 个。经济以种植业为主，种植棉花、玉米、大豆、花生、绿豆、小豆等。有公路经此。

胜利村 370521-B03-H12

［Shènglìcūn］

在县驻地垦利街道东南方向 19.2 千米。永安镇辖自然村。人口 500。1935 年，因黄河决口，灾民迁移，重新规划村庄。村庄自西向东按序数命名，本村由此得名二十五村。后形成两个自然村落，本村居后，称后二十五村。1958 年，本村与前二十五村、二十八村、二十九村、刘家屋子成立联村大队，称胜利大队。1984 年更名为胜利村。聚落呈团块状分布。有农家书屋 1 个。经济以种植业为主，种植棉花、玉米、小麦、大豆、谷子等，兼有养殖业。有公路经此。

东兴 370521-B03-H13

［Dōngxīng］

在县驻地垦利街道东南方向 15.8 千米。永安镇辖自然村。人口 400。1939 年，马守礼带领部分村民从广饶县第六区燕儿口迁此定居，始称马守礼屋子。1945 年建村，名新兴村。1952 年分为两村，本村位居东南，故得名东兴。聚落呈团块状分布。有农家书屋 1 个、文化大院 1 个。经济以种植业为主，种植棉花、小麦、玉米、大豆、地瓜、杂粮等。有公路经此。

前二十五村 370521-B03-H14

［Qián'èrshíwǔcūn］

在县驻地垦利街道东南方向 19.4 千米。永安镇辖自然村。人口 500。1935 年，因黄河决口，灾民迁移，重新规划村庄。村庄自西向东按序数命名，本村由此得名二十五村。后分为前后两村，本村居前，名前二十五村。聚落呈团块状分布。有农家书屋 1 个、文化大院 1 个。经济以种植业为主，种植小麦、玉米、大豆、地瓜、杂粮、棉花、花生等。永红路经此。

西十四村 370521-B03-H15

［Xīshísìcūn］

在县驻地垦利街道东方向 22.8 千米。永安镇辖自然村。人口 700。1935 年，因黄河决口，灾民迁移，重新规划村庄。村庄自西向东按序数命名，本村由此得名十四村。1941 年，十四村整体南迁，并形成东西两个村落，本村位于西边，名西十四村。聚落呈团块状分布。有农家书屋 1 个、文化大院 1 个。经济以种植业为主，种植棉花、玉米。有公路经此。

惠鲁 370521-B03-H16

［Huìlǔ］

在县驻地垦利街道东方向 21.8 千米。永安镇辖自然村。人口 700。1936 年，从曲阜逃荒而来的灾民到此开垦土地谋生，俗称曲阜屋子。1937 年，国民党山东省政府主席韩复榘在此开办了一个官办组织，取名惠鲁学田，后村名改为惠鲁。聚落呈团块状分布。有农家书屋 1 个、文化大院 1 个。有北海银行清河分行遗址。经济以种植业为主，种植大豆、高粱、花生、棉花、玉米、水稻、西瓜、食用菌。有公路经此。

红光新村 370521-B03-H17
[Hóngguāngxīncūn]

在县驻地垦利街道东南方向27.1千米。永安镇辖自然村。人口400。建村时，取红光渔业管理站之名，命名为红光新村。聚落呈团块状分布。有农家书屋1个、文化大院1个。经济以海洋捕捞业、养殖业、渔家乐旅游业为主。有公路经此。

二十二村 370521-B03-H18
[Èrshí'èrcūn]

在县驻地垦利街道东方向24.5千米。永安镇辖自然村。人口1 100。1935年，因黄河决口，灾民迁移，重新规划村庄。村庄自西向东按序数命名，本村由此得名二十二村。聚落呈团块状分布。有农家书屋1个、文化大院1个。经济以种植业为主，种植小麦、玉米、棉花等。有公路经此。

友林 370521-B04-H01
[Yǒulín]

黄河口镇人民政府驻地。在县驻地垦利街道东北方向28.1千米。人口1 000。1953年，部分村民从本县永安镇迁此开荒种地并建村，并以村址处有天然树林得名有林，后演变为友林。聚落呈团块状分布。有农家书屋1个、文化大院1个。经济以种植业为主，种植高粱、大豆、小麦。有公路经此。

栾家 370521-B04-H02
[Luánjiā]

在县驻地垦利街道东北方向21.2千米。黄河口镇辖自然村。人口400。1961年，孤岛共青团林场宋坨分场栾家村部分村民迁至此，建立新村，沿用原村名栾家。聚落呈团块状分布。有农家书屋1个、文化大院1个。经济以种植业为主，种植花生、玉米、小麦、大豆、地瓜、葡萄等。有公路经此。

护林 370521-B04-H03
[Hùlín]

在县驻地垦利街道东北方向23.5千米。黄河口镇辖自然村。人口800。因垦利自然林场在此设一护林站，故名护林。聚落呈团块状分布。有农家书屋1个、文化大院1个。经济以种植业为主，种植玉米、棉花、小麦、大豆。有公路经此。

利林 370521-B04-H04
[Lìlín]

在县驻地垦利街道东北方向32.5千米。黄河口镇辖自然村。人口1 500。1960年3月，隶属孤岛共青团林场利林分场，且此处土地肥沃，有利于发展林业，故名利林村。聚落呈团块状分布。有农家书屋1个、文化大院1个。经济以种植业为主，种植棉花、玉米、小麦、水稻等。有公路经此。

小建林 370521-B04-H05
[Xiǎojiànlín]

在县驻地垦利街道东北方向23.8千米。黄河口镇辖自然村。人口100。1961年，广饶县组织辛店公社周家、刘家两个大队部分灾民来此开荒种地建立新村，以度灾年。以原籍村名首字组合，起村名为周刘村。1961年11月，划归垦利县新安公社管辖，此地原有建林村，故名小建林。聚落呈团块状分布。有农家书屋1个、文化大院1个。经济以种植业为主，种植棉花、花生、玉米、小麦、地瓜等。有公路经此。

生产村 370521-B04-H06
[Shēngchǎncūn]

在县驻地垦利街道东北方向21.1千米。黄河口镇辖自然村。人口1 700。20世纪40年代末，本县及邻县农民在此垦荒种地，称贾玉成屋子。1950年形成村落，时逢解放军的一个边防排在此戍边生产，被称为边防生产排，故名。聚落呈团块状分布。有农家书屋1个。经济以种植业为主，种植玉米、棉花、小麦、水稻。有公路经此。

万尔庄 370521-B04-H07
[Wàn'ěrzhuāng]

在县驻地垦利街道东北方向24.3千米。黄河口镇辖自然村。人口200。1962年，部分村民从原永安公社万尔庄屋子北迁至现址开荒种地，称万尔庄屋子。后改称万尔庄。聚落呈团块状分布。有农家书屋1个、文化大院1个。经济以种植业为主，农业生态旅游观光为辅。有公路经此。

辛庄场 370521-B04-H08
[Xīnzhuāngchǎng]

在县驻地垦利街道东北方向20.7千米。黄河口镇辖自然村。人口400。1941年，时属利津县宁海辛庄的部分村民迁至原西宋公社宋坨大队一场院附近开荒种地，逐渐成村，时人俗称辛庄场。1961年，部分村民北迁建立新村，村名不变。聚落呈团块状分布。有农家书屋1个、文化大院1个。经济以种植业为主，种植棉花、玉米、小麦等。有公路经此。

于林 370521-B04-H09
[Yúlín]

在县驻地垦利街道东北方向27.5千米。黄河口镇辖自然村。人口600。1960年，广饶县史口公社于林大队部分村民迁此建村，沿用原籍村名，仍叫于林。聚落呈团块状分布。经济以种植业为主，种植棉花、玉米、小麦等。有公路经此。

四十三户 370521-B04-H10
[Sìshísānhù]

在县驻地垦利街道东北方向21.8千米。黄河口镇辖自然村。人口800。1957年，时属广饶县董集区共和乡宋家村的43户村民迁此开荒建村，沿用原籍村名宋家村；后因立村时有四十三户人家，故更名为四十三户。聚落呈团块状分布。有农家书屋1个、文化大院1个。经济以种植业为主，种植棉花、玉米、小麦等。有公路经此。

十三村 370521-B04-H11
[Shísāncūn]

在县驻地垦利街道东北方向22.8千米。黄河口镇辖自然村。人口700。1952年，本县第七区十三村部分村民来此开荒种地，建起种地屋子，随着垦荒面积增加，大部分村民举家迁来此居住，建村名十三村。聚落呈团块状分布。有农家书屋1个、文化大院1个。经济以种植业为主，种植棉花、小麦、玉米等。有公路经此。

董集 370521-B05-H01
[Dǒngjí]

董集镇人民政府驻地。在县驻地垦利街道西南方向18.9千米。人口1 400。相传，明永乐八年（1410），董林自直隶枣强县迁此建村，得名董家。清乾隆四十五年（1780）设集市，遂改名董家集。1945年简称董集。聚落呈团块状分布。有农家书屋1个、文化大院1个。经济以种植业为主，种植棉花、小麦。有创业园区和电子商务中心。有公路经此。

秦家 370521-B05-H02
[Qínjiā]

在县驻地垦利街道西南方向13.9千米。董集镇辖自然村。人口1 500。据传，明永乐八年（1410），陈氏、付氏从直隶枣强县迁此建村。故得名陈付庄。明隆庆年间（1568），秦湘、秦赢、秦能自广饶县花官镇大桓村迁入，因人口户数超过其他两姓，故改称秦家。聚落呈团块状分布。有农家书屋1个。经济以种植业为主，种植小麦、玉米、大豆、棉花。有公路经此。

薛家 370521-B05-H03
［Xuējiā］

在县驻地垦利街道西南方向15.5千米。董集镇辖自然村。人口800。明洪武二年（1369），薛理、薛玉兄弟自直隶枣强迁此建村，故名薛家。聚落呈团块状分布。有农家书屋1个、文化大院1个。经济以种植业为主，种植小麦、玉米、大豆、棉花，是葡萄种植专业村。有公路经此。

刘王 370521-B05-H04
［Liúwáng］

在县驻地垦利街道西南方向19.6千米。董集镇辖自然村。人口700。明洪武二年（1369），付、王二氏从直隶枣强县迁此建村。因付氏家族大，故名付家庄。后付氏遭诉讼败诉，官府判决绝付留王，遂改名为留王，后渐以谐音改称刘王。聚落呈团块状分布。有农家书屋1个、文化大院1个。经济以种植业为主，种植小麦、玉米、大豆、棉花。有公路经此。

佐王 370521-B05-H05
［Zuǒwáng］

在县驻地垦利街道西南方向16.3千米。董集镇辖自然村。人口600。明永乐八年（1410），李寿仕自山西洪洞县迁此建村，取名佐王。聚落呈团块状分布。有农家书屋1个、文化大院1个。经济以种植业为主。有公路经此。

官庄 370521-B05-H06
［Guānzhuāng］

在县驻地垦利街道西南方向17.2千米。董集镇辖自然村。人口1 300。明洪武二年

（1369），周雄自直隶枣强迁此建村，并沿用原籍村名官庄。聚落呈团块状分布。有农家书屋1个、文化大院1个。经济以种植业为主。有公路经此。

车宫 370521-B05-H07
［Chēgōng］

在县驻地垦利街道西南方向17.3千米。董集镇辖自然村。人口700。因车家在宫家之前，故名。聚落呈团块状分布。有农家书屋1个、文化大院1个。经济以工商业、运输业为主。有公路经此。

南请户 370521-B05-H08
［Nánqǐnghù］

在县驻地垦利街道西南方向22.5千米。董集镇辖自然村。人口900。明洪武二年（1369），张世冠自直隶枣强县迁此建村，因位于大请户以南，故取名南请户。聚落呈团块状分布。有农家书屋1个、文化大院1个。经济以种植业为主，兼有商业、养殖业、服务业。有公路经此。

胡家 370521-B05-H09
［Hújiā］

在县驻地垦利街道西南方向19.2千米。董集镇辖自然村。人口800。明洪武二年（1369），始祖由直隶枣强县迁此建村，因胡氏人多，故名胡家。聚落呈团块状分布。有农家书屋1个、文化大院1个。经济以种植业为主，兼有商业、养殖业、服务业，种植小麦、玉米、大豆、棉花。有公路经此。

刘家 370521-B05-H10
［Liújiā］

在县驻地垦利街道西南方向18.6千米。董集镇辖自然村。人口1 500。明洪武二年（1369），刘思文从直隶枣强县迁此长河

口北侧建村，故得名长河口刘家，后渐演变成刘家。聚落呈团块状分布。有农家书屋1个、文化大院1个。有省级重点文物保护单位刘家遗址。经济以种植业为主，种植小麦、玉米、大豆、棉花、蔬菜。有公路经此。

小街 370521-B05-H11
[Xiǎojiē]

在县驻地垦利街道西南方向26.4千米。董集镇辖自然村。人口700。据传，本村原在利津县上的一条小街上，起名为小街。后移居黄河以东，村名仍沿用小街。聚落呈团块状分布。有农家书屋1个、文化大院1个。经济以种植业为主，种植小麦、玉米、大豆、棉花、蔬菜。有公路经此。

杨庙 370521-B05-H12
[Yángmiào]

在县驻地垦利街道西南方向26.8千米。董集镇辖自然村。人口500。因当地有一杨氏家庙得名。聚落呈团块状分布。有农家书屋1个、文化大院1个。经济以种植业为主，种植小麦、玉米、大豆、棉花。有公路经此。

大庄盖 370521-B05-H13
[Dàzhuānggài]

在县驻地垦利街道西南方向26.8千米。董集镇辖自然村。人口1700。明洪武二年（1369），始祖盖兴自直隶枣强县迁居而来，又因当时此地枝繁叶茂，村内人口较多，故名大庄盖。聚落呈团块状分布。有农家书屋1个、文化大院1个。经济以种植业为主，种植花生、玉米、小麦等。有公路经此。

窑上盖 370521-B05-H14
[Yáoshànggài]

在县驻地垦利街道西南方向26.8千米。

董集镇辖自然村。人口500。明朝嘉靖五年（1526），因在村东南一里的地方建窑烧制砖瓦，日久天长，工人慢慢在窑厂定居，故名窑上盖。聚落呈团块状分布。有农家书屋1个、文化大院1个。经济以种植业为主，种植花生、玉米、小麦等。有公路经此。

七里井 370521-B05-H15
[Qīlǐjǐng]

在县驻地垦利街道西南方向25.1千米。董集镇辖自然村。人口400。因村西有一水井距县府衙门七华里，故得名七里井。聚落呈团块状分布。有农家书屋1个、文化大院1个。经济以种植业为主，种植小麦、玉米、大豆、棉花、花生、林果等。有公路经此。

大王 370521-B05-H16
[Dàwáng]

在县驻地垦利街道西南方向25.8千米。董集镇辖自然村。人口500。明洪武二年（1369），王傲自直隶枣强迁此建村，故名王家。1920年，王傲后人王荣在村南另立小王，故本村更名为大王。聚落呈团块状分布。有农家书屋1个、文化大院1个、幼儿园1所。经济以种植业为主，兼有商业和服务业。有公路经此。

大户 370521-B05-H17
[Dàhù]

在县驻地垦利街道西南方向21.6千米。董集镇辖自然村。人口1300。元朝末年，张希文、张希政从登州府栖霞县苇筐村迁此建村。据考证，属原地官属请来的住户，故称大请户，简称大户。聚落呈团块状分布。有农家书屋1个、文化大院1个。经济以种植业为主，种植玉米、棉花、小麦等。有公路经此。

利津县

城市居民点

津苑小区 370522-I01
[Jīnyuàn Xiǎoqū]

在县城东部。人口 4 897。总面积 61 公顷。因吉祥词语命名为津苑小区。2007 年始建，2008 年正式使用。建筑总面积 300 000 平方米，多层住宅楼 116 栋，现代建筑风格，绿地面积 276 819 平方米，有健身器材、文化广场、棋牌室等配套设施。通公交车。

清风小区 370522-I02
[Qīngfēng Xiǎoqū]

在县城东部。人口 451。总面积 2.8 公顷。因嘉言而得名为清风小区。1997 年始建，1999 年正式使用。建筑总面积 11 779 平方米，多层住宅楼 5 栋，现代建筑风格，绿地面积 8 891 平方米，有健身器材、小广场等配套设施。通公交车。

丽苑小区 370522-I03
[Lìyuàn Xiǎoqū]

在县城南部。人口 927。总面积 6 公顷。因秀林山水而得名。2001 年始建，2005 年正式使用。建筑总面积 41 023 平方米，多层住宅楼 17 栋，现代建筑风格，绿地面积 9 200 平方米，有充电桩等配套设施。通公交车。

凤凰小区 370522-I04
[Fènghuáng Xiǎoqū]

在县城中部。人口 2 294。总面积 34 公顷。昔时利津城被冠名为凤凰城，小区因此而得名凤凰小区。2000 年始建，2002 年建成。建筑总面积 88 300 平方米，多层住宅楼 27 栋，现代建筑风格，绿地面积 45 400 平方米，有健身器材、小广场、篮球场、门球场等配套设施。通公交车

佳滨小区 370522-I05
[Jiābīn Xiǎoqū]

在县城南部。人口 253。总面积 1.2 公顷。因嘉言而得名佳滨小区。1982 年始建，2004 年正式使用。建筑总面积 49 483 平方米，多层住宅楼 10 栋，现代建筑风格，绿地面积 8 497 平方米，有健身器材、小广场等配套设施。通公交车。

农村居民点

崔林 370522-A01-H01
[Cuīlín]

在县驻地利津街道北方向 2.0 千米。利津街道辖自然村。人口 1 100。因处五条路岔口名五股道，1944 年崔家和西宋合并为崔家五股道。林家、张家、李家合并为林家五股道，1946 年更今名。聚落呈团块状分布。有农村书屋 1 个、乡村剧场 1 个。经济以制造业、养殖业为主。有公路经此。

西双井 370522-A01-H02
[Xīshuāngjǐng]

在县驻地利津街道北方向 15.0 千米。利津街道辖自然村。人口 400。明朝洪武年间，赵永宁由直隶枣强县迁此立村。聚落呈团块状分布。有农村书屋 1 个、乡村剧场 1 个、历史文化展室 1 个。有红色革命纪念利津县抗日民主政府成立会址遗址，民间传说有双井的传说。经济以商贸业、养殖业、种植业为主，主要农作物有棉花、玉米、小麦等。315 省道、济东高速经此。

张窝 370522-A01-H03

[Zhāngwō]

在县驻地利津街道北方向 13.0 千米。利津街道辖自然村。人口 2 000。据传，明洪武初年，张氏由山西洪洞县迁此立村，因当时搭窝棚居住，得名张家窝棚。后因住户增多，简称张家窝，又逐渐简称张窝。聚落呈团块状分布。有农村书屋 1 个、乡村剧场 1 个。经济以商贸业、养殖业、种植业为主，主要农作物有棉花、玉米、小麦等。315 省道经此。

买河 370522-A01-H04

[Mǎihé]

在县驻地利津街道北方向 12.0 千米。利津街道辖自然村。人口 1 600。相传，明朝初年，由直隶枣强县迁居至此，在古河道西岸立村，后河水改道，有一富户买下故河道，因此得河名买河，村名亦称买河。聚落呈团块状分布。有农村书屋 1 个、乡村剧场 1 个。经济以商贸业、养殖业、种植业为主，主要农作物有棉花、玉米、小麦等。315 省道经此。

王庄东 370522-A01-H05

[Wángzhuāngdōng]

在县驻地利津街道北方向 13.0 千米。利津街道辖自然村。人口 600。清光绪二十六年（1900），本县王庄村村民薄荫柱来此种地，因在原村东而得名。聚落呈团块状分布。有农村书屋 1 个、乡村剧场 1 个。有红色革命纪念地 1947 年"反蒋治黄"王庄险工抗洪处遗址。经济以商贸业、养殖业、种植业为主，主要农作物有棉花、玉米、小麦等。315 省道经此。

姜家庄 370522-A01-H06

[Jiāngjiāzhuāng]

在县驻地利津街道北方向 8.0 千米。利津街道辖自然村。人口 300。相传，本村建于明朝永乐十八年（1420），位于大清河西岸，由于村址地形三面环水，很像一个长嘴伸入大清河，居民多数姓姜，得名姜家嘴。1820 年，大清河发大水，将村庄冲散，后由姜、马、纪三姓在河西岸各立一村，形成了姜家庄、马家庄、纪家庄。1944 年，三村合并，称姜家庄。聚落呈团块状分布。有农村书屋 1 个、乡村剧场 1 个。经济以商贸业、养殖业、种植业为主，主要农作物有棉花、玉米、小麦等。315 省道经此。

西坡庄 370522-A01-H07

[Xīpōzhuāng]

在县驻地利津街道北方向 6.0 千米。利津街道辖自然村。人口 800。明嘉靖年间，安、吕两氏从直隶枣强县迁此立村，因居荒坡之中，取名坡庄。后因村东有东坡庄，遂改名为西坡庄。聚落呈团块状分布。有农村书屋 1 个、乡村剧场 1 个、历史文化展室 1 个。有红色革命纪念地中共利津县委建立会址遗址。经济以商贸业、养殖业、种植业为主，主要农作物有棉花、玉米、小麦等。有公路经此。

韩大庄 370522-A01-H08

[Hándàzhuāng]

在县驻地利津街道北方向 5.0 千米。利津街道辖自然村。人口 900。相传，姓氏迁此立村，得名韩家庄，后绝户。明洪武年间，从直隶枣强县和山西洪洞县迁来移民，村庄扩大，改为韩大庄。聚落呈团块状分布。有农村书屋 1 个、乡村剧场 1 个。经济以商贸业、养殖业、种植业为主，主要农作物有棉花、玉米、小麦等。315 省道经此。

庄科 370522-A01-H09

[Zhuāngkē]

在县驻地利津街道北方向 2.5 千米。利津街道辖自然村。人口2 800。庄科村古时西靠同兴河,处于古同兴河与古大清河之夹的夹河地片范围内,又在百年前,有李家夹河村部分崔姓居民迁至村东居住,所以村名又有崔家夹河之称。当时两种称呼并存,后崔家夹河之称逐渐减少,以致消失,庄科之称沿用至今。聚落呈团块状分布。有农村书屋1个、乡村剧场1个。经济以商贸业、养殖业、种植业为主,主要农作物有棉花、玉米、小麦等。315省道经此。

小李家夹河 370522-A01-H10
[Xiǎolǐjiājiāhé]

在县驻地利津街道东方向3.0千米。利津街道辖自然村。人口300。因居于大李夹河村东,故得名东李家夹河,后因村小改称小李家夹河,沿用至今。聚落呈团块状分布。有农村书屋1个、乡村剧场1个。经济以商贸业、养殖业、种植业为主,主要农作物有棉花、玉米、小麦等。有公路经此。

马家夹河 370522-A01-H11
[Mǎjiājiāhé]

在县驻地利津街道东方向3.8千米。利津街道辖自然村。人口400。一说:古时,此地处同兴河与大清河两河之夹,故得地片名夹河。又因马姓在此立村,后得村名马家夹河。另说因明洪武年间,马氏由直隶枣强县迁此立村,因地处两河之间,得名马家夹河。聚落呈团块状分布。有农村书屋1个、乡村剧场1个。经济以商贸业、养殖业、种植业为主,主要农作物有棉花、玉米、小麦等。有公路经此。

赵家夹河 370522-A01-H12
[Zhàojiājiāhé]

在县驻地利津街道南方向2.6千米。利津街道辖自然村。人口300。一说:古时,

此地处同兴河与大清河两河之夹,故得地片名夹河,赵姓在此立村,因得村名赵家夹河;二说:明洪武年间,赵氏由直隶枣强县迁此立村,因地处两河之间,得名赵家夹河。聚落呈团块状分布。有农村书屋1个、乡村剧场1个。经济以商贸业、养殖业、种植业为主,主要农作物有棉花、玉米、小麦等。有公路经此。

綦家夹河 370522-A01-H13
[Qíjiājiāhé]

在县驻地利津街道东方向3.3千米。利津街道辖自然村。人口400。一说:古时,此地处同兴河与大清河两河之夹,故得地片名夹河,綦姓在此立村,因得村名綦家夹河;二说:明洪武年间,綦氏由直隶枣强县迁此立村,因地处两河之间,得名綦家夹河。聚落呈团块状分布。有农村书屋1个、乡村剧场1个。经济以商贸业、养殖业、种植业为主,主要农作物有棉花、玉米、小麦等。通公路。

毕家庄 370522-A01-H14
[Bìjiāzhuāng]

在县驻地利津街道东南方向2.3千米。利津街道辖自然村。人口200。明代以前古村。据传毕家庄以毕姓多得名。清光绪三十四年(1908),黄河冲散村庄,居民全部迁走,村庄消失。二十年后,即1928年,有部分居民又返回故地,在原村址东0.7千米处重建村,村名仍沿用毕家庄。聚落呈团块状分布。有农村书屋1个、乡村剧场1个。经济以商贸业、养殖业、种植业为主,主要农作物有棉花、玉米、小麦等。有公路经此。

东关 370522-A01-H15
[Dōngguān]

在县驻地利津街道东南方向2.0千米。

利津街道辖自然村。人口 200。立村于金明昌六年（1193）。聚落呈团块状分布。有农村书屋 1 个、乡村剧场 1 个。有红色革命纪念地北海银行清河分行利津办事处遗址。经济以商贸业、养殖业、种植业为主，主要农作物有棉花、玉米、小麦等。有公路经此。

豆腐巷子 370522-A01-H16
[Dòufuxiàngzi]

在县驻地利津街道东南方向 2.5 千米。利津街道辖自然村。人口 400。因村民多数以卖豆腐为业，称豆腐巷子。聚落呈团块状分布。有农村书屋 1 个、乡村剧场 1 个。经济以商贸业、养殖业、种植业为主，主要农作物有棉花、玉米、小麦等。220 国道经此。

枣园 370522-A01-H17
[Zǎoyuán]

在县驻地利津街道西方向 0.8 千米。利津街道辖自然村。人口 500。据传，明朝前有两个东西相距 100 米的小村，因枣树多而得名西枣园和东枣园。又传，居民大部分是明洪武二年（1369）由直隶枣强县迁入，后东枣园并入西枣园，西枣园改称枣园。聚落呈团块状分布。有农村书屋 1 个、乡村剧场 1 个。有市级非物质文化遗产项目威风锣鼓。经济以商贸业、养殖业、种植业为主，主要农作物有棉花、玉米、小麦等。315 省道经此。

大北街 370522-A01-H18
[Dàběijiē]

在县驻地利津街道东南方向 1.4 千米。利津街道辖自然村。人口 600。大北街，立村于金明昌六年（1196）。古县该街是北城门城中心的主要大街，得名北大街，名曰永安街，后改称大北街。聚落呈团块

状分布。有农村书屋 1 个、乡村剧场 1 个。有省级非物质文化遗产项目虎斗牛。经济以商贸业、养殖业、种植业为主，主要农作物有棉花、玉米、小麦等。有公路经此。

前北街 370522-A01-H19
[Qiánběijiē]

在县驻地利津街道南方向 1.4 千米。利津街道辖自然村。人口 300。立村于金明昌三年（1193），原名三眼井街，1944 年与城隍庙街合称前北街。聚落呈团块状分布。有农村书屋 1 个、乡村剧场 1 个、历史文化展室 1 个。有市级重点文物保护单位清代李神仙洞。经济以商贸业、养殖业、种植业为主，主要农作物有棉花、玉米、小麦等。有公路经此。

东街 370522-A01-H20
[Dōngjiē]

在县驻地利津街道南方向 1.8 千米。利津街道辖自然村。人口 500。立村于金明昌六年（1196），原称大东街。1944 年与小东街合并，称东街。聚落呈团块状分布。有农村书屋 1 个、乡村剧场 1 个。有红色革命纪念地师范讲习所遗址。经济以商贸业、养殖业、种植业为主，主要农作物有棉花、玉米、小麦等。220 国道经此。

西南街 370522-A01-H21
[Xīnánjiē]

在县驻地利津街道南方向 2.6 千米。利津街道辖自然村。人口 600。建村于清嘉庆十五年（1810），原名杨家胡同，1944 年与书院街合称西南街。聚落呈团块状分布。有农村书屋 1 个、乡村剧场 1 个。经济以商贸业、养殖业、种植业为主，主要农作物有棉花、玉米、小麦等。220 国道经此。

西街 370522-A01-H22

［Xījiē］

在县驻地利津街道南方向 1.4 千米。利津街道辖自然村。人口 900。建村于金明昌六年（1196），建城时命名为西街。聚落呈团块状分布。有农村书屋 1 个、乡村剧场 1 个。有市级非物质文化遗产项目民间舞蹈西街舞狮。经济以商贸业、养殖业、种植业为主，主要农作物有棉花、玉米、小麦等。有公路经此。

三里庄 370522-A01-H23

［Sānlǐzhuāng］

在县驻地利津街道西南方向 2.6 千米。利津街道辖自然村。人口 700。因村距城三里，人们渐称三里庄。聚落呈团块状分布。有农村书屋 1 个、乡村剧场 1 个。有市级非物质文化遗产项目民间舞蹈三里村竹马灯。经济以商贸业、养殖业、种植业为主，主要农作物有棉花、玉米、小麦等。有公路经此。

左家 370522-A02-H01

［Zuǒjiā］

在县驻地利津街道西方向 4.4 千米。凤凰城街道辖自然村。人口 300。相传，明洪武末年，左有山、贾文星从直隶枣强县迁此立村，得名左贾村。因贾与家谐音，左贾演变为左家。聚落呈团块状分布。有农村书屋 1 个、乡村剧场 1 个。经济以商贸业、养殖业、种植业为主，主要农作物有棉花、玉米、小麦等。315 省道经此。

彭家 370522-A02-H02

［Péngjiā］

在县驻地利津街道西方向 4.2 千米。凤凰城街道辖自然村。人口 300。明洪武二年（1369），彭氏从直隶枣强县迁此立村，得名彭家。聚落呈团块状分布。有农村书屋 1 个、乡村剧场 1 个。经济以商贸业、养殖业、种植业为主，主要农作物有棉花、玉米、小麦等。有公路经此。

东魏 370522-A02-H03

［Dōngwèi］

在县驻地利津街道西方向 3.4 千米。凤凰城街道辖自然村。人口 400。相传，此地原有古村许家庄。明洪武二年（1369），魏伯虎、魏伯能、魏伯刚兄弟三人由直隶枣强县迁此立村，村名仍沿用许家庄。由于逐年繁衍，魏氏有一支迁至村东另立村庄，得名东魏家，简称东魏。聚落呈团块状分布。有农村书屋 1 个、乡村剧场 1 个。经济以商贸业、养殖业、种植业为主，主要农作物有棉花、玉米、小麦等。有公路经此。

大庄 370522-A02-H04

［Dàzhuāng］

在县驻地利津街道西方向 4.0 千米。凤凰城街道辖自然村。人口 500。相传，明洪武二年（1369），宋氏从商丘县福邱村迁此（一说由河南贵德府湖球村迁来）立村，因距城八里，得名八里庄。后来，赵氏、张氏相继迁至八里庄附近立村，得名赵家庄、张家庄。随后，三个小村发展为一个大村，得名大庄。聚落呈团块状分布。有农村书屋 1 个、乡村剧场 1 个、历史文化展室 1 个。经济以商贸业、养殖业、种植业为主，主要农作物有棉花、玉米、小麦等。315 省道经此。

西冯 370522-A02-H05

［Xīféng］

在县驻地利津街道西北方向 4.4 千米。凤凰城街道辖自然村。人口 500。明洪武年间，刘氏兄弟二人从直隶枣强县迁此，在吉杨庄后立村，取名后刘家。随之又有冯氏迁此，在后刘以西立村，取名西冯。清光绪年间，为联防互济，吉扬庄、前刘、后刘、西冯、张家、满家等合为一个行政村，村名沿用吉杨庄。1944年后，各村分治，仍称西冯。聚落呈团块状分布。有农村书屋1个、乡村剧场1个。经济以商贸业、养殖业、种植业为主，主要农作物有棉花、玉米、小麦等。有公路经此。

满家 370522–A02–H06
[Mǎnjiā]

在县驻地利津街道西北方向3.7千米。凤凰城街道辖自然村。人口200。明洪武年间，满氏从直隶枣强县迁此立村，得名满家庄。清光绪年间，为联防互济，吉扬庄、前刘、后刘、西冯、张家、满家等合为一个行政村，村名沿用吉杨庄。1944年后，各村分治，本村仍称满家。聚落呈团块状分布。有农村书屋1个、乡村剧场1个。经济以商贸业、养殖业、种植业为主，主要农作物有棉花、玉米、小麦等。花。有公路经此。

柏茂张 370522–A02–H07
[Bǎimàozhāng]

在县驻地利津街道西方向5.4千米。凤凰城街道辖自然村。人口300。相传，明洪武二年（1369），张氏从直隶枣强县迁此立村，因村前有生长茂盛的柏林，故得村名柏茂张家，简称柏茂张。聚落呈团块状分布。有农村书屋1个、乡村剧场1个。经济以商贸业、养殖业、种植业为主，主要农作物有棉花、玉米、小麦等。有公路经此。

前宋 370522–A02–H08
[Qiánsòng]

在县驻地利津街道北方向4.2千米。凤凰城街道辖自然村。人口600。明朝初年，宋、王两氏迁此立村，因当时北面已有一个宋王庄，得名前宋王庄，简称前宋。聚落呈团块状分布。有农村书屋1个、乡村剧场1个。经济以商贸业、养殖业、种植业为主，主要农作物有棉花、玉米、小麦等。有公路经此。

店子 370522–A02–H09
[Diànzi]

在县驻地利津街道西南方向5.1千米。凤凰城街道辖自然村。人口700。相传，明永乐八年（1410），刘氏由直隶枣强县迁此立村，以开店为业，故名店子街，简称店子。聚落呈团块状分布。有农村书屋1个、乡村剧场1个。经济以商贸业、养殖业、种植业为主，主要农作物有棉花、玉米、小麦等。220国道经此。

北朱 370522–A02–H10
[Běizhū]

在县驻地利津街道西南方向4.6千米。凤凰城街道辖自然村。人口800。相传，明洪武元年，朱美自山西洪洞县迁此立村，得名朱家，因店子街以西有同名村，本村位置偏北，遂称北朱家，简称北朱。聚落呈团块状分布。有农村书屋1个、乡村剧场1个。有市级重点文物保护单位是北朱烽燧。经济以商贸业、养殖业、种植业为主，主要农作物有棉花、玉米、小麦等。有公路经此。

吴苟李 370522–A02–H11
[Wúgǒulǐ]

在县驻地利津街道西南方向4.1千米。凤凰城街道辖自然村。人口700。明洪武二年（1369），吴、苟二氏由直隶枣强县迁此立村，又有李姓自本县西李家迁此，故以三姓取庄名为吴苟李家村，简称吴苟李。聚落呈团块状分布。有农村书屋1个、乡村剧场 1 个。经济以商贸业、养殖业、种植业为主，主要农作物有棉花、玉米、小麦等。有公路经此。

主要农作物有棉花、玉米、小麦等。有公路经此。

胥家 370522-A02-H12
［Xūjiā］

在县驻地利津街道西南方向 5.5 千米。凤凰城街道辖自然村。人口 500。相传，此地原有古村，原名韩家院。明朝初年，胥氏由直隶枣强县迁入此村，改名为胥家。聚落呈团块状分布。有农村书屋 1 个、乡村剧场 1 个、历史文化展室 1 个。经济以商贸业、养殖业、种植业为主，主要农作物有棉花、玉米、小麦等。有公路经此。

东孙 370522-A02-H13
［Dōngsūn］

在县驻地利津街道西南方向 6.2 千米。凤凰城街道辖自然村。人口 300。相传，明洪武二年（1369），孙升从直隶枣强县迁此立村，村周围是洼地，村址地形呈葫芦状，得名葫芦孙家。1955 年，为区别西孙家村，改为东孙家村，简称东孙。聚落呈团块状分布。有农村书屋 1 个、乡村剧场 1 个、历史文化展室 1 个。经济以商贸业、养殖业、种植业为主，主要农作物有棉花、玉米、小麦等。有公路经此。

东潘 370522-A02-H14
［Dōngpān］

在县驻地利津街道南方向 6.9 千米。凤凰城街道辖自然村。人口 400。相传，明洪武二年（1369），潘氏从直隶枣强县迁此立村，得名潘家，1944 年后，因村西南十多里处有一同名村，且本村位于东，故改名为东潘家，简称东潘。原村位于黄河滩区，1960 年河滩塌陷，迁至今址。聚落呈团块状分布。有农村书屋 1 个、乡村剧场 1 个。经济以商贸业、养殖业、种植业为主，

北于 370522-A02-H15
［Běiyú］

在县驻地利津街道西方向 8.6 千米。凤凰城街道辖自然村。人口 1 100。明洪武年间，耿、王、于三姓从直隶枣强县迁此立村，得名耿王于家。1911 年，耿、王二姓绝后，改为于家庄。1944 年后，因村南有沙洼于家（今店子公社）和莱于家（今北宋公社），三村名称易混，故更名为北于家，简称北于。聚落呈团块状分布。有农村书屋 1 个、乡村剧场 1 个。经济以商贸业、养殖业、种植业为主，主要农作物有棉花、玉米、小麦等。315 省道经此。

王官庄 370522-B01-H01
［Wángguānzhuāng］

北宋镇人民政府驻地。在县驻地凤凰城街道西南 6.7 千米。人口 500。元朝该村王升在朝为官，村名为王官庄。聚落呈团块状分布。有图书室 1 个、文化广场 1 个，文化大院 1 个。经济以商贸业、养殖业、种植业为主，主要农作物有棉花、玉米、小麦等。220 国道经此。

石门 370522-B01-H02
［Shímén］

在县驻地利津街道西南方向 14.9 千米。北宋镇辖自然村。人口 600。相传元朝时，戴氏曾在朝为官，后立村。明朝初年，刘良聚从直隶枣强县迁此居住，因村东有座石门，得村名石门。聚落呈团块状分布。有农村书屋 1 个、乡村剧场 1 个。有县级重点文物保护单位石门古墓。经济以商贸业、养殖业、种植业为主，主要农作物有棉花、玉米、小麦等。有公路经此。

南贾家 370522-B01-H03

［Nánjiǎjiā］

在县驻地利津街道西南方向17.4千米。北宋镇辖自然村。人口800。明洪武二年（1369），贾氏从直隶枣强县迁此立村，得名贾家。村南有刻字王家村，1950年并入贾家。1981年因重名，改称贾王庄，但习惯称贾家，后按南北方位改称南贾家。聚落呈团块状分布。有农村书屋1个、乡村剧场1个。经济以商贸业、养殖业、种植业为主，主要农作物有棉花、桃、玉米、小麦等。有公路经此。

丁家 370522-B01-H04

［Dīngjiā］

在县驻地利津街道西南方向16.8千米。北宋镇辖自然村。人口200。明朝初年，丁氏从直隶枣强县迁此立村，得名丁家。聚落呈团块状分布。有农村书屋1个、乡村剧场1个。有市级重点文物保护单位丁家水利工程遗址。经济以商贸业、养殖业、种植业为主，主要农作物有棉花、玉米、小麦等。有公路经此。

乡李上 370522-B01-H05

［Xiānglǐshàng］

在县驻地利津街道西南方向13.7千米。北宋镇辖自然村。人口300。明朝初年，李氏迁此立村，因当时户数多，行政编制该村为乡（25户及以上为乡），故得名乡李。1921年，黄河在宫家决口，村民南迁黄河堤坝上居住，称乡李上；后来，部分村民迁回原址重建，得名乡李老庄，1957年改名乡李上。聚落呈团块状分布。有农村书屋1个、乡村剧场1个。经济以商贸业、养殖业、种植业为主，主要农作物有棉花、玉米、小麦等。有公路经此。

林家 370522-B01-H06

［Línjiā］

在县驻地利津街道南方向10.6千米。北宋镇辖自然村。人口200。明洪武元年（1368），林氏从直隶枣强县迁此，与林姓古户共同立村，得名林家。聚落呈团块状分布。有农村书屋1个、乡村剧场1个。经济以商贸业、养殖业、种植业为主，主要农作物有棉花、玉米、小麦等。有公路经此。

后宫 370522-B01-H07

［Hòugōng］

在县驻地利津街道南方向11.0千米。北宋镇辖自然村。人口500。明朝初期，宫宪明、宫文秀从直隶枣强县迁此分别立村，均得名宫家，宫宪明立村在南（前）、宫文秀立村在北（后），后来分别改名为前宫、后宫，本村居北，为后宫。聚落呈团块状分布。有农村书屋1个、乡村剧场1个。有红色革命纪念地1947年"迎渡华东局机关"宫家渡口遗址。经济以商贸业、养殖业、种植业为主，主要农作物有棉花、玉米、小麦等。有公路经此。

于家 370522-B01-H08

［Yújiā］

在县驻地利津街道西南方向10.0千米。北宋镇辖自然村。人口400。明洪武年间，崔、王、张、于四氏从直隶枣强县迁此立村，得村名崔王张于家。1921年，黄河在宫家决口，村址淤成沙地，故称沙窝于家，简称于家。聚落呈团块状分布。有农村书屋1个、乡村剧场1个。经济以商贸业、养殖业、种植业为主，主要农作物有棉花、玉米、小麦等。有公路经此。

前林 370522-B01-H09

［Qiánlín］

在县驻地利津街道西方向11.1千米。

北宋镇辖自然村。人口 500。明洪武二年（1369），林子兴、林子文兄弟二人由福建兴华府仙友县相公村迁此分别立村，其兄林子兴所立村庄因位置居南（前），得名前林。聚落呈团块状分布。有农村书屋 1 个、乡村剧场 1 个、历史文化展室 1 个。经济以商贸业、养殖业、种植业为主，主要农作物有棉花、玉米、小麦等。有公路经此。

大牛 370522-B01-H10

[Dàniú]

在县驻地利津街道西南方向 11.9 千米。北宋镇辖自然村。人口 500。明洪武年间，牛氏迁此立村，得名牛家，后因村落较大，改名为大牛家。聚落呈团块状分布。有农村书屋 1 个、乡村剧场 1 个。有省级文物保护单位前王古墓。经济以商贸业、养殖业、种植业为主，主要农作物有棉花、玉米、小麦等。220 国道经此。

菜于 370522-B01-H11

[Càiyú]

在县驻地利津街道西 9.4 千米。北宋镇辖自然村。人口 800。明洪武二年（1369），于宣、于瑞、于景朝三户从直隶枣强县迁此立村，因村东种有大片菜园，得名菜园于家，简称菜于家、菜于。聚落呈团块状分布。有农村书屋 1 个、乡村剧场 1 个、历史文化展室 1 个。经济以商贸业、养殖业、种植业为主，主要农作物有棉花、玉米、小麦等。有公路经此。

侯王 370522-B01-H12

[Hóuwáng]

在县驻地利津街道西方向 8.8 千米。北宋镇辖自然村。人口 1 300。明洪武二年（1369），侯宝五、王学义两户从直隶枣强县迁此立村，得名侯王庄，简称侯王。

聚落呈团块状分布。有农村书屋 1 个、乡村剧场 1 个、历史文化展室 1 个，有幼儿园 1 所。经济以种植业为主。315 省道经此。

三岔 370522-B01-H13

[Sānchà]

在县驻地利津街道西南方向 14.8 千米。北宋镇辖自然村。人口 1 000。南宋时期，蔡氏迁此立村，因村内有三股大道形成三岔路口，得取名三岔。聚落呈团块状分布。有农村书屋 1 个、乡村剧场 1 个。有红色革命纪念地三岔战斗遗址。有民间传说雹子不砸三岔。经济以种植业为主，主要农作物有小麦、玉米、棉花等。有公路经此。

碾李 370522-B01-H14

[Niǎnlǐ]

在县驻地利津街道西南方向 14.5 千米。北宋镇辖自然村。人口 800。明朝初年，李世俊从直隶枣强县迁此立村，得名李家，后改称碾李。其因有二：一说村中有两条东西大道，两条南北胡同，形似碾架；村中地形中间凸四周凹，形似碾盘，故名碾李家；二说村中有石匠，能加工石碾，得名碾李。聚落呈团块状分布。有农村书屋 1 个、乡村剧场 1 个。经济以商贸业、养殖业、种植业为主，主要农作物有棉花、玉米、小麦、西瓜等。有公路经此。

戴家 370522-B01-H15

[Dàijiā]

在县驻地利津街道西南方向 10.7 千米。北宋镇辖自然村。人口 400。明永乐年间，戴氏从直隶枣强县迁至此地，在古村温家庄西北半里许立村，得名戴家。聚落呈团块状分布。有农村书屋 1 个、乡村剧场 1 个。经济以商贸业、养殖业、种植业为主，主要农作物有棉花、玉米、小麦等。有公路经此。

大盖 370522-B01-H16
[Dàgài]

在县驻地利津街道西南方向 8.4 千米。北宋镇辖自然村。人口 1 300。明洪武二年（1369），盖氏由直隶枣强县迁此立村，因村较大，得名大盖家，简称大盖。聚落呈团块状分布。有农村书屋 1 个、乡村剧场 1 个。经济以商贸业、养殖业、种植业为主，主要农作物有棉花、玉米、小麦等。220 国道经此。

道庵 370522-B01-H17
[Dào'ān]

在县驻地利津街道西南方向 8.1 千米。北宋镇辖自然村。人口 500。明洪武二年（1369），从直隶枣强县迁至此立村，因村西有一座较大寺院，道姑多，称尼姑庵，得村名道庵。聚落呈团块状分布。有农村书屋 1 个、乡村剧场 1 个、幼儿园 1 所。经济以商贸业、养殖业、种植业为主，主要农作物有棉花、玉米、小麦等。220 国道经此。

褚官 370522-B01-H18
[Chǔguān]

在县驻地利津街道西南方向 9.1 千米。北宋镇辖自然村。人口 900。古村。传说有二：一说此处在宋朝称渤海镇，元末明初有褚氏在大庄寺一侧开店，得名褚管店，简称褚管，后以谐音和书写方便渐变为褚官；二说明洪武年间褚、管二氏迁此立村，得名褚管，后以谐音和书写方便渐变为褚官。聚落呈团块状分布。有农村书屋 1 个、乡村剧场 1 个。经济以商贸业、养殖业、种植业为主，主要农作物有棉花、玉米、小麦等。有公路经此。

五庄 370522-B01-H19
[Wǔzhuāng]

在县驻地利津街道南方向 12.5 千米。

北宋镇辖自然村。人口 1 300。1937 年，黄河在麻湾决口，苟王庄、东王庄、松王庄、郑角寺、许家沟五村被淹，村民迁至黄河北岸大堤上共立新村，得名五庄。聚落呈团块状分布。有农村书屋 1 个、乡村剧场 1 个。经济以商贸业、养殖业、种植业为主，主要农作物有棉花、玉米、小麦等。德大铁路经此。

张潘马 370522-B01-H20
[Zhāngpānmǎ]

在县驻地利津街道西南方向 13.5 千米。北宋镇辖自然村。人口 1 100。明朝初年，张茂积从直隶枣强县迁此立村，得名张家庄。后有马姓迁此落户，一湾之隔有潘家庄，俗称张潘二庄。1938 年，张家庄、潘家庄合并，以三姓氏得村名张潘马。聚落呈团块状分布。有农村书屋 1 个、乡村剧场 1 个。经济以商贸业、养殖业、种植业为主，主要农作物有棉花、玉米、小麦等。德大铁路经此。

董家 370522-B01-H21
[Dǒngjiā]

在县驻地利津街道南方向 8.6 千米。北宋镇辖自然村。人口 400。明洪武二年（1369），董世沾、董世魁从直隶枣强县迁来，与当地董氏共同立村，得名董家。聚落呈团块状分布。有农村书屋 1 个、乡村剧场 1 个。经济以商贸业、养殖业、种植业为主，主要农作物有棉花、玉米、小麦等。有公路经此。

韩家园子 370522-B02-H01
[Hánjiāyuánzi]

陈庄镇人民政府驻地。在县驻地利津街道东北方向 27.2 千米。人口 3 800。清嘉庆末年立村，此地原为盐滩，盐民多数姓韩，为防水患，居住地四周筑有土垣子，得名韩家垣子，后演变为今名。聚落呈团块状分布。有文化大院1个、图书室1个、文化广场1个、小学1所。经济以种植业为主，主要农作物有棉花、玉米、小麦等。有公路经此。

陈家庄 370522-B02-H02

[Chénjiāzhuāng]

在县驻地利津街道东北方向27.4千米。陈庄镇辖自然村。人口2 300。明洪武年（1369）陈氏二兄弟携妻子离开广济来到利津大清河畔，立地生根，后来移民增多，逐渐聚成村庄，因陈姓居多，取名陈家庄。聚落呈团块状分布。有农村书屋1个、乡村剧场1个、中学1所、小学1所、幼儿园1所。经济以商贸业、养殖业、种植业为主，主要农作物有棉花、玉米、小麦。315省道经此。

新韩 370522-B02-H03

[Xīnhán]

在县驻地利津街道东北方向27.0千米。陈庄镇辖自然村。人口2 500。清光绪十五年（1889）黄河决口，将韩家桓子冲为三段，此处位于南部，称南韩。1946年，辛庄部分划归南韩，改名为新韩，因立村人姓氏而得名。聚落呈团块状分布。有农村书屋1个、乡村剧场1个。经济以商贸业、养殖业、种植业为主，主要农作物有棉花、玉米、小麦。516国道、227省道经此。

辛庄 370522-B02-H04

[Xīnzhuāng]

在县驻地利津街道东北方向25.8千米。陈庄镇辖自然村。人口3 100。明洪武二年（1369），辛福山从山西迁此立村，得名辛庄，沿用至今。聚落呈团块状分布。有农村书屋1个、乡村剧场1个。经济以商贸业、养殖业、种植业为主，主要农作物有棉花、玉米、小麦等。516国道经此。

庄科 370522-B02-H05

[Zhuāngkē]

在县驻地利津街道东北方向27.4千米。陈庄镇辖自然村。人口2 900。明洪武二年（1369）居民由山西洪洞县迁此立村，北西临河，取名庄河村，后称庄科。聚落呈团块状分布。有农村书屋1个、乡村剧场1个。经济以商贸业、养殖业、种植业为主，主要农作物有棉花、玉米、小麦等。荣乌高速经此。

崔李 370522-B02-H06

[Cuīlǐ]

在县驻地利津街道东北方向26.4千米。陈庄镇辖自然村。人口1 000。明朝初年，山西洪洞县移民至此立村，得名芋子园。1894年，因黄河在吕家洼子决口，部分移民迁到黄河大坝建村，因崔、李姓居多，得名崔李。聚落呈团块状分布。有农村书屋1个、乡村剧场1个。经济以商贸业、养殖业、种植业为主，主要农作物有棉花、玉米、小麦等。315省道经此。

南淤 370522-B02-H07

[Nányū]

在县驻地利津街道东北方向25.7千米。陈庄镇辖自然村。人口1 100。1897年，黄河决口，冲毁村庄，灾民迁至黄河大堤居住，沿堤形成村落，因处于黄河故道南侧，称南淤。聚落呈团块状分布。有农村书屋1个、乡村剧场1个。经济以商贸业、养殖业、种植业为主，主要农作物有棉花、玉米、小麦等。有公路经此。

治河 370522-B02-H08

[Zhìhé]

在县驻地利津街道东北方向27.1千米。

陈庄镇辖自然村。人口 2 600。1890 年立村，名为羊角河，后又改为治河。聚落呈团块状分布。有农村书屋 1 个、乡村剧场 1 个。经济以商贸业、养殖业、种植业为主，主要农作物有棉花、玉米、小麦等。516 国道、227 省道经此。

治河四村 370522-B02-H09
[Zhìhésìcūn]

在县驻地利津街道东北方向 29.0 千米。陈庄镇辖自然村。人口 500。来历有二：一是此地原系盐滩毛家大滩，后被黄河淤漫。清光绪三十四年（1908），寿光王氏迁此立村，村名沿用毛家大滩，1980 年改名治河四村；二是 1958 年，毛家大滩因靠近治河村，属治河三营管辖；1962 年治河三营改为治河三大队，毛家大滩独立建大队，按顺序得名治河四大队，现为治河四村。聚落呈团块状分布。有农村书屋 1 个、乡村剧场 1 个、历史文化展室 1 个。经济以商贸业、养殖业、种植业为主，主要农作物有棉花、玉米、小麦等。227 省道经此。

清河 370522-B02-H10
[Qīnghé]

在县驻地利津街道东北方向 25.5 千米。陈庄镇辖自然村。人口 1 000。此处原是大清河故道。清光绪二十六年（1900），王氏从寿光县迁此立村，后居民增多，家家挖井用水，得名乱井子。因名称不雅，1941 年改名清河村。聚落呈团块状分布。有农村书屋 1 个、乡村剧场 1 个。有红色革命纪念地利津县第一个农村党支部遗址。经济以商贸业、养殖业、种植业为主，主要农作物有棉花、玉米、小麦等。有公路经此。

垭西 370522-B02-H11
[Yáxī]

在县驻地利津街道东北方向 26.9 千米。

陈庄镇辖自然村。人口 800。此地原有一条古河道。清光绪二十六年（1900），寿光县道口村王哲迁于河道西崖居住，得村名西王家埝子，简称埝西。聚落呈团块状分布。有农村书屋 1 个、乡村剧场 1 个。经济以商贸业、养殖业、种植业为主，主要农作物有棉花、玉米、小麦等。516 国道经此。

郭屋 370522-B02-H12
[Guōwū]

在县驻地利津街道东北方向 28.0 千米。陈庄镇辖自然村。人口 700。1920 年，利津县老鹄岭村郭成训迁此居住，得村名郭家屋子，简称郭屋。聚落呈团块状分布。有农村书屋 1 个、乡村剧场 1 个。经济以商贸业、养殖业、种植业为主，主要农作物有棉花、玉米、小麦等。516 国道经此。

集贤 370522-B02-H13
[Jíxián]

在县驻地利津街道东北方向 28.8 千米。陈庄镇辖自然村。人口 1 000。清光绪十六年（1890），刘春芳一家住此，称刘房春屋子，亦称刘家屋子。1910 年，钟氏人家从寿光县钟家村陆续迁来。1945 年，钟姓利用先辈钟子期与俞伯牙的历史故事中的集贤村，改刘家屋子为集贤村。聚落呈团块状分布。有农村书屋 1 个、乡村剧场 1 个、历史文化展室 1 个、小学 1 所、幼儿园 1 所。经济以商贸业、养殖业、种植业为主，主要农作物有棉花、玉米、小麦等。有公路经此。

中古店 370522-B02-H14
[Zhōnggǔdiàn]

在县驻地利津街道东北方向 30.3 千米。陈庄镇辖自然村。人口 1 300。清光绪十六年（1890），无棣县大山村梁福江等人迁居于此，得名大山屋子。因村位于交通要道，设客店于高处，改名为中鼓店，后演变为中古店。聚落呈团块状分布。有农村书屋 1 个、乡村剧场 1 个。经济以商贸业、养殖业、种植业为主，主要农作物有棉花、玉米、小麦等。荣乌高速经此。

临河 370522-B02-H15
[Línhé]

在县驻地利津街道东北方向 33.9 千米。陈庄镇辖自然村。人口 1 000。清光绪二十六年（1900），在河滩一条小河沟旁建立一村，因小河两岸柳树成行，村名曰柳河子，后演变为柳行村。1947 年黄河水漫滩，柳行村村民迁居河堤外的薄其培屋子，两村合并后，因临近黄河，得村名临河。聚落呈团块状分布。有农村书屋 1 个、乡村剧场 1 个。经济以商贸业、养殖业、种植业为主，主要农作物有棉花、玉米、小麦等。有公路经此。

道口 370522-B02-H16
[Dàokǒu]

在县驻地利津街道东北方向 32.8 千米。陈庄镇辖自然村。人口 1 000。清光绪三十四年（1908），寿光县道口村部分村民迁此立村，故沿用原村名，称道口。聚落呈团块状分布。有农村书屋 1 个、乡村剧场 1 个。经济以商贸业、养殖业、种植业为主，主要农作物有棉花、玉米、小麦等。有公路经此。

新建 370522-B02-H17
[Xīnjiàn]

在县驻地利津街道东北方向 40.7 千米。陈庄镇辖自然村。人口 200。1967 年，本县刁口、盐窝公社的部分渔民家属迁此立村，取名新建。即新建立的家园之意，1978 年春，又与崔庄合并，仍名新建。聚落呈团块状分布。有农村书屋 1 个、乡村剧场 1 个、历史文化展室 1 个。经济以商贸业、养殖业、种植业为主，主要农作物有棉花、玉米、小麦等。东营港疏港高速经此。

爱国 370522-B02-H18
[Àiguó]

在县驻地利津街道东北方向 40.4 千米。陈庄镇辖自然村。人口 900。1950 年，东平湖临黄河大堤决口，东平县灾民迁此建立乐三合、新华、新营、新安、和平、建设等村。1955 年，联合成立了爱国农业社，村名沿用爱国。聚落呈团块状分布。有农村书屋 1 个、乡村剧场 1 个。经济以商贸业、养殖业、种植业为主，主要农作物有棉花、玉米、小麦等。东营港疏港高速经此。

一千二村 370522-B02-H19
[Yīqiān'èrcūn]

在县驻地利津街道东北方向 39.2 千米。陈庄镇辖自然村。人口 500。民国二十三年（1934），陈庄公社庄科村和外地逃荒的农户在今灶刘村处立村，因当时该村分得一千二百步长的土地，故村名一千二村。1964 年受大海潮袭击后，迁到黄河堤内滩区（现址）重建村庄，仍用原名。聚落呈团块状分布。有农村书屋 1 个、乡村剧场 1 个。经济以商贸业、养殖业、种植业为主，主要农作物有棉花、玉米、小麦等。东营港疏港高速经此。

爱林 370522-B02-H20
[Àilín]

在县驻地利津街道东北方向 37.5 千米。陈庄镇辖自然村。人口 600。该村自 1962 年春从丰国区（现汀罗镇）搬迁来，因黄河淤积自然形成大片柳林，望村民爱护树林命名爱林。聚落呈团块状分布。有农村书屋 1 个、乡村剧场 1 个。经济以商贸业、养殖业、种植业为主，主要农作物有棉花、玉米、小麦等。有公路经此。

崔庄 370522-B02-H21
［Cuīzhuāng］

在县驻地利津街道东北方向40.6千米。陈庄镇辖自然村。人口100。清光绪十六年（1890），利津城东崔家庄部分村民迁此立村，村名沿用原村名崔家庄。后因重名，人们常简称崔家。1981年6月正式改名崔家，再后改名为崔庄。聚落呈团块状分布。有农村书屋1个、乡村剧场1个。经济以商贸业、养殖业、种植业为主，主要农作物有棉花、玉米、小麦等。东营港疏港高速经此。

肖庙 370522-B02-H22
［Xiāomiào］

在县驻地利津街道东北方向37.8千米。陈庄镇辖自然村。人口1 000。相传陈庄附近庄科村渔民杨泽田，经常在此处的海边打鱼，夜宿于一高台子上，人称此台子为杨家坨子。后来他在坨子上种了棵榆树，人们又称此台子为榆树坨子。后人们又在坨子上修了一座肖圣庙，让肖神保佑渔民平安。清光绪二十四年（1898），庄科村部分村民迁此立村，得村名肖圣庙，简称肖庙。聚落呈团块状分布。有农村书屋1个、乡村剧场1个。经济以商贸业、养殖业、种植业为主，主要农作物有棉花、玉米、小麦等。有公路经此。

六百步 370522-B02-H23
［Liùbǎibù］

在县驻地利津街道东北方向29.3千米。陈庄镇辖自然村。人口1 100。清光绪三十四年（1908），寿光道口村王绍宗、齐胜云登几户人家迁此开荒居住，所种土地六百步长，得名六百步。聚落呈团块状分布。有农村书屋1个、乡村剧场1个。经济以商贸业、养殖业、种植业为主，主要农作物有棉花、玉米、小麦等。济东高速、东营港疏港高速经此。

付窝 370522-B02-H24
［Fùwō］

在县驻地利津街道东北方向35.4千米。陈庄镇辖自然村。人口1 100。清光绪二十三年（1897），本县城南部傅家窝村民受黄河水灾，北迁此立村。沿用原名傅家窝，简称傅窝，又称付窝。聚落呈团块状分布。有农村书屋1个、乡村剧场1个。经济以商贸业、养殖业、种植业为主，主要农作物有棉花、玉米、小麦等。东营港疏港高速经此。

薄家 370522-B02-H25
［Bójiā］

在县驻地利津街道东北方向26.9千米。陈庄镇辖自然村。人口1 200。清光绪二十六年（1900），因薄姓在此种地，并建居一处，后继续来户，故起名为薄家屋子，后简化为薄家。聚落呈团块状分布。有农村书屋1个、乡村剧场1个、有小学1所。经济以商贸业、养殖业、种植业为主，主要农作物有棉花、玉米、小麦等。516国道经此。

顺兴 370522-B02-H26
［Shùnxīng］

在县驻地利津街道东北方向24.3千米。陈庄镇辖自然村。人口1 100。民国三十一年（1942），因黄河泛滥，辛庄部分村民迁此黄河坝上居住，群众为祈愿平安，便取一刘姓的字号"顺兴"得村名顺兴。聚落呈团块状分布。有农村书屋1个、乡村剧场1个。经济以商贸业、养殖业、种植业为主，主要农作物有棉花、玉米、小麦等。516国道经此。

罗家 370522-B03-H01

[Luójiā]

汀罗镇人民政府驻地。在县驻地利津街道东北方向40.7千米。人口900。清光绪十年，初立罗家村、盖家村，后立刘家台子村。1944年，三村合并，村名沿用罗家。聚落呈团块状分布。有文化大院1个、图书室1个、文化广场1个、中学1所、小学1所、幼儿园1所。经济以商贸业、养殖业、种植业为主，主要农作物有棉花、玉米、小麦等。315省道经此。

毛坨 370522-B03-H02

[Máotuó]

在县驻地利津街道东北方向43.0千米。汀罗镇辖自然村。人口400。1880年，本县陈家庄、辛庄等村居民迁此种地，后成村，沿用原地片名"毛坨子"名庄，后逐渐简称毛坨。聚落呈团块状分布。有文化广场1个。经济以商贸业、养殖业、种植业为主，主要农作物有棉花、玉米、葡萄、小麦等。有公路经此。

前崔 370522-B03-H03

[Qiáncuī]

在县驻地利津街道西南方向4.8千米。汀罗镇辖自然村。人口400。明洪武二年（1369），崔颜从直隶枣强县迁来，在小李庄旧址立村，得名崔家。后来分为南（前）、北（后）两村，本村居南，得名前崔。聚落呈团块状分布。有农村书屋1个、乡村剧场1个、历史文化展室1个。经济以商贸业、养殖业、种植业为主，主要农作物有棉花、玉米、葡萄、小麦等。315省道经此。

汀河 370522-B03-H04

[Tīnghé]

在县驻地利津街道东北方向30.0千米。汀罗镇辖自然村。人口5 800。据传明洪武二年（1369），裴、曹、仁、林、崔五大家族从山西省洪洞县迁此立村。因村址位于丁字形河口处，得村名丁河。后来此处航运发达，船只停泊多，故把"丁"字改为"汀"字，称汀河。清乾隆二十四年（1768）《武定府志舆图》中标有"丁河口"。聚落呈团块状分布。有农村书屋1个、乡村剧场1个、历史文化展室1个、中学1所、小学1所、幼儿园1所。经济以商贸业、养殖业、种植业为主，主要农作物有棉花、玉米、小麦等。有公路经此。

北码头 370522-B03-H05

[Běimǎtóu]

在县驻地利津街道东北方向32.4千米。汀罗镇辖自然村。人口1 700。明朝时期，部分村民从山西洪洞县迁至铁门关北侧立村，后来成为古大清河入海口的一个码头，称北码头，村名亦改为北码头。聚落呈团块状分布。有农村书屋1个、乡村剧场1个。经济以商贸业、养殖业、种植业为主，主要农作物有棉花、玉米、小麦等。有公路经此。

割草窝 370522-B03-H06

[Gēcǎowō]

在县驻地利津街道东北方向33.2千米。汀罗镇辖自然村。人口600。村址原是草深土肥的荒洼子。清光绪十八年（1892），五庄村郭守奎迁此割除荒草，安家垦荒种地，因当地人们俗称自己的住所为窝巢，得村名割草窝。聚落呈团块状分布。有农村书屋1个、乡村剧场1个、幼儿园1所。经济以商贸业、养殖业、种植业为主，主要农作物有棉花、玉米、小麦等。有公路经此。

西宋 370522-B03-H07

[Xīsòng]

在县驻地利津街道东北方向34.3千米。

汀罗镇辖自然村。人口300。清光绪十六年（1890），因黄河决口，宋王庄村（在原利津县，今垦利县黄河南）程合年等户迁此，村名沿用原籍宋王庄。后来因重名，按东西方位改称西宋王庄，简称西宋。聚落呈团块状分布。有农村书屋1个、乡村剧场1个。经济以商贸业、养殖业、种植业为主，主要农作物有棉花、玉米、小麦等。315省道经此。

大广子 370522-B03-H08
[Dàguǎngzi]

在县驻地利津街道东北方向34.6千米。汀罗镇辖自然村。人口800。清光绪九年（1883），黄河决口，北岭子村岳重照等17户村民迁此立村，得村名大广子。聚落呈团块状分布。有农村书屋1个、乡村剧场1个。经济以商贸业、养殖业、种植业为主，主要农作物有棉花、玉米、小麦等。315省道经此。

灶立码头 370522-B03-H09
[Zàolìmǎtóu]

在县驻地利津街道东北方向30.7千米。汀罗镇辖自然村。人口1 100。清道光二十年（1840），灶户徐氏从韩家垣子盐滩迁此，靠近大清河东岸居住，后迁来住户多数也是灶户，并建立码头，得村名灶立码头。聚落呈团块状分布。有农村书屋1个、乡村剧场1个。经济以商贸业、养殖业、种植业为主，主要农作物有棉花、玉米、小麦等。315省道、227省道经此。

毕家咀 370522-B03-H10
[Bìjiāzuǐ]

在县驻地利津街道东北方向30.0千米。汀罗镇辖自然村。人口500。清嘉庆十四年（1810），淄川毕氏和本县汀河、陈家庄的部分村民迁此，在凸入大清河滩咀上立村，得名毕家咀。聚落呈团块状分布。有

农村书屋1个、乡村剧场1个。经济以商贸业、养殖业、种植业为主，主要农作物有棉花、玉米、小麦等。荣乌高速经此。

前关 370522-B03-H11
[Qiánguān]

在县驻地利津街道东北方向30.8千米。汀罗镇辖自然村。人口500。据传明朝初年，崔、姚二氏从山西洪洞县迁此立村。因居于铁门关以南，得村名前关。聚落呈团块状分布。有农村书屋1个、乡村剧场1个。有省级文物保护单位金代铁门关遗址。经济以商贸业、养殖业、种植业为主，主要农作物有棉花、玉米、食用菌、小麦等。有公路经此。

盐窝 370522-B04-H01
[Yánwō]

盐窝镇人民政府驻地。在县驻地利津街道东北方向21.3千米。人口4 800。明洪武二年（1369），山西季玉迁此立村，以晒盐为生，称盐墩，后称盐窝。1935年，按方位分盐窝东街、盐窝西街，简称盐东、盐西。聚落呈团块状分布。有文化大院1个、图书室1个、文体活动广场1个。经济以商贸业、养殖业、种植业为主，主要农作物有棉花、玉米、小麦等。威乌高速过境。

新村 370522-B04-H02
[Xīncūn]

在县驻地利津街道东北方向19千米。人口1600。盐窝镇辖自然村。清光绪三十年（1904）黄河决口，原居于黄河坝北盐窝东村部分住户被洪水冲散，迁此建村，因系新建村庄，命名为新村。聚落呈团块状分布。有农村书屋1个、乡村剧场1个。经济以商贸业、养殖业、种植业为主，主要农作物有棉花、玉米、小麦等。516国道、315省道经此。

黄路台 370522-B04-H03

[Huánglùtái]

在县驻地利津街道东北方向15.8千米。盐窝镇辖自然村。人口1 600。据传，古时有路台庙，得名黄楼台，后演变为黄路台。明洪武二年（1369），移民从直隶枣强县迁此立村，改村名黄路台。聚落呈团块状分布。有农村书屋1个、乡村剧场1个。经济以种植业为主，主要农作物有小麦、玉米、棉花等。315省道、济东高速经此。

新建 370522-B04-H04

[Xīnjiàn]

在县驻地利津街道东北方向24.5千米。盐窝镇辖自然村。人口500。据传，约200年前，此地是刘家庄的晒盐滩，故名刘家滩。盐滩被黄河淤漫后，1945年新合南村王连元首先迁居于此种地，以后刘家庄相继迁户于此立村，后沿滩名刘家滩。1935年建政时因村是新建的，更名为新建。聚落呈团块状分布。有农村书屋1个、乡村剧场1个。经济以种植业为主，主要农作物有小麦、玉米、棉花等。荣乌高速经此。

大十六户 370522-B04-H05

[Dàshíliùhù]

在县驻地利津街道东北方向18.2千米。盐窝镇辖自然村。人口4000。明洪武二年（1369），十六户移民从山西洪洞县迁此立村，同时又是十六个姓氏，得村名十六户。民国十五年（1926）迁出部分住户，位于村北的坝头处，得名北坝头。1946年十六户村分为大十六户、南十六户两个村，本村居北，村落较大，是大十六户。聚落呈团块状分布。有农村书屋1个、乡村剧场1个、小学1所、幼儿园1所。经济以商贸业、养殖业、种植业为主，主要农作物有棉花、玉米、小麦等。济东高速经此。

南十 370522-B04-H06

[Nánshí]

在县驻地利津街道东北方向17.7千米。盐窝镇辖自然村。人口1 300。1926年迁出部分住户，位于村北的坝头处，得名北坝头。1946年十六户村分为大十六户、南十六户两个村，本村居南，是南十六户，简称南十。聚落呈团块状分布。有农村书屋1个、乡村剧场1个、历史文化展室1个。经济以商贸业、养殖业、种植业为主，主要农作物有棉花、玉米、小麦等。有公路经此。

新合 370522-B04-H07

[Xīnhé]

在县驻地利津街道东北方向18.6千米。盐窝镇辖自然村。人口800。明洪武二年（1369），移民从直隶枣强县迁此立村，得名苏家。1945年与田家道口、夹河坝头（原小十六户村）合并，称新合。聚落呈团块状分布。有农村书屋1个、乡村剧场1个。经济以商贸业、养殖业、种植业为主，主要农作物有棉花、玉米、小麦、西瓜、甜瓜等。有公路经此。

前左 370522-B04-H08

[Qiánzuǒ]

在县驻地利津街道东北方向14.4千米。盐窝镇辖自然村。人口400。明洪武年间，左氏从山西洪洞县迁此立村，得名左家庄。原村位于现黄河南岸，被黄河冲散后迁于此地，建立了两个村，相对位于东南部的称前左家庄，简称前左，原居住在黄河坝下，1963年黄河大堤加宽，北迁300米重新建村。聚落呈团块状分布。有农村书屋1个、乡村剧场1个。经济以商贸业、养殖业、种植业为主，主要农作物有棉花、玉米、小麦等。经济以种植业为主，主要农作物有棉花、玉米、小麦等。有公路经此。

后左 370522-B04-H09

[Hòuzuǒ]

在县驻地利津街道东北方向15.0千米。盐窝镇辖自然村。人口300。明洪武年间，左氏从山西洪洞县迁此立村，得名左家庄。原村位于现黄河南岸，被黄河冲散后迁于此地，建立了两个村。相对位于西北部的称后左家庄，简称后左。聚落呈团块状分布。有农村书屋1个、乡村剧场1个。经济以商贸业、养殖业、种植业为主，主要农作物有棉花、玉米、小麦等。经济以种植业为主，主要农作物有棉花、玉米、小麦等。有公路经此。

鲍王庄 370522-B04-H10

[Bàowángzhuāng]

在县驻地利津街道东北方向17.0千米。盐窝镇辖自然村。人口1 000。明洪武年间，鲍、王两户村民从直隶枣强县迁此立村，得名鲍王庄。聚落呈团块状分布。有农村书屋1个、乡村剧场1个、历史文化展室1个。经济以商贸业、养殖业、种植业为主，主要农作物有棉花、玉米、小麦等。济东高速、315省道经此。

大苟王庄 370522-B04-H11

[Dàgǒuwángzhuāng]

在县驻地利津街道北方向11.8千米。盐窝镇辖自然村。人口800。明洪武年间，苟、王二氏从山西洪洞县武义枣乡槐树底下迁此立村，得名苟王庄。后因村南边的张家庄，因村小改名小苟王庄，本村村落较大而称大苟王庄。聚落呈团块状分布。有农村书屋1个、乡村剧场1个。有红色革命纪念地利津县城北烈士陵园。经济以商贸业、养殖业、种植业为主，主要农作物有棉花、玉米、小麦等。有公路经此。

小赵王庄 370522-B04-H12

[Xiǎozhàowángzhuāng]

在县驻地利津街道北方向15.9千米。盐窝镇辖自然村。人口400。明洪武二年（1369），赵氏先迁此地居住，随后王氏又迁此，共同立村，得名赵王庄，后因重名，且村落相对较小，称小赵王庄。聚落呈团块状分布。有农村书屋1个、乡村剧场1个。有市级重点文物保护单位小赵古遗址。经济以种植业为主，主要农作物有小麦、玉米。有公路经此。

小拾队 370522-B04-H13

[Xiǎoshíduì]

在县驻地利津街道北方向30.2千米。盐窝镇辖自然村。人口200。1961年立村，因当时是建华大队的第十生产大队，因村小，得名小拾队。聚落呈团块状分布。有农村书屋1个、乡村剧场1个。经济以商贸业、养殖业、种植业为主，主要农作物有棉花、玉米、小麦等。有红色革命纪念地小麻湾抗战纪念地、小麻湾抗日烈士纪念碑。经济以种植业为主，主要农作物有小麦、棉花、玉米。有公路经此。

张旺 370522-B04-H14

[Zhāngwàng]

在县驻地利津街道东北方向33.0千米。盐窝镇辖自然村。人口800。该地原是一片洼地，也称汪子地。1948年，张福顺从孟家庄迁此立村，得名张家汪，后以谐音简称张旺。聚落呈团块状分布。有农村书屋1个、乡村剧场1个。经济以商贸业、养殖业、种植业为主，主要农作物有棉花、玉米、小麦等。有公路经此。

虎滩嘴 370522-B04-H15

[Hǔtānzuǐ]

在县驻地利津街道东北方向29.0千米。

盐窝镇辖自然村。人口 700。在历史上，此地是一个大盐滩，因地处海边，状似虎嘴，灶户称其为虎滩嘴。1944 年建村时，村名沿用地名，称虎滩嘴，简称虎滩。聚落呈团块状分布。有农村书屋 1 个、乡村剧场 1 个、中学 1 所、小学 1 所、幼儿园 1 所。经济以商贸业、养殖业、种植业为主，主要农作物有棉花、玉米、小麦等。有公路经此。

联合 370522-B04-H16
［Liánhé］

在县驻地利津街道东北方向 28.0 千米。盐窝镇辖自然村。人口 900。1947 年，小口子村部分村民迁此立村，因是新安下的村庄，得名新安村。后来有若干村的农户迁入，村落增大，1961 年改名为联合，意为本村是由多村的居民联合而成。聚落呈团块状分布。有农村书屋 1 个、乡村剧场 1 个。经济以商贸业、养殖业、种植业为主，主要农作物有棉花、玉米、小麦等。有公路经此。

毕庄 370522-B04-H17
［Bìzhuāng］

在县驻地利津街道东北方向 29.0 千米。盐窝镇辖自然村。人口 300。清光绪二十四年（1898），利津城东黄河滩区毕家庄部分村民因受水灾迁此居住立村，其名沿用毕家庄。一说：1926 年因黄河在八里庄决口，村民迁走，村庄消失。1930 年，村民返回此址分建两村，位于北面的称后毕家庄，位于南面的称前毕家庄。后来两村连成一片，仍称毕家庄，简称毕庄；另一说：因重名，1981 年 6 月改称下毕家庄，简称毕庄。聚落呈团块状分布。有农村书屋 1 个、乡村剧场 1 个。经济以商贸业、养殖业、种植业为主，主要农作物有棉花、玉米、小麦等。有公路经此。

孟家庄 370522-B04-H18
［Mèngjiāzhuāng］

在县驻地利津街道东北方向 22.2 千米。盐窝镇辖自然村。人口 800。明洪武二年（1369）孟姓村民迁于此地，得名孟家庄。聚落呈团块状分布。有农村书屋 1 个、乡村剧场 1 个。经济以商贸业、养殖业、种植业为主，主要农作物有棉花、玉米、芹菜、小白菜、小麦等。516 国道、315 省道经此。

老台子 370522-B04-H19
［Lǎotáizi］

在县驻地利津街道东北方向 23.2 千米。盐窝镇辖自然村。人口 1 700。明洪武二年（1369）立村，名为芝家台子。光绪三十年，称老台子，沿用至今。聚落呈团块状分布。有农村书屋 1 个、乡村剧场 1 个。经济以商贸业、养殖业、种植业为主，主要农作物有棉花、玉米、小麦等。516 国道、315 省道经此。

永阜 370522-B04-H20
［Yǒngfù］

在县驻地利津街道东北方向 23.2 千米。盐窝镇辖自然村。人口 1 100。明洪武年间，杨氏从山西洪洞县迁来，沿用永阜至今。聚落呈团块状分布。有农村书屋 1 个、乡村剧场 1 个。经济以商贸业、养殖业、种植业为主，主要农作物有棉花、玉米、小麦等。济东高速、516 国道经此。

南西滩 370522-B04-H21
［Nánxītān］

在县驻地利津街道东北方向 22.8 千米。盐窝镇辖自然村。人口 900。清咸丰十年（1860），刘浦、王吉庆、王瑞三户村民在庄科村以西的黄河滩里居住立村，名为西滩。清光绪二十六年（1900），黄河大水冲毁村庄，村民迁于黄河坝上居住。1920年，黄河决口，将坝冲为两段，位于北段坝上的村仍称西滩，位于南段坝上的村称南西滩。本村为南西滩村。聚落呈团块状分布。有农村书屋1个、乡村剧场1个、历史文化展室1个、幼儿园1所。经济以商贸业、养殖业、种植业为主，主要农作物有棉花、玉米、小麦等。516国道、315省道经此。

西滩 370522-B04-H22
[Xītān]

在县驻地利津街道东北方向24.3千米。盐窝镇辖自然村。人口1 700。据传，清咸丰十年（1860）有刘浦、王吉庆、王瑞三户在庄科村以西的黄河滩里建村，名为西滩。聚落呈团块状分布。有农村书屋1个、乡村剧场1个、历史文化展室1个。经济以商贸业、养殖业、种植业为主，主要农作物有棉花、玉米、小麦等。315省道经此。

八里庄 370522-B04-H23
[Bālǐzhuāng]

在县驻地利津街道东北方向26.0千米。盐窝镇辖自然村。人口1 500。明洪武二年（1369），李氏从山西洪洞县迁此立村，得名李家庄，清代曾称李八缸，后改称李八庄。民国时期，改称八里庄。聚落呈团块状分布。有农村书屋1个、乡村剧场1个。有红色革命纪念地八里庄战斗纪念碑。经济以商贸业、养殖业、种植业为主，主要农作物有棉花、玉米、小麦等。荣乌高速经此。

新台子 370522-B04-H24
[Xīntáizi]

在县驻地利津街道东北方向25.5千米。盐窝镇辖自然村。人口1 800。明洪武二年（1369），芝姓村民迁于此地高土台子立村，故得名新台子。聚落呈团块状分布。有农村书屋1个、乡村剧场1个。经济以商贸业、养殖业、种植业为主，主要农作物有棉花、玉米、小麦等。315省道经此。

盖家庄 370522-B04-H25
[Gàijiāzhuāng]

在县驻地利津街道东北方向25.2千米。盐窝镇辖自然村。人口2 100。明洪武二年（1369），盖氏从山西洪洞县迁此立村，得名盖家庄。聚落呈团块状分布。有农村书屋1个、乡村剧场1个。经济以商贸业、养殖业、种植业为主，主要农作物有棉花、玉米、小麦等。315省道经此。

七龙河 370522-B04-H26
[Qīlónghé]

在县驻地利津街道东北方向21.0千米。盐窝镇辖自然村。人口1 800。据传该村是元朝古村，原名松林镇。因兵乱、瘟疫，只剩三户人家。明朝初年，从直隶枣强县迁民于此立村。传说有人把匕首缚在牛角上刺死河湾中的龙而得名七龙河。聚落呈团块状分布。有农村书屋1个、乡村剧场1个。有民间故事七龙河的传说。经济以商贸业、养殖业、种植业为主，主要农作物有棉花、玉米、小麦等。济东高速经此。

北岭 370522-B04-H27
[Běilǐng]

在县驻地利津街道东北方向22.0千米。盐窝镇辖自然村。人口1 500。明洪武年间，岳氏从山西洪洞县迁此，在土岭子北侧立村，得名北岭子，后因黄河决口形成四个自然村。1958年定名北岭。聚落呈团块状分布。有农村书屋1个、乡村剧场1个、小学1所、幼儿园1所。经济以商贸业、养殖业、种植业为主，主要农作物有棉花、玉米、小麦等。516国道、济东高速经此。

南洼 370522-B04-H28
[Nánwā]

在县驻地利津街道北方向 20.0 千米。盐窝镇辖自然村。人口 1600。明洪武二年（1369），张氏兄弟从山西洪洞县迁此立村，因处荒洼，由此向北人烟稀少，故取名南洼。聚落呈团块状分布。有农村书屋 1 个、乡村剧场 1 个。经济以商贸业、养殖业、种植业为主，主要农作物有棉花、玉米、小麦等。516 国道经此。

滩东 370522-B04-H29
[Tāndōng]

在县驻地利津街道东北方向 25.0 千米。盐窝镇辖自然村。人口 600。1929 年，黄河决口，西滩村部分村民迁到村东废坝上居住，称东西滩，又称滩东。聚落呈团块状分布。有农村书屋 1 个、乡村剧场 1 个。经济以商贸业、运输业、养殖业、种植业为主，主要农作物有棉花、玉米、小麦等。315 省道经此。

康宁 370522-B04-H30
[Kāngníng]

在县驻地利津街道东北方向 20.7 千米。盐窝镇辖自然村。人口 600。明洪武二年（1369），薄氏从山西洪洞县迁此立村，得名薄家庄。清光绪三十年（1904），黄河在薄家庄决口，村庄被淹没，居民四散，搬迁于地势较高处重建家园，后逐渐形成了四个自然村，1919 年分别以嘉言得名福寿、康宁、和平、维新，均属薄家庄，本村为康宁村。聚落呈团块状分布。有农村书屋 1 个、乡村剧场 1 个。经济以商贸业、养殖业、种植业为主，主要农作物有棉花、玉米、小麦等。济东高速经此。

南岭 370522-B04-H31
[Nánlǐng]

在县驻地利津街道东北方向 20.3 千米。盐窝镇辖自然村。人口 1 700。明洪武二年（1369），移民从山西洪洞县迁此，在土岭子南侧立村，得名南岭子，后来简称南岭。聚落呈团块状分布。有农村书屋 1 个、乡村剧场 1 个、幼儿园 1 所。经济以商贸业、养殖业、种植业为主，主要农作物有棉花、玉米、小麦等。济东高速经此。

坨上 370522-B04-H32
[Tuóshàng]

在县驻地利津街道东北方向 23.8 千米。盐窝镇辖自然村。人口 1 000。明洪武二年（1369）立村，名坨上。该村比永阜村小，附近居民又俗称小庄。聚落呈团块状分布。有农村书屋 1 个、乡村剧场 1 个。经济以商贸业、养殖业、种植业为主，主要农作物有棉花、玉米、小麦等。516 国道经此。

单二村 370522-B04-H33
[Shàn'èrcūn]

在县驻地利津街道北方向 29.4 千米。盐窝镇辖自然村。人口 200。因 1947 年立南、北两个村，村名均沿用单家洼子。1957 年均称单村。因重名，1981 年 6 月按方位分别为前单、后单，又称单一、单二。本村居北，为单二村。聚落呈团块状分布。有农村书屋 1 个、乡村剧场 1 个。经济以商贸业、养殖业、种植业为主，主要农作物有棉花、玉米、小麦等。有公路经此。

刘官斗 370522-B04-H34
[Liúguāndǒu]

在县驻地利津街道北方向 14.2 千米。盐窝镇辖自然村。人口 1 100。明天顺六年（1462），刘氏从山西洪洞县迁此立村，得名刘家屋子。约 200 年后，村庄扩大，又称刘家庄子，后因村设有集市，并安置斗官而扬名，改称刘官斗。聚落呈团块状分布。有农村书屋 1 个、乡村剧场 1 个。经济以商贸业、养殖业、种植业为主，主要农作物有棉花、玉米、小麦等。有公路经此。

门家 370522-B04-H35
[Ménjiā]

在县驻地利津街道北方向 15.2 千米。盐窝镇辖自然村。人口 1 200。明万历年间，门思庆等人从无棣县门家道口村迁此立村，得名门家。聚落呈团块状分布。有农村书屋 1 个、乡村剧场 1 个。经济以商贸业、养殖业、种植业为主，主要农作物有棉花、玉米、小麦等。有公路经此。

后邢家庄 370522-B04-H36
[Hòuxíngjiāzhuāng]

在县驻地利津街道东北方向 20.2 千米。盐窝镇辖自然村。人口 1 200。明万历年间，邢氏从山西洪洞县迁此立村，得名邢家庄。后因重名，按南（前）、北（后）方位，更名为后邢家庄，简称后邢。聚落呈团块状分布。有农村书屋 1 个、乡村剧场 1 个。经济以商贸业、养殖业、种植业为主，主要农作物有棉花、玉米、小麦等。516 国道经此。

小苟王庄 370522-B04-H37
[Xiǎogǒuwángzhuāng]

在县驻地利津街道北方向 11.4 千米。盐窝镇辖自然村。人口 300。清康熙五十年（1711），张氏从滨县张家集迁此立村，得名张家庄。因与苟王庄相邻，两村义气和睦，且村落较小，而改名小苟王庄。聚落呈团块状分布。有农村书屋 1 个、乡村剧场 1 个。经济以商贸业、养殖业、种植业为主，主要农作物有棉花、玉米、小麦等。有公路经此。

北坝 370522-B04-H38
[Běibà]

在县驻地利津街道东北方向 19.2 千米。盐窝镇辖自然村。人口 300。1926 年，十六户村部分村民迁往被黄河冲坏的残坝北侧立村，因位于十六户村北的坝头处，得名北坝头，简称北坝。聚落呈团块状分布。有农村书屋 1 个、乡村剧场 1 个。经济以商贸业、养殖业、种植业为主，主要农作物有棉花、玉米、小麦等。315 省道、济东高速经此。

东洋江 370522-B04-H39
[Dōngyángjiāng]

在县驻地利津街道北方向 18.6 千米。盐窝镇辖自然村。人口 800。明朝洪武二年（1369），张才貌、王伯城和杨子荣由山西洪洞县徙迁居利津县境，在此自然河沟旁落居成村，以河沟形状定名为牙家，因牙家与洋江谐音，民国初年演变为洋江。聚落呈团块状分布。有农村书屋 1 个、乡村剧场 1 个。有公路经此。

杨柳 370522-B04-H40
[Yángliǔ]

在县驻地利津街道东北方向 22.0 千米。盐窝镇辖自然村。人口 700。明洪武年间年，洋沟崖有杨氏，柳树坡有朱氏，由山西洪洞县迁至利津东北乡四十余里的大清河西岸落户，故而得名杨柳。聚落呈团块状分布。有农村书屋 1 个、乡村剧场 1 个。经济以商贸业、养殖业、种植业为主，主要农作物有棉花、玉米、小麦等。有公路经此。

大张 370522-C01-H01
[Dàzhāng]

明集乡人民政府驻地。在县驻地利津街道北方向 11.9 千米。人口 600。张氏立村，得名张家。因村落较大，改称大张家，简称大张。聚落呈团块状分布。有文化大院1个、图书室1个、文体活动广场1个。经济以商贸业、养殖业、种植业为主，主要农作物有棉花、玉米、小麦等。有公路经此。

明集 370522-C01-H02

[Míngjí]

在县驻地利津街道北方向9.0千米。明集乡辖自然村。人口1 100。明洪武年间，明苍从直隶枣强县迁此立村，得名明家，后设集市，便称明家集，简称明集。聚落呈团块状分布。有农村书屋1个、乡村剧场1个、历史文化展室1个。经济以商贸业、养殖业、种植业为主，主要农作物有棉花、玉米、小麦等。济东高速经此。

北张 370522-C01-H03

[Běizhāng]

在县政府驻地利津街道北方向11.8千米。明集乡辖自然村。人口1 000。明万历年间，屠户张中意从直隶枣强县迁此立村，人称屠户张家。1942年，因与村南张家区别，且村落较小，故改为小张家。1955年按方位更名为北张。聚落呈团块状分布。有农村书屋1个、乡村剧场1个。有红色革命纪念地北张革命烈士陵园。经济以商贸业、养殖业、种植业为主，主要农作物有棉花、玉米、小麦等。有公路经此。

南望参 370522-C01-H04

[Nánwàngshēn]

在县驻地利津街道北方向13.6千米。明集乡辖自然村。人口2 000。据传，王氏在唐朝立村，唐太宗征高丽，途经此地，三军宵迷，望参而行，得地名望参门，后分为三个村，该村居南，得名南望参门，简称南望参。聚落呈团块状分布。有农村书屋1个、乡村剧场1个、历史文化展室1个。

有省级文物保护单位南望参古窑址。经济以商贸业、养殖业、种植业为主，主要农作物有棉花、玉米、小麦等。有公路经此。

马镇广 370522-C01-H05

[Mǎzhènguǎng]

在县驻地利津街道北方向13.8千米。明集乡辖自然村。人口2 100。古有马、章、广三姓在此立村，得名马章广，年代无考。后因地广村大、农产丰富，设有集市，将马章广改为马镇广。聚落呈团块状分布。有农村书屋1个、乡村剧场1个、小学1所、幼儿园1所。经济以商贸业、养殖业、种植业为主，主要农作物有棉花、玉米、小麦等。有公路经此。

东望参 370522-C01-H06

[Dōngwàngshēn]

在县驻地利津街道北方向15.5千米。明集乡辖自然村。人口400。据传，王氏在唐朝立村，唐太宗征高丽，途经此地，三军宵迷，望参而行，得地名望参门，后分三个村，该村居东，称东望参门，简称东望参，张氏立村。聚落呈团块状分布。有农村书屋1个、乡村剧场1个、历史文化展室1个。经济以商贸业、养殖业、种植业为主，主要农作物有棉花、玉米、小麦等。有公路经此。

东堤 370522-C01-H07

[Dōngdī]

在县驻地利津街道北方向6.6千米。明集乡辖自然村。人口1 300。此处原有张家店、吴家两村，清咸丰年间合并为一村。因村址居古柳河东岸的堤坝上，得名东堤。聚落呈团块状分布。有农村书屋1个、乡村剧场1个。经济以商贸业、养殖业、种植业为主，主要农作物有棉花、玉米、小麦等。有公路经此。

谢家灶 370522-C01-H08
[Xièjiāzào]

在县驻地利津街道西北方向11.7千米。明集乡辖自然村。人口600。有一户刘姓人家在此垒灶煮盐并建立村庄，得名刘家灶，立村年代失考。后有一谢举人迁此居住，更名为谢家灶。聚落呈团块状分布。有农村书屋1个、乡村剧场1个、历史文化展室1个。经济以商贸业、养殖业、种植业为主，主要农作物有棉花、玉米、小麦等。有公路经此。

中望参 370522-C01-H09
[Zhōngwàngshēn]

在县驻地利津街道北方向15.8千米。明集乡辖自然村。人口600。据传，王氏在唐朝立村，唐太宗征高丽，途经此地，三军宵迷，望参而行，得地名望参门，后分三个村，该村居中，称中望参门，简称中望参。聚落呈团块状分布。有农村书屋1个、乡村剧场1个。经济以商贸业、养殖业、种植业为主，主要农作物有棉花、玉米、小麦等。有公路经此。

赵家 370522-C01-H10
[Zhàojiā]

在县驻地利津街道北方向10.7千米。明集乡辖自然村。人口400。明洪武年间，赵氏迁此立村，得名赵家。聚落呈团块状分布。有农村书屋1个、乡村剧场1个。经济以商贸业、养殖业、种植业为主，主要农作物有棉花、玉米、小麦等。有公路经此。

灶户刘 370522-C01-H11
[Zàohùliú]

在县驻地利津街道北方向10.5千米。明集乡辖自然村。人口600。明洪武年间，刘伯恭带领三个儿子，从济南迁此立村，以垒灶煮盐为业，人称灶户刘家，简称灶户刘。聚落呈团块状分布。有农村书屋1个、乡村剧场1个、历史文化展室1个。经济以商贸业、养殖业、种植业为主，主要农作物有棉花、玉米、小麦等。有公路经此。

杨家灶 370522-C01-H12
[Yángjiāzào]

在县驻地利津街道西北方向12.2千米。明集乡辖自然村。人口300。相传古时，有一姓杨的从直隶枣强县迁居王家灶，后又从王家灶迁到此地，垒灶熬盐，以此谋生，后逐渐形成村庄，称杨家灶。聚落呈团块状分布。有农村书屋1个、乡村剧场1个、历史文化展室1个。经济以商贸业、养殖业、种植业为主，主要农作物有棉花、玉米、西瓜、小麦等。有公路经此。

刁口海铺 370522-C02-H01
[diāokǒuhǎipù]

刁口乡人民政府驻地。在县驻地利津街道东北方向60.3千米。人口500。因地处故黄河口，岸陡水深，渔民多在此钓鱼，得名钓口。1938年设立海铺，村称刁口海铺，简称海铺。聚落呈散状分布。有文化大院1个、图书室1个、文化广场1个。经济以海滩养殖业为主，主要海产品有海参、大虾等。有公路经此。

渔民 370522-C02-H02
[Yúmín]

在县驻地利津街道东北方向62.5千米。刁口乡辖自然村。人口500。1972年，因刁口海铺渔民家属在此居住而立村。聚落呈团块状分布。有农村书屋1个、乡村剧场1个。经济以海滩养殖业为主，主要海产品有海参、大虾等。有公路经此。

广饶县

城市居民点

乐民小区 370523-I01
[Lèmín Xiǎoqū]

在县城南部。人口 3 580。总面积 113.8 公顷。以《孟子》中"乐民之乐者，民亦乐其乐"，与民同乐之意得名。2005 年始建，2007 年正式使用。建筑总面积 159 600 平方米，住宅楼 48 栋，现代建筑风格，绿化率 25%，有便民超市、健身娱乐等配套设施。通公交车。

西苑小区 370523-I02
[Xīyuàn Xiǎoqū]

在县城西南部。人口 9 832。总面积 44.1 公顷。因该小区位于广饶县城西边而得名。1998 年始建，1999 年正式使用。建筑总面积 405 000 平方米，多层住宅楼 98 栋，现代建筑风格，绿化率 24%，有便民超市、健身娱乐等配套设施。通公交车。

康居花园小区 370523-I03
[Kāngjū Huāyuán Xiǎoqū]

在县城东部。人口 6 000。总面积 23.4 公顷。象征该小区，居民健康、文明；环境幽雅、宜居而得名。2007 年始建，2008 年正式使用。建筑总面积 296 100 平方米，住宅楼 82 栋，其中小高层 3 栋、高层 5 栋、多层 74 栋，现代建筑风格，绿化率 25%，有诊所、便民超市、健身娱乐等配套设施。通公交车。

华泰东方威尼斯小区 370523-I04
[Huátài Dōngfāng Wēinísī Xiǎoqū]

在县城东南部。人口 4 500。总面积 140 公顷。因华泰集团兴建，又取"威尼斯"的城市名，象征着环境舒适美丽，生活富足，故得名。2013 年始建，2014 年正式使用。建筑总面积 264 000 平方米，住宅楼 104 栋，现代建筑风格。绿化率 35%，有便民超市、健身娱乐等配套设施。通公交车。

同和小区 370523-I05
[Tónghé Xiǎoqū]

在县城北部。人口 510。总面积 29.2 公顷。以天和、地和、人和的"和谐"之意得名。2003 年始建，2005 年正式使用。多层住宅楼 62 栋，现代建筑风格，绿化率 29%，有便民超市、诊所、健身娱乐等配套设施。通公交车。

华泰天桥小区 370523-I06
[Huátài Tiānqiáo Xiǎoqū]

在县城东南部。人口 5 000。总面积 43.2 公顷。因东临织女河，也为了凡间牛郎织女安居乐业，所以华泰公司领导决定在织女河上搭建永久的天桥，意在华泰集团天桥小区居民夫妻朝夕相见，日日相伴，拥有幸福美满的生活，再不只盼七夕，而得名。2003 年始建，2012 年正式使用。多层住宅楼 58 栋，别墅 56 栋，现代建筑风格，绿化率 30%，有超市、诊所、健身娱乐等配套设施。通公交车。

华泰阳河小区 370523-I07
[Huátài Yánghé Xiǎoqū]

在县城东南部。人口 2 300。总面积 70.1 公顷。以公司名称"华泰"和紧靠阳河而得名。2010 年始建，2012 年正式使用。多层住宅楼 14 栋，别墅 10 栋，现代建筑风格，绿化率 27%，有超市、诊所、健身娱乐等配套设施。通公交车。

农村居民点

十村 370523-A01-H01

[Shícūn]

在县驻地广饶街道南方向 0.7 千米。广饶街道辖自然村。人口 1 000。按城关序数定名十村。聚落呈团块状分布。有文化广场 1 个、文化大院 1 个。经济以商贸业、制造业、种植业为主，主要农作物有小麦、玉米。有公路经此。

十九村 370523-A01-H02

[Shíjiǔ Cūn]

在县驻地广饶街道西南方向 0.9 千米。广饶街道辖自然村。人口 1 100。按城关序数定名十九村。聚落呈团块状分布。有文化广场 1 个、文化大院 1 个、幼儿园 1 所。经济以商贸业、制造业、种植业为主，主要农作物有小麦、玉米。有公路经此。

东北西村 370523-A01-H03

[Dōngběixīcūn]

在县驻地广饶街道东方向 8.2 千米。广饶街道辖自然村。人口 1 450。明嘉靖年间，李治、李侠、李沧兄弟三人从西北西迁此立村，因处西北西东侧，故取名东北西。聚落呈团块状分布。有文化广场 1 个、文化大院 1 个。经济以种植业为主，主要农作物有小麦、玉米。有公路经此。

颜徐村 370523-A01-H04

[Yánxúcūn]

在县驻地广饶街道东方向 7.2 千米。广饶街道辖自然村。人口 3 200。明洪武二年（1369），颜、徐两姓同时从山西洪洞县迁来此处东三府（登州、莱州、青州）通北京之要路，颜、徐两家在此合开一座店房，故得名颜徐店，1949 年始称颜徐。聚落呈团块状分布。有文化广场 3 个、文化大院 3 个、幼儿园 1 所。古迹有颜徐基督教堂。经济以种植业为主，主要农作物有小麦、玉米。有公路经此。

柳家 370523-A01-H05

[Liǔjiā]

在县驻地广饶街道东方向 6.3 千米。广饶街道辖自然村。人口 1 400。明洪武年间，柳原由直隶（今河北省）枣强县迁此地立村，取名柳家庄。简称柳家。聚落呈团块状分布。有文化广场 1 个、文化大院 1 个。经济以种植业为主，主要农作物有小麦、玉米。有公路经此。

西毛 370523-A01-H06

[Xīmáo]

在县驻地广饶街道东方向 4.8 千米。广饶街道辖自然村。人口 1 500。明洪武二年（1369），毛彩王自冀北枣强县迁居乐邑城东北沙河（古淄河）西岸立村，定名西毛王，1961 年后称西毛。聚落呈团块状分布。有文化广场 1 个、文化大院 1 个、幼儿园 1 所。经济以种植业为主，主要农作物有小麦、玉米。有公路经此。

莲花村 370523-A01-H07

[Liánhuācūn]

在县驻地广饶街道东方向 4.2 千米。广饶街道辖自然村。人口 1 400。始祖袁子成于明洪武七年，自直隶枣强县迁居乐邑城东北莲花店，因村东南角有一莲花庙，庙前有一盆石刻莲花，故取名莲花殿，后演化为莲花店，1961 年后称莲花村。聚落呈团块状分布。有文化广场 1 个、文化大院 1 个。古迹有莲花遗址。经济以种植业为主，主要农作物有小麦、玉米。有公路经此。

苏王 370523-A01-H08

［Sūwáng］

在县驻地广饶街道东北方向 5.5 千米。广饶街道辖自然村。人口 1 200。明洪武二年（1369），始祖苏文强由直隶（今河北省）枣强县迁来，因姓氏取名苏王。聚落呈团块状分布。有文化广场 1 个、文化大院 1 个。经济以种植业、商贸业为主，主要农作物有小麦、玉米。有公路经此。

杜疃 370523-A01-H09

［Dùtuǎn］

在县驻地广饶街道东北方向 6.5 千米。广饶街道辖自然村。人口 2 700。明洪武年间，杜姓由山西洪洞县迁来此村立村，因以开店为生，故名杜家店。清咸丰年间，为防外患修围墙，将聂家宅子、刘家宅子、孟家宅子、贾家巷、高家街、娘娘庙等七个村合为一个村，称杜家疃，简称杜疃。聚落呈团块状分布。有文化广场 2 个、文化大院 2 个、幼儿园 1 所。有县级重点文物保护单位西杜疃村北遗址、西杜疃村西遗址。经济以种植业为主，主要农作物有小麦、玉米。有公路经此。

马疃 370523-A01-H10

［Mǎtuǎn］

在县驻地广饶街道东北方向 7.5 千米。广饶街道辖自然村。人口 1 100。明洪武年间，马福源迁来居住立村，取名马疃。聚落呈团块状分布。有文化广场 1 个、文化大院 1 个。古迹有马疃遗址。经济以种植业、商贸业为主，主要农作物有小麦、玉米。有公路经此。

任王 370523-A01-H11

［Rénwáng］

在县驻地广饶街道东北方向 4.5 千米。广饶街道辖自然村。人口 500。任氏于明成化二年（1466）由直隶枣强县迁乐邑城西关，二世任月明迁建任王庄，1961 年称任王。聚落呈团块状分布。有文化广场 1 个、文化大院 1 个、幼儿园 1 所。古迹有任王遗址。经济以种植业为主，主要农作物有小麦、玉米。有公路经此。

唐王 370523-A01-H12

［Tángwáng］

在县驻地广饶街道东北方向 5.5 千米。广饶街道辖自然村。人口 200。明洪武二年（1369），唐姓自山西洪洞县迁来立村，取名唐王。明崇祯元年（1628）燕王格、燕王惠从本县桑科村迁于此地，村名仍用唐王。聚落呈团块状分布。有文化广场 1 个、文化大院 1 个。古迹有唐王遗址。经济以种植业为主，主要农作物有小麦、玉米。有公路经此。

常徐 370523-A02-H01

［Chángxú］

在县驻地广饶街道西方向 0.3 千米。乐安街道辖自然村。人口 1 200。始祖常铎于明洪武二年，由山东新城里（现桓台）迁来。又据《徐氏家谱》载：徐登科、徐登照兄弟二人于明洪武二年由直隶枣强县迁来与常姓合居立村，取村名常徐。聚落呈团块状分布。有文化广场 1 个、文化大院 1 个。经济以种植业、商贸业为主，主要农作物有小麦、玉米。有公路经此。

张官 370523-A02-H02

［Zhāngguān］

在县驻地广饶街道西方向 0.4 千米。乐安街道辖自然村。人口 1 000。明永乐年间，章、郭二姓在此立村，取名章郭，继有殷、张二姓由山西洪洞县迁来并居，后殷汉梅升任云南省知府，回乡探亲，时人为标榜村出大官，故改称张官。聚落呈团块状分布。

有文化广场 1 个、文化大院 1 个、幼儿园 1 所。有县级重点文物保护单位官前遗址。经济以商贸业、制造业、种植业为主，主要农作物有小麦、玉米。有公路经此。

西相 370523-A02-H03
[Xīxiāng]

在县驻地广饶街道西方向 4.5 千米。乐安街道辖自然村。人口 1 200。战国时期，齐国的一个宰相曾在此地居住，形成村庄，村名相村。后屡经战乱村亡。另据《宋氏家谱》载：明万历年间，宋銮由本县城里迁来，在相村故址立村，仍称相村。明崇祯六年，李玄由本县阎李村迁来，在村东侧立村，叫小相村。该村即为大相村。清朝末年，更名为西相。聚落呈团块状分布。有文化广场 2 个、文化大院 2 个、幼儿园 1 所。古迹有西相遗址。经济以种植业为主，主要农作物有小麦、玉米。有公路经此。

前安德 370523-A02-H04
[Qián'āndé]

在县驻地广饶街道西方向 3.6 千米。乐安街道辖自然村。人口 1 100 人。明永乐五年（1407），吴同训由河南省襄城县迁至县城西上白社落居。（又据村西一古碑载：此村原名"上白社"）明末战乱平息后，居民修筑围墙，将村名称为安德（取相"安"相"得"之意）。因居后安德之南，改称前安德。聚落呈团块状分布。有文化广场 1 个、文化大院 1 个、幼儿园 1 所。有县级重点文物保护单位前安德遗址。经济以种植业为主，主要农作物有小麦、玉米。有公路经此。

东秦 370523-A02-H05
[Dōngqín]

在县驻地广饶街道西方向 1.3 千米。乐安街道辖自然村。人口 1 300。春秋战国时期，齐国曾在此设一兵营，将领称秦王。

明洪武二年，孙希敏由山西洪洞县迁来时，此地早有孙姓居住，村名称秦王。因村中有一河相隔，自民国时期起居河东者称东秦。聚落呈团块状分布。有文化广场 1 个、文化大院 1 个。古迹有东秦遗址。经济以种植业为主，主要农作物有小麦、玉米。有公路经此。

张庄 370523-A02-H06
[Zhāngzhuāng]

在县驻地广饶街道西方向 1 千米。乐安街道辖自然村。人口 1 000。明洪武二年（1369），张孟春由山西洪洞县迁此立村，取名张家庄，简称张庄。聚落呈团块状分布。有文化广场 4 个、文化大院 1 个、幼儿园 1 所。有县级重点文物保护单位张庄遗址。经济以种植业为主，主要农作物有小麦、玉米。有公路经此。

韩疃 370523-A02-H07
[Hántuǎn]

在县驻地广饶街道西方向 2.7 千米。乐安街道辖自然村。人口 1 300。明洪武年间，张诚由山西洪洞县迁来，在韩疃故址立村，仍称韩疃。聚落呈团块状分布。有文化广场 2 个、文化大院 1 个。有县级重点文物保护单位韩疃遗址。主产小麦、玉米。经济以商贸业、种植业为主。有公路经此。

东关 370523-A02-H08
[Dōngguān]

在县驻地广饶街道西方向 3.7 千米。乐安街道辖自然村。人口 1 600。郑建原籍直隶枣强县人，于明洪武二年（1369），迁至乐安县石辛镇东关落居。东关乃石辛镇之东关也。聚落呈团块状分布。有文化广场 1 个、文化大院 1 个。有县级重点文物保护单位东关遗址。经济以种植业为主，主要农作物有小麦、玉米。有公路经此。

石村 370523-A02-H09
[Shícūn]

在县驻地广饶街道西方向 4.1 千米。乐安街道辖自然村。人口 1 700。明洪武年间，邱高与吴姓由山西洪洞县迁来，当时此地只有一户赵姓，村名称石村，他们在此落居，亦沿用原名石村。聚落呈团块状分布。有文化广场 1 个、文化大院 1 个、幼儿园 1 所。经济以商贸业、种植业为主，主产小麦、玉米。有公路经此。

甄庙 370523-A02-H10
[Zhēnmiào]

在县驻地广饶街道西方向 4.1 千米。乐安街道辖自然村。人口 1 100。该村原系段、吕二姓立村，村名段吕庄。明洪武二年（1369），甄昇由山西洪洞县迁来段吕庄并居，后段、吕二姓逐渐减少，甄姓成为大户，并修建一座庙（老母庙）。清乾隆五十八年重修家谱记载；依据甄姓庙宇改村名为甄家庙子。1949 年简称甄庙。聚落呈团块状分布。有文化广场 2 个、文化大院 1 个。经济以种植业为主，主要农作物有小麦、玉米。有公路经此。

榆林 370523-A02-H11
[Yúlín]

在县驻地广饶街道西方向 3.9 千米。乐安街道辖自然村。人口 1 300。明洪武年间，张世能由山西洪洞县迁来，靠近榆树林立村，故名榆林。聚落呈团块状分布。有文化广场 1 个、文化大院 1 个、幼儿园 1 所。经济以种植业为主，主要农作物有小麦、玉米。有公路经此。

寨村 370523-A02-H12
[Zhàicūn]

在县驻地广饶街道西方向 4.7 千米。乐安街道辖自然村。人口 1 800。明洪武年间，李明由山西洪洞县迁来，在一古兵营寨遗址立村，取名寨里。1949 年，改称寨村。聚落呈团块状分布。有文化广场 1 个、文化大院 1 个、幼儿园 1 所。古迹有寨村遗址、寨村北岭遗址。经济以种植业为主，主要农作物有小麦、玉米。有公路经此。

西袁家 370523-A02-H13
[Xīyuánjiā]

在县驻地广饶街道西方向 5.2 千米。乐安街道辖自然村。人口 500。明永乐四年（1406），袁天大由淄川县袁家庄迁此立村，取名袁家。聚落呈团块状分布。有文化广场 1 个、文化大院 1 个。经济以种植业为主，主要农作物有小麦、玉米。有公路经此。

申盟亭 370523-A02-H14
[Shēnméngtíng]

在县驻地广饶街道西方向 2.3 千米。乐安街道辖自然村。人口 500。齐国以临淄为都时，桓公会诸侯于此亭议事，为尊王攘夷，合血为盟，名申盟亭。明永乐四年，刘守道由本县高儿港迁此立村于该亭旧址，仍以申盟亭为村名。聚落呈团块状分布。有文化广场 1 个、文化大院 1 个。有县级重点文物保护单位申盟亭遗址。经济以种植业为主，主要农作物有小麦、玉米。有公路经此。

崔王 370523-A02-H15
[Cuīwáng]

在县驻地广饶街道西方向 4.4 千米。乐安街道辖自然村。人口 300。元末，此地屡经瘟疫战乱，只剩崔姓一户，后崔姓人口繁衍兴旺，故取村名崔旺。因"旺""王"同音，故渐演称崔王。聚落呈团块状分布。有文化广场 1 个、文化大院 1 个。有县级重点文物保护单位崔王遗址。经济以种植业为主，主要农作物有小麦、玉米。有公路经此。

于王 370523-A02-H16

[Yúwáng]

在县驻地广饶街道西方向 4.4 千米。乐安街道辖自然村。人口 500。明永乐四年（1406），于兴海、于兴游由临淄县傅家庄迁来立村，为取兴旺发达之意，取名于旺。因"旺""王"同音，后演称于王。聚落呈团块状分布。有文化广场 1 个、文化大院 1 个。古迹有于王遗址。经济以种植业为主，主要农作物有小麦、玉米。有公路经此。

张庙 370523-A02-H17

[Zhāngmiào]

在县驻地广饶街道西方向 1.3 米。乐安街道辖自然村。人口 300。明洪武年间，张氏由山西洪洞县迁此立村，因村东有一庙台，取名张庙。聚落呈团块状分布。有文化广场 1 个、文化大院 1 个。有张庙遗址。经济以种植业为主，主要农作物有小麦、玉米。有公路经此。

大尧 370523-A02-H18

[Dàyáo]

在县驻地广饶街道西方向 5.2 米。乐安街道辖自然村。人口 600。元末，李姓在此立村，以烧窑为业，取名窑洼。后因西窑洼立村，故叫东窑洼。明洪武二年（1369），张追元由山西省迁来东窑洼落居，因张姓兴旺，发展较快，改为大窑洼。因"窑""尧"同音，1949 年演变为大尧洼，1958 年称大尧。聚落呈团块状分布。有文化广场 2 个、文化大院 2 个。有县级重点文物保护单位大尧遗址。经济以种植业为主，主要农作物有小麦、玉米。有公路经此。

大王桥 370523-B01-H01

[Dàwángqiáo]

大王镇人民政府驻地。在县驻地广饶街道东南方向 7.9 千米。人口 5 500。村以桥名，桥系唐朝所建，据《嘉庆一统志》载，因越阳河之上，规模较大，故时人赞为桥中之王，起名大王桥。聚落呈团块状分布。有文化广场 1 个、文化大院 1 个。有县级重点文物保护单位王南古建筑。经济以制造业、种植业为主，主要农作物有小麦、玉米。制造业以轮胎制造为主。有公路经此。

刘集后 370523-B01-H02

[Liújíhòu]

在县驻地广饶街道东南方向 10.0 千米。大王镇辖自然村。人口 3 000。清康熙二十年（1683），刘赤霞由本县西刘桥迁来于刘集北侧落户，因已有前刘集村，故称后刘集，后命名刘集后。聚落呈团块状分布。有文化广场 1 个、文化大院 1 个。有幼儿园 1 所。有中共刘集支部旧址。农业主产小麦、玉米。有公路经此。

吴家 370523-B01-H03

[Wújiā]

在县驻地广饶街道东南方向 10.5 千米。大王镇辖自然村。人口 1 000。明洪武二年（1369），吴汉臣由直隶（今河北省）枣强县迁来立村，取名吴家。聚落呈团块状分布。有文化广场 1 个、文化大院 1 个。经济以种植业、化工业、制造业为主，主要农作物有小麦、玉米。有公路经此。

中李 370523-B01-H04

[Zhōnglǐ]

在县驻地广饶街道东南方向 9.5 千米。大王镇辖自然村。人口 2 000。明洪武四年（1371），李洪量由山西洪洞县迁来立村，继有刘、郑二姓迁来，因李姓居于邓、刘二姓中间，有前邓后刘腰中李之说，取村名中李。聚落呈团块状分布。有文化广场 1 个、文化大院 1 个、幼儿园 1 所。经济以种植业、制造业为主，主要农作物有小麦、玉米。有公路经此。

后屯 370523-B01-H05
［Hòutún］

在县驻地广饶街道东南方向 7.5 千米。大王镇辖自然村。人口 2 200。三国时南屯屯兵，北屯储粮，此处是北屯遗址，得名后屯。明洪武三年（1370），李光宗由山西路安府坦县上丰村迁来在此立村，取名后屯。聚落呈团块状分布。有文化广场 1 个、文化大院 1 个、幼儿园 1 所。经济以种植业为主，主要农作物有小麦、玉米。有公路经此。

河沟 370523-B01-H06
［Hégōu］

在县驻地广饶街道东南方向 7.8 千米。大王镇辖自然村。人口 1 800。明永乐年间，聂纲迁来于阳河古道上立村，取名河沟。聚落呈团块状分布。有文化广场 1 个、文化大院 1 个。经济以种植业为主，主要农作物有小麦、玉米。有公路经此。

刘堡 370523-B01-H07
［Liúpù］

在县驻地广饶街道东南方向 10.2 千米。大王镇辖自然村。人口 1 100。明洪武六年（1373），刘湖由直隶（今河北省）枣强县野鹊村迁来立村，取名刘堡。聚落呈团块状分布。有文化广场 1 个、文化大院 1 个。经济以种植业为主，主要农作物有小麦、玉米。有公路经此。

范家 370523-B01-H08
［Fànjiā］

在县驻地广饶街道东南方向 11.3 千米。大王镇辖自然村。人口 1 200。明洪武年间，范姓由山西洪洞县迁来立村，取名范家。聚落呈团块状分布。有文化广场 1 个、文化大院 1 个、幼儿园 1 所。经济以种植业、制造业为主，主要农作物有小麦、玉米。有公路经此。

邓家 370523-B01-H09
［Dèngjiā］

在县驻地广饶街道东南方向 10.8 千米。大王镇辖自然村。人口 1 000。元末，邓士刚由直隶（今河北省）枣强县迁来立村，取名邓家。聚落呈团块状分布。有文化广场 1 个、文化大院 1 个。经济以种植业、制造业为主，主要农作物有小麦、玉米。有公路经此。

高卜纸 370523-B01-H10
［Gāobǔzhǐ］

在县驻地广饶街道东南方向 6.5 千米。大王镇辖自然村。人口 2 600。明永乐四年（1406），卜彦高由直隶（今河北省）枣强县迁此立村，取名卜家庄。明正德十五年（1520），高雄由本县高湾迁来立村，取名高家。后该村以作草纸为业，改名高家纸房。1937 年，两村合并，称高卜纸。聚落呈团块状分布。有文化广场 1 个、文化大院 1 个、幼儿园 1 所。经济以种植业、制造业为主，主要农作物有小麦、玉米。有公路经此。

田门 370523-B01-H11
［Tiánmén］

在县驻地广饶街道东南方向 6.4 千米。大王镇辖自然村。人口 2 800。明永乐二年（1404），田万由直隶枣强县花园庄大车门迁居海丰东北部田家堆，田万之后五世孙田春，由田家堆又迁至乐安城东南女织之东三圣庄居住，后徙阳溪西岸立村，取名田家庄；清康熙年间，门姓由门家圈迁至田家庄西侧落居，取名门家庄，1941 年两庄合并，称田门村。聚落呈团块状分布。有文化广场 1 个、文化大院 1 个、幼儿园 1 所。

经济以种植业、制造业为主，主要农作物有小麦、玉米。有公路经此。

韩桥 370523-B01-H12
[Hánqiáo]

在县驻地广饶街道东6.3千米。大王镇辖自然村。人口1 200。明正德年间，韩阳由本县沙窝村（今东三里）迁来立村，因处于阳河古道一桥旁，取名韩家桥，后简称韩桥。聚落呈团块状分布。有文化广场1个、文化大院1个、幼儿园1所。经济以种植业、制造业为主，主要农作物有小麦、玉米。有公路经此。

李桥 370523-B01-H13
[Lǐqiáo]

在县驻地广饶街道东6.5千米。大王镇辖自然村。人口3 400。明洪武四年（1371），李姓由直隶枣强县迁来时属青州府乐安县，在城东南阳河边立村，因交通不便，在河上架桥通行，遂取名李家桥。1961年简称李桥。聚落呈团块状分布。有文化广场4个、文化大院4个、幼儿园1所。经济以种植业、制造业为主，主要农作物有小麦、玉米。有公路经此。

周庄 370523-B01-H14
[Zhōuzhuāng]

在县驻地广饶街道东7.6千米。大王镇辖自然村。人口1 300。明洪武二年（1369），周顺由山西洪洞县迁此立村，取名周家庄。1958年后称周庄。聚落呈团块状分布。有文化广场1个、文化大院1个。经济以种植业、制造业为主，主要农作物有小麦、玉米。有公路经此。

复兴王 370523-B01-H15
[Fùxīngwáng]

在县驻地广饶街道东南方向9.4千米。大王镇辖自然村。人口1 200。明洪武二年（1369），王宗德由直隶（今河北省）枣强县迁来，以炼铁为生，取名铁头王，1921年，王星五、王儒修为使子孙后代，繁荣昌盛，改为复兴王。聚落呈团块状分布。有文化广场1个、文化大院1个。经济以种植业、制造业为主，主要农作物有小麦、玉米。有公路经此。

延集 370523-B01-H16
[Yánjí]

在县驻地广饶街道东7.5千米。大王镇辖自然村。人口2 600。明天顺三年（1459），延昇由山东省益都县西南三十里莲花盆迁此立村，取名延家。清康熙十二年（1673），因村中有集，改为延集。聚落呈团块状分布。有文化广场1个、文化大院1个、幼儿园1所。经济以种植业、制造业为主，主要农作物有小麦、玉米。有公路经此。

封庙 370523-B01-H17
[Fēngmiào]

在县驻地广饶街道南方向2.6千米。大王镇辖自然村。人口800。明洪武年间，封姓自直隶（今河北省）枣强县迁来，立村于一古庙旁，取名封家庙子。1950年，简称封庙。聚落呈团块状分布。有文化广场1个、文化大院1个。古迹有封庙村古建筑，经济以种植业为主，主要农作物有小麦、玉米。有公路经此。

东张庄 370523-B01-H18
[Dōngzhāngzhuāng]

在县驻地广饶街道东7千米。大王镇辖自然村。人口1 200。明洪武二年（1369），张和由直隶枣强县迁此立村，取名张庄。1982年3月，地名普查时因与石村公社（今乐安街道）张庄重名，故更名为东张庄。聚落呈团块状分布。有文化广场1个、文化大院 1 个。经济以种植业、制造业为主，主要农作物有小麦、玉米。有公路经此。

灶户王 370523-B01-H19
［Zàohùwáng］

在县驻地广饶街道东 7.6 千米。大王镇辖自然村。人口 2 200。明天顺元年（1457），王友亮、王友今、王友能兄弟三人由王岗迁此立村，仍缴纳住王岗时的灶粮，取名灶户王。聚落呈团块状分布。有文化广场 1 个、文化大院 1 个、幼儿园 1 所。经济以种植业、制造业为主，主要农作物有小麦、玉米。有公路经此。

北郭 370523-B01-H20
［Běiguō］

在县驻地广饶街道东 10.7 千米。大王镇辖自然村。人口 2 100。郭姓祖籍直隶（今河北省），明洪武四年（1371），奉旨迁山东省青州府益都县宋家阁村，生男文礼后于洪武十八年（1385），又迁至今寿光县彭家道口村，生男复礼后又南移二华里立村，取名郭家庄，经二世分南北两郭。聚落呈团块状分布。有文化广场 2 个、文化大院 2 个。有县级重点文物保护单位北郭西花园遗址。经济以种植业、制造业为主，主要农作物有小麦、玉米。有公路经此。

东营 370523-B01-H21
［Dōngyíng］

在县驻地广饶街道东南方向 3.8 千米。大王镇辖自然村。人口 1 200。清康熙三十二年（1693），李展含、李展色二人由大王桥迁来落居，因立村于古兵营遗址东营，取名东营。聚落呈团块状分布。有文化广场 1 个、文化大院 1 个。有县级重点文物保护单位东营遗址。经济以种植业、商贸业为主，主要农作物有小麦、玉米。有公路经此。

西营 370523-B01-H22
［Xīyíng］

在县驻地广饶街道东南方向 3.6 千米。大王镇辖自然村。人口 500。明洪武二年（1369），李良胜由山西洪洞县迁来，因立村于战国时齐国兵营遗址西营，取名西营。聚落呈团块状分布。有文化广场 1 个、文化大院 1 个、幼儿园 1 所。有县级重点文物保护单位西营遗址。经济以种植业、商贸业为主，主要农作物有小麦、玉米。有公路经此。

北张淡 370523-B01-H23
［Běizhāngdàn］

在县驻地广饶街道东南方向 4.2 千米。大王镇辖自然村。人口 1 200。明洪武五年（1372），大张干、小张干兄弟二人由山西洪洞县迁此居住，后兄弟二人以南北分居，小张干居北立村，取名小张干庄，后裔子孙因忌讳祖名称庄名不雅，取干之谐音淡以代之，即称小张淡。1966 年，因处大张淡村之北，改称北张淡。聚落呈团块状分布。有文化广场 1 个、文化大院 1 个。古迹有北张淡遗址。经济以种植业为主，主要农作物有小麦、玉米。有公路经此。

大张淡 370523-B01-H24
［Dàzhāngdàn］

在县驻地广饶街道东南方向 4.6 千米。大王镇辖自然村。人口 1 100。明洪武五年（1372），大张干、小张干兄弟二人由山西洪洞县迁此居住，后兄弟二人以南北分居，大张干居南立村，取名大张干庄，后裔子孙因忌讳祖名称庄名不雅，取干之谐音淡以代之，得名大张淡。聚落呈团块状分布。有文化广场 1 个、文化大院 1 个。经济以种植业为主，主要农作物有小麦、玉米。有公路经此。

北卧石 370523-B01-H25

[Běiwòshí]

在县驻地广饶街道东南方向 5.6 千米。大王镇辖自然村。人口 2 300。明洪武二年，黄效、黄月兄弟二人，由直隶枣强县迁来，因立村的地方南面有一古道河，河道中有一卧石，上刻"东西南北"四个大字，因立村于卧石北面，取名"北卧石"，后分为卧石东、卧石西两个村。聚落呈团块状分布。有文化广场 1 个、文化大院 1 个。有县级重点文物保护单位北卧石东遗址、北卧石西遗址。经济以种植业为主，主要农作物有小麦、玉米。有公路经此。

小李 370523-B01-H26

[Xiǎolǐ]

在县驻地广饶街道东南方向 11.1 千米。大王镇辖自然村。人口 500。明洪武年间，李姓由山西洪洞县迁此立村，取名李家庄，1966 年改称小李庄，后简称小李。聚落呈团块状分布。有文化广场 1 个、文化大院 1 个。经济以种植业、制造业为主，主要农作物有小麦、玉米。有公路经此。

刘家 370523-B01-H27

[Liújiā]

在县驻地广饶街道东南方向 10.1 千米。大王镇辖自然村。人口 400。明洪武二年（1369），刘发财由山西洪洞县迁来立村，取名刘家。聚落呈团块状分布。有文化广场 1 个、文化大院 1 个。经济以种植业、制造业为主，主要农作物有小麦、玉米。有公路经此。

西李 370523-B01-H28

[Xīlǐ]

在县驻地广饶街道东南方向 9.6 千米。大王镇辖自然村。人口 200。明永乐年间，李惟良从直隶（河北省）枣强县迁来，在付家庄西侧立村，取名西李。后与付家庄合为一个村，仍称西李。聚落呈团块状分布。有文化广场 1 个、文化大院 1 个。经济以种植业、制造业为主，主要农作物有小麦、玉米。有公路经此。

南陈官 370523-B01-H29

[Nánchénguān]

在县驻地广饶街道东南方向 6.1 千米。大王镇辖自然村。人口 600。明洪武二年（1369），陈应元由山西洪洞县迁此立村，因耕种官府直辖的田庄土地，取名陈官庄。地名普查中，因本村位于稻庄公社（今稻庄镇）陈官庄之南部，1982 年 3 月，经县政府批准，更名为南陈官。聚落呈团块状分布。有文化广场 1 个、文化大院 1 个。经济以种植业为主，主要农作物有小麦、玉米。有公路经此。

前贾 370523-B01-H30

[Qiánjiǎ]

在县驻地广饶街道南方向 4.7 千米。大王镇辖自然村。人口 1 000。明洪武四年（1371），贾姓兄弟二人从直隶（今河北省）枣强县迁来，分南、北各立村庄，本村居南（前），称前贾。聚落呈团块状分布。有文化大院 1 个。经济以种植业为主，主要农作物有小麦、玉米。有公路经此。

韩庄 370523-B01-H31

[Hánzhuāng]

在县驻地广饶街道南方向 1.2 千米。大王镇辖自然村。人口 1 700。明洪武二年（1369），韩子能由山西洪洞县迁此地立村，取名韩庄。聚落呈团块状分布。有文化广场 1 个、文化大院 1 个、幼儿园 1 所。经济以种植业为主，主要农作物有小麦、玉米。有公路经此。

崔家河崖 370523-B01-H32
[Cuījiāhéyá]

在县驻地广饶街道东 0.5 千米。大王镇辖自然村。人口 700。明末，崔姓汝从、汝义、汝芬兄弟三人，自本县崔家堤迁来，因靠淄河东岸立村，取名为崔家河崖。聚落呈团块状分布。有文化广场 1 个、文化大院 1 个。经济以种植业为主，主要农作物有小麦、玉米。有公路经此。

丁庄 370523-B02-H01
[Dīngzhuāng]

丁庄镇人民政府驻地。在县驻地广饶街道东北方向 26.0 千米。人口 1 500。明隆庆三年（1569），丁兴由寿光县北河庄迁来立村，取名丁庄。聚落呈团块状分布。有文化广场 1 个、文化大院 1 个。有县级重点文物保护单位丁庄古建筑。经济以种植业为主，主要农作物有小麦、玉米、冬枣等。有公路经此。

赵嘴 370523-B02-H02
[Zhàozuǐ]

在县驻地广饶街道东北方向 28.0 千米。丁庄镇辖自然村。人口 1 100。元朝末年，侯姓由益都迁来在小清河一嘴子处立村，取名侯家嘴子。清咸丰年间，赵姓由坡家庄迁来定居，因赵姓人口多，遂改称赵家嘴子，简称赵嘴。聚落呈团块状分布。文化广场 2 个、文化大院 2 个。古迹有赵东遗址。经济以种植业为主，主要农作物有小麦、玉米。有公路经此。

李屋 370523-B02-H03
[Lǐwū]

在县驻地广饶街道东北方向 31.2 千米。丁庄镇辖自然村。人口 1 100。元末明初，由于连年战争，中原地区"人力不至，久致荒芜"，实行移民屯田的战略决策；明洪武二年（1369），李姓由直隶（今河北省）枣强县迁至辛桥村定居，1539 年，李姓又迁此捕鱼，盖起草屋而居，形成村庄，取名李家屋子，简称李屋。聚落呈团块状分布。有文化广场 1 个、文化大院 1 个、幼儿园 1 所。经济以种植业为主，主要农作物有小麦、玉米。有公路经此。

沙台崖 370523-B02-H04
[Shātáiyá]

在县驻地广饶街道东北方向 26.5 千米。丁庄镇辖自然村。人口 1 200。明隆庆四年（1570），周世忠从河北沧州府迁居牛圈村，传至四世，周身率部分兄弟迁居此地。因村北有一沙台子，取名沙台崖。聚落呈团块状分布。有文化广场 1 个、文化大院 1 个。古迹有沙台崖遗址。经济以种植业为主，主要农作物有小麦、玉米、冬枣等。有公路经此。

三岔 370523-B02-H05
[Sānchà]

在县驻地广饶街道东北方向 20.1 千米。丁庄镇辖自然村。人口 2 500。洪武二年（1369），孙姓由直隶（今河北省）枣强县迁来广饶城里居住，因遭水灾，隆庆二年（1568）孙尚明又由广饶城里迁至立村，因村内三条水岔（济水、淄水、财水由此汇合入海）故称三岔。聚落呈团块状分布。有文化广场 1 个、文化大院 1 个。经济以种植业为主，主要农作物有小麦、玉米、冬枣等。有公路经此。

刘道 370523-B02-H06
[Liúdào]

在县驻地广饶街道东北方向 17.3 千米。丁庄镇辖自然村。人口 1 600。明洪武二年（1369），刘报由云南省大理府乌沙卫迁居乐安县端智乡东岭处立村，洪武四年（1371），因遭水灾搬居靠近古小清河东侧一道口立村，起名刘家道口。简称刘道。聚落呈团块状分布。有文化广场1个、文化大院1个。经济以种植业为主，主要农作物有小麦、玉米、冬枣等。有公路经此。

缪道 370523-B02-H07
[Miàodào]

在县驻地广饶街道东北方向18.1千米。丁庄镇辖自然村。人口1600。明洪武二年（1369），缪姓由山西省兰陵县迁来，因立村于小清河一道口处，取名缪家道口。简称缪道。聚落呈团块状分布。有文化广场1个、文化大院1个。经济以商贸业、种植业为主，主要农作物有小麦、玉米、冬枣。公路经此。

丁屋 370523-B02-H08
[Dīngwū]

在县驻地广饶街道东北方向22.1千米。丁庄镇辖自然村。人口1300。清乾隆五十五年（1790），丁真从本县丁家庄迁来此地立村，时称"丁家河沟"后形成村庄，取名丁家屋子，后称丁屋。聚落呈团块状分布。有文化广场1个、文化大院1个、幼儿园1所。经济以种植业为主，主要农作物有小麦、玉米。有公路经此。

王署埠 370523-B02-H09
[Wángshǔbù]

在县驻地广饶街道东北方向22.6千米。丁庄镇辖自然村。人口1700。唐贞观十八年（644），太宗渡海亲征高丽，曾将此地作驻军屯粮之点，并筑有土埠，上建宫殿王署，以作唐王行宫，当时取名王署埠。聚落呈团块状分布。有文化广场1个、文化大院1个。有县级重点文物保护单位王

曙埠遗址。经济以种植业为主，主产小麦、玉米。有公路经此。

郭王 370523-B02-H10
[Guōwáng]

在县驻地广饶街道东北方向18.1千米。丁庄镇辖自然村。人口1300。明正统年间，王姓从桓台县迁至此村，名王家庄子；万历年间，郭姓由直隶（今河北省）枣强县迁此立村，取名郭家庄子；1965年部分刘姓村民从刘沧村旧址迁居此处；故称郭王刘沧。因该居民点是由东王家庄子、西王家庄子、郭家庄子、刘沧四个自然村先后迁来立村组成，遂名郭王。聚落呈团块状分布。有文化广场1个、文化大院1个、幼儿园1所。古迹有郭王遗址。经济以种植业为主，主要农作物有小麦、玉米。有公路经此。

东南坡 370523-B02-H11
[Dōngnánpō]

在县驻地广饶街道东北方向17.5千米。丁庄镇辖自然村。人口1400。明洪武二年（1369），张仁山由山西省荆阳县迁来燕儿口居住，后因迁到东南坡（地名）立村，取名东南坡。聚落呈团块状分布。有文化广场1个、文化大院1个。经济以种植业、商贸业为主，主要农作物有小麦、玉米。有公路经此。

尚道 370523-B02-H12
[Shàngdào]

在县驻地广饶街道东北方向10千米。丁庄镇辖自然村。人口2000。明洪武二年（1369），郭姓由山西洪洞县迁来在一小河边立村，因河上建有一座桥，取名郭家桥子。明崇祯十年（1637），尚姓由利津县尚庄迁此落居，因距小清河一道口较近，来往行人均路过尚姓地段，遂更名为尚家

道口，后称尚道村。聚落呈团块状分布。有文化广场1个、文化大院1个、幼儿园1所。经济以种植业、商贸业为主，主要农作物有小麦、玉米。有公路经此。

王道 370523-B02-H13
[Wángdào]

在县驻地广饶街道东北方向14.8千米。丁庄镇辖自然村。人口3 000。明洪武二年（1369），王升由山西洪洞县迁来，在小清河（故道）一道口处立村，取名王家道口，1950年后简称王道。聚落呈团块状分布。有文化广场2个、文化大院1个、幼儿园1所。经济以种植业为主，主要农作物有小麦、玉米。有公路经此。

崔道 370523-B02-H14
[Cuīdào]

在县驻地广饶街道东北方向11.8千米。丁庄镇辖自然村。人口1 700。明洪武四年（1371），崔姓由枣强县迁来崔家堤，明正德四年（1509），后人又迁次立村，因离小清河一道口很近，取名崔家道口。简称崔道。聚落呈团块状分布。有文化广场1个、文化大院1个。经济以种植业、商贸业为主，主要农作物有小麦、玉米。有公路经此。

李道 370523-B02-H15
[Lǐdào]

在县驻地广饶街道东北方向13.2千米。丁庄镇辖自然村。人口1 700。明洪武元年（1368），李氏始祖因遭"洪武击散"奉谕由寿光弥北（今上口镇东北上口村）迁至乐安县五岗前李家疙瘩落户；因此地常遭海水淹没，无法生存，故于明建文元年（1399）迁至小清河（故道）北岸一道口处立村，取名李家道口。后称李道。聚落呈团块状分布。有文化广场2个、文化大院1个、幼儿园1所。经济以种植业为主，主要农作物有小麦、玉米。有公路经此。

北常 370523-B02-H16
[Běicháng]

在县驻地广饶街道东北方向28.8千米。丁庄镇辖自然村。人口800。明弘治三年（1490），常姓由直隶（今河北省）天津府沧州东关迁居乐安县王家岗场，明万历年间因海水大涨淹没村庄，遂迁至宋家疙瘩村南侧立村，取名永常庄。聚落呈团块状分布。有文化广场1个、文化大院1个。经济以种植业为主，主要农作物有小麦、玉米。有公路经此。

北张寨 370523-B02-H17
[Běizhāngzhài]

在县驻地广饶街道东北方向12千米。丁庄镇辖自然村。人口600。明洪武二年（1369），张姓由直隶枣强县迁来，以打鱼为业，安营扎寨，取名张家寨，1982年更名为北张寨。聚落呈团块状分布。有文化广场1个、文化大院1个。经济以种植业、商贸业为主，主要农作物有小麦、玉米。有公路经此。

牛圈 370523-B02-H18
[Niúquān]

在县驻地广饶街道东北方向22千米。丁庄镇辖自然村。人口700。明洪武二年（1369），牛成自直隶正定府枣强县迁来立村。因村民绕村圈形种地，本村居民姓氏为"牛"，取名牛圈。聚落呈团块状分布。有文化广场1个、文化大院1个。古迹有牛圈遗址。经济以商贸业、种植业为主，主要农作物有小麦、玉米、冬枣等。有公路经此。

李鹊 370523-B03-H01

[Lǐquè]

李鹊镇人民政府驻地。在县驻地广饶街道南方向 4.6 千米。人口 1 900。明洪武二年（1369），李姓迁此，在一树林旁立村，林中有许多喜鹊，取其吉祥的象征，得名李鹊。聚落呈团块状分布。有幼儿园 7 所、小学 2 所、中学 1 所。有县级重点文物保护单位李舜臣墓。经济以种植业、商贸业为主，主要农作物有小麦、玉米。有公路经此。

黄坵 370523-B03-H02

[Huángqiū]

在县驻地广饶街道南方向 3.2 千米。李鹊镇辖自然村。人口 1 100。明洪武二年（1369），董先祖由山西洪洞县迁来，因立村于一黄土岭边，故取村名黄坵。后分黄西、黄东两个村。聚落呈团块状分布。有文化广场 1 个、文化大院 1 个。有县级重点文物保护单位黄丘遗址。经济以种植业、商贸业为主，主要农作物有小麦、玉米。有公路经此。

南十里堡 370523-B03-H03

[Nánshílǐpù]

在县驻地广饶街道南方向 1.1 千米。李鹊镇辖自然村。人口 2 400。明洪武年间，乐和由本县城南关迁来居住，因处城南十里路，是一堡地，故取村名南十里堡，1961 年简称十里。地名普查时，经广饶县政府批准，于 1982 年 3 月恢复原名南十里堡。聚落呈团块状分布。有文化广场 1 个、文化大院 1 个。经济以种植业为主，主要农作物有小麦、玉米。有公路经此。

张郭 370523-B03-H04

[Zhāngguō]

在县驻地广饶街道西南方向 7.1 千米。李鹊镇辖自然村。人口 2 300。明正德年间，此地有一阁子，张姓在此立村，取名张阁。后人迷信认为张阁不吉利，又改名张郭。后分为张郭一、二、三村。聚落呈团块状分布。有文化广场 3 个、文化大院 3 个。有县级重点文物保护单位张郭遗址、张郭南遗址。经济以种植业为主，主要农作物有小麦、玉米。有公路经此。

梨园 370523-B03-H05

[Líyuán]

在县驻地广饶街道西南方向 5.8 千米。李鹊镇辖自然村。人口 1 100。明永乐五年（1407），贾兴成由安里村迁至村前梨树园立村，取名梨园子，1961 年称梨园。聚落呈团块状分布。有文化广场 1 个、文化大院 1 个。经济以种植业为主，主要农作物有小麦、玉米。有公路经此。

小张 370523-B03-H06

[Xiǎozhāng]

在县驻地广饶街道西南方向 4.6 千米。李鹊镇辖自然村。人口 2 400。战国时期，齐国以临淄为都，在此地设账房一处，属分管事务部门，时有庞、姜二姓居此，取名小账村，后演变称小张。聚落呈团块状分布。有文化广场 1 个、文化大院 1 个、幼儿园 1 所。有县级重点文物保护单位小张遗址。经济以种植业为主，主要农作物有小麦、玉米。有公路经此。

赵寺 370523-B03-H07

[Zhàosì]

在县驻地广饶街道西南方向 3.2 千米。李鹊镇辖自然村。人口 1 400。明朝初年，田子端由直隶枣强县花园庄大车门迁来皆公寺居住，取名田家庄。明正德元年（1506），十二个自然村共修皆公寺，曾改名十二杨赵社。后因村内有一寺院，改村名为杨赵寺，1961年称赵寺。聚落呈团块状分布。有文化广场1个、文化大院1个。有县级重点文物保护单位赵寺遗址。经济以种植业为主，主要农作物有小麦、玉米。有公路经此。

太和 370523-B03-H08
[Tàihé]

在县驻地广饶街道西南方向2.8千米。李鹊镇辖自然村。人口1 800。明洪武年间，李念祖、李思祖兄弟二人于由直隶枣强县城东八里庄迁来，靠近泰河岸居住，故取村名泰河，后演变成太和。后分太和一、二、三村。聚落呈团块状分布。有文化广场3个、文化大院3个。有县级重点文物保护单位太和遗址。经济以种植业为主，主要农作物有小麦、玉米。有公路经此。

大柳 370523-B03-H09
[Dàliǔ]

在县驻地广饶街道西南方向4.3千米。李鹊镇辖自然村。人口1 500。明洪武二年（1369），柳姓迁此居住，取名大柳庄，1942年称大柳，后分为东柳、西柳两个村。聚落呈团块状分布。有文化广场2个、文化大院2个、幼儿园1所。有县级重点文物保护单位西柳遗址。经济以种植业为主，主要农作物有小麦、玉米。有公路经此。

东水 370523-B03-H10
[Dōngshuǐ]

在县驻地广饶街道南方向6.1千米。李鹊镇辖自然村。人口400。明永乐八年（1410），刘如林由山西洪洞县刘家寨迁来，因立村于率王庄之东，取名东率王庄，简称东率。1971年，后因书写方便，改称东水。聚落呈团块状分布。有文化广场1个、文化大院1个。有县级重点文物保护单位东水遗址。经济以种植业为主，主要农作物有小麦、玉米。有公路经此。

拐子 370523-B03-H11
[Guǎizi]

在县驻地广饶街道西南方向6.1千米。李鹊镇辖自然村。人口500。相传刘氏始祖刘子焉从邹平县迁至小张村，后五世族人迁来拐子立村。聚落呈团块状分布。有文化广场1个、文化大院1个。古迹有拐子遗址。经济以种植业为主，主要农作物有小麦、玉米。有公路经此。

稻庄 370523-B04-H01
[Dàozhuāng]

稻庄镇人民政府驻地。在县驻地广饶街道东方向5.2千米。人口3 800。元朝初年，因山东青州府乐安县有修曲堤之役，迁应焉及堤定居，在此地种植水稻，故名稻庄。聚落呈团块状分布。有幼儿园16所、小学2所、中学1所。有县级重点文物保护单位稻三古门楼、李青山故居。经济以制造业、种植业为主，主要农作物有小麦、玉米，制造业以轮胎制造为主。有公路经此。

西家 370523-B04-H02
[Xījiā]

在县驻地广饶街道东方向0.7千米。稻庄镇辖自然村。人口1 300。元末明初，由于连年战争，中原地区"人力不至，久致荒芜"，实行移民屯田的战略决策；明洪武二年（1369），西氏兄弟四人，由临朐迁来立村，取名西家。聚落呈团块状分布。有文化广场1个、文化大院1个、幼儿园1所。经济以种植业为主，主要农作物有小麦、玉米。有公路经此。

西朱营 370523-B04-H03

[Xīzhūyíng]

在县驻地广饶街道东方向 0.4 千米。稻庄镇辖自然村。人口 1 400。明洪武二年（1369），朱大贤由山西洪洞县迁来在古兵营遗址西侧立村并取名西朱营。1958 年，简称西营。地名普查中因与西营公社西营大队重名，于 1982 年 3 月复名西朱营。聚落呈团块状分布。有文化广场 1 个、文化大院 1 个。经济以种植业为主，主要农作物有小麦、玉米。有公路经此。

庞项 370523-B04-H04

[Pángxiàng]

在县驻地广饶街道东方向 7.5 千米。稻庄镇辖自然村。人口 1 700。清顺治四年（1647），徐维河由本县淄河店村迁来立村，取名徐家小新集。明洪武二年（1369），有村民由枣强县迁于乐邑，始居裙带河滨，至明末屡遭兵焚，又迁至新庄，取名庞家庄。后徐姓人少与庞家庄合为一村，称庞家庄，以后他姓迁入，庞姓居多项姓次之，1927 年更名为庞项庄，简称庞项。聚落呈团块状分布。有文化广场 1 个、文化大院 1 个、幼儿园 1 所。经济以种植业、商贸业、制造业为主，主要农作物有小麦、玉米。有公路经此。

西水磨 370523-B04-H05

[Xīshuǐmó]

在县驻地广饶街道东方向 6.7 千米。稻庄镇辖自然村。人口 1 300。明洪武二年（1369），姚、王二姓由山西洪洞县迁来立村，取名姚王庄，后因村里建有水磨作坊，又与东水磨东西为邻，更名西水磨。聚落呈团块状分布。有文化广场 1 个、文化大院 1 个、幼儿园 1 所。经济以种植业、商贸业、制造业为主，主要农作物有小麦、玉米。有公路经此。

段河 370523-B04-H06

[Duànhé]

在县驻地广饶街道东方向 4 千米。稻庄镇辖自然村。人口 1 600。明洪武二年（1369），徐姓由直隶枣强县迁此与原居此地傅姓共同立村，得名傅徐庄子。因古运河从村中间穿过，将该村分为两段，得名段河。1958 年 10 月分为段一、段二、段三，三个村。聚落呈团块状分布。有文化广场 1 个、文化大院 1 个。古迹有段河村东遗址、段河村东南遗址、段河村东北遗址。经济以种植业、商贸业、制造业为主，主要农作物有小麦、玉米。有公路经此。

大店 370523-B04-H07

[Dàdiàn]

在县驻地广饶街道东方向 1.2 千米。稻庄镇辖自然村。人口 2 300。相传此地紧靠由临淄通往海边的大道，因先人开店而得名大店。聚落呈团块状分布。有文化广场 1 个、文化大院 1 个、幼儿园 1 所。经济以种植业为主，主要农作物有小麦、玉米。有公路经此。

纪家疃 370523-B04-H08

[Jìjiātuǎn]

在县驻地广饶街道东北方向 4.1 千米。稻庄镇辖自然村。人口 1 900。明洪武二年（1369），始祖李英明自天津府静海县杜柳村迁至山东省青州府乐安县东北三十四里纪家疃（纪氏遗址，含义待考）居住，沿用古村名。后简称纪家。地名普查时，因与油郭公社纪家重名，故于 1982 年 3 月复名纪家疃。聚落呈团块状分布。有文化广场 1 个、文化大院 1 个。经济以种植业为主，主要农作物有小麦、玉米。有公路经此。

佛王 370523-B04-H09

[Fówáng]

在县驻地广饶街道东北方向 4.5 千米。稻庄镇辖自然村。人口 2 000。自大元至正十六年（1356），修东邑曲堤选应厥役，及堤功成定，居于桓台东偏西宅子后。经大水淹没复东选凤凰村居焉（古村名）。乾隆二十一年重修古庙。因庙内有三尊大佛，故名佛王庄，后简称佛王。聚落呈团块状分布。有文化广场 1 个、文化大院 1 个、幼儿园 1 所。经济以种植业为主，主要农作物有小麦、玉米。有公路经此。

辛庄 370523-B04-H10

[Xīnzhuāng]

在县驻地广饶街道东北方向 5.8 千米。稻庄镇辖自然村。人口 2 900。元至正十六年（1356），李姓因修渠堤之役由直隶（今河北省）枣强县老爪林入户辛桥。明嘉靖三年（1524）又迁此立村取名李家辛庄，1945 年称辛庄。聚落呈团块状分布。有文化广场 1 个、文化大院 1 个、幼儿园 1 所。经济以种植业为主，主要农作物有小麦、玉米。有公路经此。

三水 370523-B04-H11

[Sānshuǐ]

在县驻地广饶街道东方向 3.3 千米。稻庄镇辖自然村。人口 1 600。明洪武二年（1369），刘福显由直隶枣强县迁来，立村于淄河东岸，当时因淄水至村东无正式河道，河水向东漫散乱流，取名散水口，后演称三水。聚落呈团块状分布。有文化广场 1 个、文化大院 1 个、幼儿园 1 所。古迹有三水口遗址。经济以种植业为主，主要农作物有小麦、玉米。有公路经此。

西雷埠 370523-B04-H12

[Xīléibù]

在县驻地广饶街道东方向 6.4 千米。稻庄镇辖自然村。人口 1 300。明嘉靖四年（1525），六世祖任一民，任二民从本县南雷埠同时迁出，在其北侧各立一村，任二民居于西侧，取名西雷埠。聚落呈团块状分布。有文化广场 1 个、文化大院 1 个、幼儿园 1 所。经济以种植业为主，主要农作物有小麦、玉米。有公路经此。

高刘 370523-B04-H13

[Gāoliú]

在县驻地广饶街道东方向 2.6 千米。稻庄镇辖自然村。人口 1 900。明建文帝二年（1400），高刘两姓在老淄河东岸立村，为取村名两姓族人商定以建房上梁的顺序定村名。刘姓自认为家族大，没当回事，高姓人没等天亮就约好族人、亲戚建房上梁，因高姓上梁在先，因而取名高刘。聚落呈团块状分布。有文化广场 2 个、文化大院 2 个、幼儿园 1 所。经济以种植业为主，主要农作物有小麦、玉米。有公路经此。

南塔 370523-B04-H14

[Nántǎ]

在县驻地广饶街道东方向 3.5 千米。稻庄镇辖自然村。人口 2 100。明洪武四年（1371），武自成由山西洪洞县迁来此地，当时四周土丘甚多，取名疙瘩子庄，后分南、北两个村庄居住，该村居南，得名南疙瘩子，1945 年改成南塔。聚落呈团块状分布。有文化广场 1 个、文化大院 1 个。经济以种植业为主，主要农作物有小麦、玉米。有公路经此。

鞠刘 370523-B04-H15

[Jūliú]

在县驻地广饶街道东方向 4.6 千米。稻庄镇辖自然村。人口 500。明嘉靖二十一年（1542），鞠士敬由直隶枣强县迁来立村，取名鞠家。清乾隆年间，刘文玉由本县高刘村迁居于鞠家北侧，取名刘家。1938 年，鞠家、刘家二村合一，改名鞠刘。聚落呈团块状分布。有文化广场 1 个、文化大院 2 个。经济以种植业、商贸业、制造业为主，主要农作物有小麦、玉米、草莓。有公路经此。

项家大营 370523-B04-H16
[Xiàngjiādàyíng]

在县驻地广饶街道东方向 2.1 千米。稻庄镇辖自然村。人口 900。明洪武二年（1369），始祖项凯徙至山东省乐安县东北三十里立村，继原名东朔村。后因慌乱难居，万历四年（1576）六世祖又迁至任家大营西侧立村，以姓氏取名项家大营。聚落呈团块状分布。有文化广场 1 个、文化大院 2 个。经济以种植业为主，主要农作物有小麦、玉米。有公路经此。

淄河店 370523-B04-H17
[Zīhédiàn]

在县驻地广饶街道东方向 5.4 千米。稻庄镇辖自然村。人口 900。明洪武四年（1371），徐大观由直隶（今河北省）枣强县迁来在淄河南岸二十里堡（今宋店）东侧立村，取名淄河铺，明宣德五年（1430），因多家开店，取名淄河店。聚落呈团块状分布。有文化广场 1 个、文化大院 1 个、幼儿园 1 所。经济以种植业、商贸业、制造业为主，主要农作物有小麦、玉米。有公路经此。

城坞 370523-B04-H18
[Chéngwù]

在县驻地广饶街道东方向 4.5 千米。稻庄镇辖自然村。人口 1 100。明洪武四年（1371），王春由河南省贵德府迁来此地，立村于一大土坞旁，得名城坞王，1925 年，简称城坞。聚落呈团块状分布。有文化广场 1 个、文化大院 1 个、幼儿园 1 所。经济以种植业为主，主要农作物有小麦、玉米、草莓。有公路经此。

闫口 370523-B04-H19
[Yánkǒu]

在县驻地广饶街道东方向 2.0 千米。稻庄镇辖自然村。人口 900。明永乐年间，闫氏先祖由青州府莲花盆村迁来，在淄河一道口东侧立村，取名闫家口村。1958 年，改名闫口。聚落呈团块状分布。有文化广场 1 个、文化大院 1 个。经济以种植业为主，主要农作物有小麦、玉米。有公路经此。

大码头 370523-B05-H01
[Dàmǎtóu]

大码头镇人民政府驻地。在县驻地广饶街道东北方向 14.1 千米。人口 5 900。明洪武二年（1369），常姓与马伯环由山西洪洞县迁来立村，时村西有一条大河，村东一片湖泊，是停靠船只的码头。因南侧有小码头村，故取村名大码头。聚落呈团块状分布。有幼儿园 6 所、小学 3 所、中学 2 所。古迹有民国时期的建筑，码一古建筑。经济以种植业、纺织业、物流业为主，主要农作物有小麦、玉米等。有公路经此。

小码头 370523-B05-H02
[Xiǎomǎtóu]

在县驻地广饶街道东方向 9.0 千米。大码头镇辖自然村。人口 5 300。明洪武二年（1369），周姓在此立村，取名周家疃。明成化四年，王姓由本县南雷埠村迁来合居，因位于女水、阳水下游，淀湖西岸，常有船只在此停泊，又处于码头村南，于明末改为小码头。聚落呈团块状分布。有文化大院 2 个、幼儿园 1 所。经济以种植业为主，主要农作物有小麦、玉米。有公路经此。

央上　370523-B05-H03

[Yāngshàng]

在县驻地广饶街道东方向 11.6 千米。大码头镇辖自然村。人口 9 200。明洪武四年（1371），徐风由直隶（今河北）枣强县迁来立村，因此地中间突起、四面环水，以居于水中央之意，取名央上。聚落呈团块状分布。有文化广场 3 个、文化大院 5 个、幼儿园 1 所。古迹有中共清河地委旧址。经济以种植业为主，主要农作物有小麦、玉米。荣乌高速公路经此。

屋子　370523-B05-H04

[Wūzi]

在县驻地广饶街道东北方向 13.2 千米。大码头镇辖自然村。人口 1 300。清初，王昌在此居住立村，称王昌屋子，后简称屋子。聚落呈团块状分布。有文化广场 1 个、文化大院 1 个、幼儿园 1 所。经济以种植业、商贸业为主，主要农作物有小麦、玉米。荣乌高速公路经此。

东燕　370523-B05-H05

[Dōngyān]

在县驻地广饶街道东北方向 11.0 千米。大码头镇辖自然村。人口 2 600。明正德二年（1507），燕自兴因隔水种地不便，随迁于淄河南岸构庐而居，因挖掘得一木桩，取名桩子。后因位于西燕之东，于清光绪年间更名为东燕。聚落呈团块状分布。有文化广场 1 个、文化大院 1 个、幼儿园 1 所。经济以种植业为主，主要农作物有小麦、玉米。有公路经此。

北堤　370523-B05-H06

[Běidī]

在县驻地广饶街道东北方向 14.3 千米。大码头镇辖自然村。人口 2 500。明洪武二年（1369），逯印鸿从山西洪洞县迁于山东省乐安县之东北乡五十里古运粮河北岸之道口立村，取名北堤口。后简称北堤。聚落呈团块状分布。有文化广场 1 个、文化大院 1 个、幼儿园 1 所。古迹有北堤村东遗址。经济以种植业为主，主要农作物有小麦、玉米。有公路经此。

高港　370523-B05-H07

[Gāogǎng]

在县驻地广饶街道东北方向 18.8 千米。大码头镇辖自然村。人口 2 200。明永乐年间，高、战、刘三姓由直隶枣强县迁来此地立村。村落地势较高，村后有一条运粮河，来往船只常在此停泊，成为港口，又因高姓最早来此居住，取名高（儿）港。1950 年后简称高港。聚落呈团块状分布。有文化广场 1 个、文化大院 1 个、幼儿园 2 所。古迹有高港遗址群、高港古城址。经济以种植业为主，主要农作物有小麦、玉米。有公路经此。

西刘桥　370523-B05-H08

[Xīliúqiáo]

在县驻地广饶街道东方向 5.1 千米。大码头镇辖自然村。人口 1 400。明崇祯年间，刘宦为种地方便，由本县三水口迁来，立村于淄河一小桥旁，因与村东三华里处有东流桥，东西相望，取名西流桥，又因"流"与"刘"谐音，称西刘桥。聚落呈团块状分布。有文化大院 1 个。经济以种植业为主，主要农作物有小麦、玉米。有公路经此。

东流桥 370523-B05-H09

[Dōngliúqiáo]

在县驻地广饶街道东方向6.8千米。大码头镇辖自然村。人口1 600。清康熙十年（1677），十世祖任宝元为种地方便，从西雷埠迁来居住，立村于淄河一流水的桥头东旁，取名东流桥。聚落呈团块状分布。有文化大院1个。经济以种植业为主，主要农作物有小麦、玉米。有公路经此。

石碑 370523-B05-H10

[Shíbēi]

在县驻地广饶街道东北方向8.6千米。大码头镇辖自然村。人口1 400。明成化三年（1467），燕文周由大桑科迁来，于一石碑旁立村，取名石碑。聚落呈团块状分布。有文化广场1个、文化大院1个。经济以种植业为主，主要农作物有小麦、玉米。有公路经此。

西燕 370523-B05-H11

[Xīyàn]

在县驻地广饶街道东北方向8.8千米。大码头镇辖自然村。人口1 600。明成化二年（1466），燕佐周由大桑科迁来立村，取名屋子，后因与东燕村东西相望，于清光绪年间，改称西燕。聚落呈团块状分布。有文化广场1个、文化大院1个。经济以种植业为主，主要农作物有小麦、玉米。有公路经此。

房家 370523-B05-H12

[Fángjiā]

在县驻地广饶街道东北方向8.8千米。大码头镇辖自然村。人口1 000。明永乐四年（1406），房象坤、房象乾由山东省临淄县苑庄迁此立村，取名房家。聚落呈团块状分布。有文化广场1个、文化大院1个。

有县级重点文物保护单位房家遗址。经济以种植业为主，主要农作物有小麦、玉米。有公路经此。

大桑科 370523-B05-H13

[Dàsāngkē]

在县驻地广饶街道东北方向9.0千米。大码头镇辖自然村。人口2 900。明洪武二年（1369），燕北洋与其侄仲秀、肇基由直隶枣强县迁来立村，因当地桑村甚多，故取名桑科村，后因人口繁衍较快，比前桑大，故取名为大桑科。聚落呈团块状分布。有文化广场3个、文化大院2个。古迹有桑三遗址。经济以种植业为主，主要农作物有小麦、玉米。有公路经此。

花官 370523-B06-H01

[Huāguān]

花官镇人民政府驻地。在县驻地广饶街道北方向10.1千米。人口1 500。明洪武二年（1369），王贵、王盈兄弟二人，由山西洪洞县迁来，立村于一果树园北侧，春花秋果，取名花果庄，后演变为花官庄，后简为花官。聚落呈团块状分布。有幼儿园6所、小学3所、中学1所。经济以种植业、制造业为主，主要农作物有小麦、大蒜、玉米，制造业以包装材料生产为主。有公路经此。

来家 370523-B06-H02

[Láijiā]

在县驻地广饶街道北方向10.3千米。花官镇辖自然村。人口1 500。明洪武二年（1369），来尊由青州益都县晋板街迁来立村，取名来家新庄，后简称来家。聚落呈团块状分布。有文化广场1个、文化大院1个。古迹有来家遗址。经济以种植业为主，主要农作物有小麦、大蒜、玉米。有公路经此。

北王庄 370523-B06-H03

[Běiwángzhuāng]

在县驻地广饶街道北方向 13.1 千米。花官镇辖自然村。人口 700。明洪武二年（1369），王氏由直隶枣强县迁来立村，取名王家庄子，1982 年更名为北王庄。聚落呈团块状分布。有文化广场 1 个、文化大院 1 个。经济以种植业为主，主要农作物有小麦、大蒜、玉米。有公路经此。

东薛 370523-B06-H04

[Dōngxuē]

在县驻地广饶街道西北方向 10.8 千米。花官镇辖自然村。人口 600。明洪武二年（1369），薛梅冬、薛梅春兄弟二人由枣强县迁来，分东、西各立村庄，薛梅冬立村于东，取名东薛。聚落呈团块状分布。有文化广场 1 个、文化大院 1 个。古迹有东薛村北遗址。经济以种植业为主，主要农作物有小麦、大蒜、玉米。有公路经此。

西薛 370523-B06-H05

[Xīxuē]

在县驻地广饶街道西北方向 11.1 千米。花官镇辖自然村。人口 700。明洪武二年（1369），薛梅冬、薛梅春兄弟二人由枣强县迁来，分东、西各立村庄，薛梅春立村于西，取名西薛。聚落呈团块状分布。有文化广场 1 个、文化大院 1 个。经济以种植业为主，主要农作物有小麦、大蒜、玉米。有公路经此。

温楼 370523-B06-H06

[Wēnlóu]

在县驻地广饶街道西北方向 12 千米。花官镇辖自然村。人口 700。明洪武二年（1369），温来由山西洪洞县迁来立村，因建一楼房，取名温家楼，简称温楼，1958 年后改称温家。聚落呈团块状分布。有文化广场 1 个、文化大院 1 个。经济以种植业为主，主要农作物有小麦、大蒜、玉米。有公路经此。

雒家 370523-B06-H07

[Luòjiā]

在县驻地广饶街道西北方向 9.5 千米。花官镇辖自然村。人口 1 100。明洪武四年（1371），雒尚裔由直隶枣强县迁此居住，取名雒家坊子，1945 年后简称雒家。聚落呈团块状分布。有文化广场 1 个、文化大院 1 个。经济以种植业为主，主要农作物有小麦、大蒜、玉米。有公路经此。

古河道 370523-B06-H08

[Gǔhédào]

在县驻地广饶街道西北方向 10.8 千米。花官镇辖自然村。人口 1 700。明洪武二年（1369），张还由直隶枣强县迁至一古河道旁立村，据古河而取名古河道。聚落呈团块状分布。有文化广场 2 个、文化大院 2 个。古迹有古东遗址。经济以种植业为主，主要农作物有小麦、大蒜、玉米。有公路经此。

草李 370523-B06-H09

[Cǎolǐ]

在县驻地广饶街道西北方向 9.5 千米。花官镇辖自然村。人口 1 100。明洪武二年（1369），李姓由直隶枣强县迁来，在一草洼之地立村，取名草洼李，后简称草李。聚落呈团块状分布。有文化广场 1 个、文化大院 1 个。古迹有草李遗址。经济以种植业为主，主要农作物有小麦、大蒜、玉米。有公路经此。

草刘 370523-B06-H10

[Cǎoliú]

在县驻地广饶街道西北方向 9.2 千米。

花官镇辖自然村。人口 700。明洪武二年（1369），刘良公由直隶枣强县迁来在草洼地处立村，得名草洼刘。1958 年，改为草刘。聚落呈团块状分布。有文化广场 1 个、文化大院 1 个。经济以种植业为主，主要农作物有小麦、大蒜、玉米。有公路经此。

张杨 370523-B06-H11
[Zhāngyáng]

在县驻地广饶街道西北方向 9.4 千米。花官镇辖自然村。人口 1 300。明洪武二年（1369），杨氏三兄弟由枣强县大石牛庄迁来与当地原居民张姓在此地立村，取名张扬。聚落呈团块状分布。有文化广场 1 个、文化大院 1 个。经济以种植业为主，主要农作物有小麦、大蒜、玉米。有公路经此。

草桥 370523-B06-H12
[Cǎoqiáo]

在县驻地广饶街道西北方向 5.4 千米。花官镇辖自然村。人口 2 900。明成化年间，杨得到、杨从道由山西洪洞县迁来立村，因处于古小清河两岸，河上建有一座草桥，故名草桥。聚落呈团块状分布。有文化广场 1 个、文化大院 1 个。古迹有草北村西北遗址、草北村西遗址。经济以种植业为主，主要农作物有小麦、大蒜、玉米。有公路经此。

岳六 370523-B06-H13
[Yuèliù]

在县驻地广饶街道西北方向 5.0 千米。花官镇辖自然村。人口 1 100。明洪武二年（1369），吕同由直隶枣强县分迁此地，当时该村分六群居，取其繁荣昌盛之意，取名岳六庄，后简称岳六。聚落呈团块状分布。有文化广场 1 个、文化大院 1 个。

经济以种植业为主，主要农作物有小麦、大蒜、玉米。有公路经此。

门圈 370523-B06-H14
[Ménquān]

在县驻地广饶街道北 6.2 千米。花官镇辖自然村。人口 1 400。明洪武四年（1371），门同河、门同水兄弟二人由山西洪洞县迁来立村，因村坐落于河套圈内，得名门圈。聚落呈团块状分布。有文化广场 1 个、文化大院 1 个。经济以种植业为主，主要农作物有小麦、大蒜、玉米。有公路经此。

南口 370523-B06-H15
[Nánkǒu]

在县驻地广饶街道北方向 6.8 千米。花官镇辖自然村。人口 1 500。明洪武四年（1371），许岱林由马头村迁来古济水南岸居住立村，与北夏口隔河相邻，取名南夏口，简称南口。聚落呈团块状分布。有文化广场 1 个、文化大院 1 个。有南口遗址。经济以种植业为主，主要农作物有小麦、大蒜、玉米。有公路经此。

大桓台 370523-B06-H16
[Dàhuántái]

在县驻地广饶街道北方向 3.8 千米。花官镇辖自然村。人口 2 400。明洪武二年（1369），秦胥宾、秦胥朋兄弟二人由直隶（今河北省）枣强县迁来，建村于柏寝台东北侧，取名桓台（相传齐桓公曾登此台观其海，当地群众俗称桓台），后因村西小桓台立村，改称大桓台。聚落呈团块状分布。有文化广场 1 个、文化大院 1 个、幼儿园 1 所。有省级重点文物保护单位柏寝台遗址。经济以种植业为主，主要农作物有小麦、大蒜、玉米。有公路经此。

杨王 370523-B06-H17
［Yángwáng］

在县驻地广饶街道北方向 6.1 千米。花官镇辖自然村。人口 1 900。明洪武二年（1369），杨姓由山西洪洞县迁来此地立村，取名杨家庄。明成化年间，王士本由青州府新城县迁来并居，村名改为杨王。聚落呈团块状分布。有文化广场 1 个、文化大院 1 个、幼儿园 1 所。经济以种植业为主，主要农作物有小麦、大蒜、玉米。有公路经此。

东刘 370523-B06-H18
［Dōngliú］

在县驻地广饶街道北方向 7.6 千米。花官镇辖自然村。人口 1 100。明崇祯年间，刘世顺由益都县阳河村迁来立村，取名小刘家。后因花官区有两个小刘家，该村位于东部，改名为东刘。聚落呈团块状分布。有文化广场 1 个、文化大院 1 个。经济以种植业为主，主要农作物有小麦、大蒜、玉米。有公路经此。

洛程 370523-B06-H19
［Luòchéng］

在县驻地广饶街道北方向 11.1 千米。花官镇辖自然村。人口 1 800。明洪武二年（1369），程万由本县城西关迁来，取名下洛程（程则姓程也，下洛者洛水下流也）后演变为夏洛程，简称洛程。聚落呈团块状分布。有文化广场 1 个、文化大院 1 个、幼儿园 1 所。经济以种植业为主，主要农作物有小麦、大蒜、玉米。有公路经此。

东赵 370523-B06-H20
［Dōngzhào］

在县驻地广饶街道北方向 10.5 千米。花官镇辖自然村。人口 900。南宋末期，赵顺天在此立村，取名赵家村。后因花官区有两个赵家村，该村处于花官区驻地之东，改名为东赵。聚落呈团块状分布。有文化广场 1 个、文化大院 1 个。古迹有东赵遗址、东赵村东北遗址、东赵村西北遗址。经济以种植业为主，主要农作物有小麦、大蒜、玉米。有公路经此。

北口 370523-B06-H21
［Běikǒu］

在县驻地广饶街道北方向 10.0 千米。花官镇辖自然村。人口 1 300。秦汉时期，古济水北岸曾有一城邑——甲下邑。南宋建炎二年（1128），任姓人家在甲下邑渡口附近立一村，得名北甲下邑口，后简称北下口。因"夏口"雅于"下口"，故演化为北夏口，简称北口。聚落呈团块状分布。有文化广场 1 个、文化大院 1 个、幼儿园 1 所。有县级重点文物保护单位北口遗址。经济以种植业为主，主要农作物有小麦、大蒜、玉米。有公路经此。

于家 370523-B06-H22
［Yújiā］

在县驻地广饶街道西北方向 13.2 千米。花官镇辖自然村。人口 500。明崇祯年间，于三祥由临淄县之东岸傅家庄迁来立村，取名于家。聚落呈团块状分布。有文化广场 1 个、文化大院 1 个。经济以种植业为主，主要农作物有小麦、大蒜、玉米。有公路经此。

李楼 370523-B06-H23
［Lǐlóu］

在县驻地广饶街道西北方向 15.6 千米。花官镇辖自然村。人口 1 200。明洪武二年（1369），李谦从河南省归德府迁来立村，因建了一座土楼，取名李楼。聚落呈团块状分布。有文化广场 1 个、文化大院 1 个、幼儿园 1 所。经济以种植业为主，主要农作物有小麦、大蒜、玉米。有公路经此。

司田 370523-B06-H24
[Sītián]

在县驻地广饶街道西北方向 15.5 千米。花官镇辖自然村。人口 1 400。司姓世居此地，取名司家庄子。明永乐四年（1406），田蒲由直隶枣强县迁来定居，故更名司田。聚落呈团块状分布。有文化广场 1 个、文化大院 1 个。经济以种植业为主，主要农作物有小麦、大蒜、玉米。有公路经此。

芬李 370523-B06-H25
[Fēnlǐ]

在县驻地广饶街道西北方向 16.5 千米。花官镇辖自然村。人口 900。明洪武二年（1369），李仁、李义、李信兄弟三人，从直隶枣强县迁来。李信又迁往安丘县下坡李，李义复迁往城关蔡家庄，李仁仍于此地立村，因兄弟于此分散，取名分李，后演变为芬李。聚落呈团块状分布。有文化广场 1 个、文化大院 1 个。经济以种植业为主，主要农作物有小麦、大蒜、玉米。有公路经此。

封家 370523-B06-H26
[Fēngjiā]

在县驻地广饶街道西北方向 16.4 千米。花官镇辖自然村。人口 1 000。明洪武二年（1369），封氏由山西洪洞县迁来立村，取名封家。聚落呈团块状分布。有文化大院 1 个。经济以种植业为主，主要农作物有小麦、大蒜、玉米。

闫家 370523-B06-H27
[Yánjiā]

在县驻地广饶街道西北方向 16.8 千米。花官镇辖自然村。人口 700。明洪武二年（1369），闫氏自直隶正定府枣强县莲花盆迁此，村名闫家。聚落呈团块状分布。有文化大院 1 个。经济以种植业为主，主要农作物有小麦、大蒜、玉米。有公路经此。

陈官 370523-B07-H01
[Chénguān]

陈官镇人民政府驻地。在县驻地广饶街道北方向 16.8 千米。人口 1 900。明洪武四年（1371），张瑾由直隶（今河北省）枣强县迁此而居，村名原系陈姓在此开饭馆而得名陈馆，后演称陈官。聚落呈团块状分布。有幼儿园 6 所、小学 1 所、中学 1 所。有县级重点文物保护单位陈官遗址。经济以种植业、纺织业、物流业为主，主要农作物有小麦、大蒜、玉米。有公路经此。

高店 370523-B07-H02
[Gāodiàn]

在县驻地广饶街道北方向 16.5 千米。陈官镇辖自然村。人口 1 900。明洪武二年（1369），尹姓由山西洪洞县迁来立村，以开店为生，故取名尹家店子。又据《高氏家谱》载，明嘉靖年间，高篇由本县高家斗柯迁来并居，后因高姓人多兴旺，故将村名改称高店。聚落呈团块状分布。有文化广场 1 个、文化大院 1 个、幼儿园 1 所。古迹有高店南遗址。经济以种植业、商贸业为主，主要农作物有小麦、大蒜、玉米。有公路经此。

杨桥 370523-B07-H03
[Yángqiáo]

在县驻地广饶街道北方向 21.1 千米。陈官镇辖自然村。人口 1 100。明永乐十九年（1422），杨篇由寿光县宋家庄迁来此地，在支脉沟北岸立村，当时支脉沟上建了一座桥，故取村名杨家桥，1958 年改称杨桥。

聚落呈团块状分布。有文化广场1个、文化大院1个。经济以种植业为主，主要农作物有小麦、大蒜、玉米。有公路经此。

李家 370523-B07-H04

[Lǐjiā]

在县驻地广饶街道北方向21.2千米。陈官镇辖自然村。人口1 000。明洪武二十九年（1396），李德海由李佛庄（现属利津县）迁来立村，取名李家庄，1961年称李家。聚落呈团块状分布。有文化广场1个、文化大院1个。经济以种植业为主，主要农作物有小麦、大蒜、玉米。有公路经此。

董庄 370523-B07-H05

[Dǒngzhuāng]

在县驻地广饶街道北方向21.3千米。陈官镇辖自然村。人口1 200。明洪武十二年（1379），董士城由寿光县王里庄迁来居住，立村为董家庄，后称董家。地名普查中，因与李鹊公社董家重名，1982年3月经县府批准更名为董庄。聚落呈团块状分布。有文化广场1个、文化大院1个、幼儿园1所。古迹有董庄遗址。经济以种植业为主，主要农作物有小麦、大蒜、玉米。有公路经此。

燕儿 370523-B07-H06

[Yàn'ér]

在县驻地广饶街道北方向20.7千米。陈官镇辖自然村。人口1 100。相传，马、董、宋三姓均由山西洪洞县迁来，其中一户在一南北大碱岭西侧居住（现村址），年余屋顶筑有一燕窝，被董姓两个顽童戳落，小燕安详成长，巧遇年丰家兴，时人闻知该户拯燕带来家兴，便迁来合居，众云村名燕二口，后演变为燕儿口，1958年称燕儿。聚落呈团块状分布。有文化广场1个、文

化大院1个、幼儿园1所。古迹有燕儿遗址。经济以种植业为主，主要农作物有小麦、大蒜、玉米。有公路经此。

黄家 370523-B07-H07

[Huángjiā]

在县驻地广饶街道北方向21.4千米。陈官镇辖自然村。人口1 300。明永乐二年（1404），黄有亮由直隶枣强县楼子底迁来郭王庄居住。清光绪三十四年（1908），以当时村内姓氏改称古殷黄，后殷姓失传，1944年称古黄，1950年古、黄两姓各立村庄，改称黄家。聚落呈团块状分布。有文化广场1个、文化大院1个、幼儿园1所。古迹有黄家遗址群。经济以种植业为主，主要农作物有小麦、大蒜、玉米。有公路经此。

坡南 370523-B07-H08

[Pōnán]

在县驻地广饶街道西北方向20.3千米。陈官镇辖自然村。人口1 400。明嘉靖年间，周姓由利津县黄氏湾周（今东营区周家）迁此立村，当时因地处范干坡南，取名坡南周，随后有于、阮、刘、董、王氏先后迁居本村，1949年改称为坡南。聚落呈团块状分布。有文化广场1个、文化大院1个、幼儿园1所。古迹有坡南遗址。经济以种植业为主，主要农作物有小麦、大蒜、玉米。有公路经此。

斜里 370523-B07-H09

[Xiélǐ]

在县驻地广饶街道西北方向18.1千米。陈官镇辖自然村。人口1 300。明弘治六年（1493），张姓由寿光县丰城迁来立村，因坐落在由东北向西南弯曲的土坝南侧，房屋东南斜向，故名斜里坝。1949年称斜里。聚落呈团块状分布。有文化广场1个、文化大院1个。古迹有斜里遗址群。经济

以种植业为主，主要农作物有小麦、大蒜、玉米。有公路经此。

北户 370523-B07-H10
[Běihù]

在县驻地广饶街道西北方向17.8千米。陈官镇辖自然村。人口1 400。明洪武四年（1371），张姓兄弟二人由直隶（今河北省）枣强县迁居，弟定居益都县良孟村，兄于北立村，因地处良孟北，取村名北户张，1950年演化称北户。聚落呈团块状分布。有文化广场1个、文化大院3个、幼儿园1所。古迹有北户遗址。经济以种植业为主，主要农作物有小麦、大蒜、玉米。有公路经此。

碑寺 370523-B07-H11
[Bēisì]

在县驻地广饶街道西北方向16.6米。陈官镇辖自然村。人口1 100。明洪武二年（1369），牛浚源自直隶枣强县迁来，因立村于一座古寺院东侧，院内有一高碑，村前又是一古河渡口，取名碑寺口，后演称碑寺。聚落呈团块状分布。有文化广场1个、

文化大院1个。经济以种植业为主，主要农作物有小麦、大蒜、玉米。有公路经此。

梯门 370523-B07-H12
[Tīmén]

在县驻地广饶街道西北方向16.7米。陈官镇辖自然村。人口500。明洪武二年（1369），张立本由直隶枣强县迁此居住立村，西侧有一段叠道（梯子道）直通家门，故取名梯门。聚落呈团块状分布。有文化广场1个、文化大院1个。古迹有梯门遗址群。经济以种植业为主，主要农作物有小麦、大蒜、玉米。有公路经此。

卧佛 370523-B07-H13
[Wòfó]

在县驻地广饶街道西北方向20.7千米。陈官镇辖自然村。人口600。明永乐年间，孙江、孙谱兄弟二人由本县三岔村迁居郭王庄，居三世后又迁现址，因立村时东南处有一寺院叫卧佛堂，1961年称卧佛。聚落呈团块状分布。有文化广场1个、文化大院1个。古迹有卧佛遗址。经济以种植业为主，主要农作物有小麦、大蒜、玉米。

三　交通运输

东营市

铁路

淄东线 370500-30-A-b01
[Zīdōng Xiàn]

国有铁路。起点淄博市，终点东营市。全长89千米，东营市境内25.4千米。在史口站与德大铁路相交。1966年12月开工，1972年建成。2016年4月至2017年12月进行电气化扩能改造。铁路为单线。淄东铁路是德龙烟与胶济通道的联络线，是以货为主兼客运的客货共线铁路。该铁路对于完善区域路网结构，增强路网的机动灵活性，扩大铁路运输能力，促进沿线地区经济社会发展，加快黄河三角洲高效生态经济区的发展有着重大意义。

公路

荣乌高速公路 370500-30-B-a01
[Róngwū Gāosù Gōnglù]

高速。起点荣成市，终点乌海市。全长1820千米，东营市境内长93.10千米。东营市境内广饶县辛庄子互通立交桥至垦利北收费站段，1998年开工，2000年建成；垦利北收费站至利津县前郭村段，2002年开工，2005年建成；广饶寿光界至广饶县辛庄子互通立交桥段，2005年开工，2008年建成；利津县前郭村至沾化利津界段，2005年开工，2008年建成。沥青路面，东营境内路基宽24.5~28米。与220国道、228省道衔接，与230省道、长深高速公路、东营港疏港高速公路、231省道、310省道、71省道相交。荣乌高速为国家东部区进入西部区提供了便捷的交通，对于进一步促进东西部密切交流，实现经济互补具有十分重要的意义。

东营港疏港高速公路 370500-30-B-a02
[Dōngyínggǎng Shūgǎng Gāosù Gōnglù]

高速。起点东营港，终点利津县。全长60.17千米。1993年8月开工，1995年12月建成。一级公路，沥青路面，路面宽度25米。在东营市河口区东部经过湿地和滩涂。与18国道、340国道、516国道、315省道相接。东营港疏港高速公路作为东营市的重要交通枢纽，是东营市能源运输的重要通道。

东营—青州公路 370500-30-B-b01
[Dōngyíng Qīngzhōu Gōnglù]

国道。起点东营市，终点青州市。全长102千米。原为县道，1987—1989年改建。二级公路，沥青混凝土路面，路面宽11~18米。设有特大桥1座，大桥11座，中桥9座，小桥涵108座，通道113座，跨线天桥3座，分离式立交桥8座，互通式立交桥6处。是贯穿东营市南北和青州市的交通大动脉，也是连接胶东半岛、山东东南部通往京津地区的黄金通道。

东营—深圳公路 370502-30-B-b02
[Dōngyíng Shēnzhèn Gōnglù]

国道。起点广利港，终点深圳市。东营市境内长81.62千米。东营段1985年开工，1986年建成。一级公路，沥青路面，路面宽度36.5米。在东营市境内与荣乌高速、516国道、227省道、228省道、507省道相接。对拓展城市发展空间，促进地方经济快速发展等均具有十分重要的意义。

沾化—青州公路 370522-30-B-b03
[Zhānhuà Qīngzhōu Gōnglù]

国道。起点沾化区，终点青州市。全长约150千米，东营市境内全长约66千米。1988年开工。沥青路面，路面宽度44米。与220国道、517省道、228省道、508省道、227省道、315省道相接。是贯彻南北的一条干线公路，对于社会经济发展具有极大的促进作用。

东营港—子长公路 370500-30-B-b04
[Dōngyínggǎng Zǐcháng Gōnglù]

国道。起点东营港，终点子长市。东营境内长81千米。建于1993年。一级公路，沥青路面，路面宽度16米。在东营市河口区东部经过湿地和滩涂。与东营港疏港高速公路、省道227相接。东营港—子长公路是贯通东西的唯一一条大通道，对于促进东营市的经济发展有着极大的推进作用。

河辛路 370500-30-B-c01
[Héxīn Lù]

省道。起点东营市，终点淄博市。全长129.7千米，东营市境内长103千米。辛河路临淄至牛庄段，在明、清时代为官马大道。1927年曾通客车。中华人民共和国成立后该路曾用辛（店）新（镇）、辛（店）牛（庄）、辛（店）东（营）、辛（店）孤（岛）等路名，1987年定名为辛河路。公路部门曾多次分段整修该路。1962年，改建辛店至东营公路。1965年，拓宽改建。1985—1987年改建。1987年10月—1988年12月改扩建。一级公路，沥青路面，路面宽度为24米。沿线有胜利黄河大桥。与220国道、340国道、315国道、228省道相接。辛河公路是贯穿东营市南北的交通主动脉，在胜利油田和东营市的开发建设中发挥着重要作用。

新博路 370521-30-B-c02
[Xīnbó Lù]

省道。起点东营市，终点滨州市。全长107千米，东营境内长77.86千米。1984年开工。一级公路，沥青路面，路面宽度24米。与220国道、516国道相接。是东营市通向滨州的一条干线公路，对于社会经济发展具有极大的促进作用。

田庄—广北农场公路 370500-30-B-c03
[Tiánzhuāng Guǎngběi Nóngchǎng Gōnglù]

省道。起点东营市东营区六户镇田庄村，终点山东省东营市广饶县丁庄街道广北农场。全长11千米。1977年开工，1978年建成。一级公路，沥青路面，路面宽度18米。与516国道相相接。是东营市通向山东省东部的一条干线公路，对于社会经济发展具有很大的促进作用。

永馆路 370500-30-B-c04
[Yǒngguǎn Lù]

省道。起点东营市垦利县永安，终点河北省馆陶县。全长382千米，东营市境内长42.75千米。1978年修筑路基，1979年铺筑灰土，1980年完成沥青路面。二级公路，沥青路面，路面宽度15米。与辛河路、滨港路省道衔接。是东营市东西走向的一条主要干线公路，是东营连接京津塘地区的重要纽带。

潍坊—高青公路 370500-30-B-c05
[Wéifāng Gāoqīng Gōnglù]

省道。起点潍坊市，终点高青县。全长 137 千米。该路在清代早期是一条较宽的大道，清末整修增筑，1937 年，重新测量定线，加高路基。中华人民共和国成立后，历经多次整修和改建。1966—1967 年，该路自广饶县城以西至博兴柳桥段、广饶县城以东至高田桥段大修为粒料路。1970—1971 年，全线改建为沥青路。1980 年，按二级路标准，加宽路基为 12 米。1985 年，铺筑灰土宽 11.5 米，双层厚 26 厘米，铺筑沥青路面宽 11 米，厚度为 4 厘米，沥青浇灌 2 厘米。二级公路，沥青路面，路面宽度 11 米。该路为山东省国防、经济主要干线公路之一。

桥梁

利津黄河大桥 370500-N01
[Lìjīn Huánghé Dàqiáo]

在东营市区西部。桥长 1 350 米，主桥为 630 米，引桥长 720 米，桥面宽 20.80 米。1999 年 7 月 1 日动工，2001 年 9 月 26 日建成。为五跨 PC 连续双塔斜拉桥。利津黄河大桥的通车，改善了黄河尾闾两岸的交通条件，为东营和滨州开辟了最佳通道，完善了山东省"三纵、三横、一环"框架中的"一环"，对山东省实施"海上山东"和"黄河三角洲开发"两大跨世纪工程具有非常重要的意义。

胜利黄河大桥 370500-N02
[Shènglì Huánghé Dàqiáo]

在东营市区中部。桥长 2 817.46 米，主桥长 682 米，引桥 2 135 米，桥面宽 19.5 米。1985 年 5 月动工，1987 年 10 月建成。因系胜利石油管理局投资，且主要为加速胜利油田开发建设而兴建的横跨黄河特大型公路桥，故名。为 5 孔新型钢箱斜拉索桥结构，用 57 段钢箱梁连接而成。胜利黄河大桥，既是沟通黄河尾闾两岸交通的枢纽工程，也是黄河三角洲上的一大现代工程景观。北向连接京津地区与东营港，南向连接济青高速公路及胶东地区，对建设黄河三角洲，加速开发胜利油田和支援国防建设，具有重要意义。

麻湾浮桥 370500-N03
[Máwān Fúqiáo]

在东营市区西部。桥长 279 米，桥面宽 300 米。1998 年建成。因所在政区而得名。由 96 式承压舟组成，跨度 307 米。有效缓解城区过境车辆交通压力，极大改善黄河生态经济带基础设施水平，促进黄河两岸经济文化交流。同时，与其他多数通道相比，通过这一浮桥，从京津冀方向到东营路程相对缩短，也更加方便。

东营区

城市道路

府前大街 370502-K01
[Fǔqián Dàjiē]

在区境东部。东起东八路，西至杭州路。沿线与东七路、东六路、东五路、东四路、胜利大街、东三路、东二路、东一路、华山路相交。长 13.5 千米，宽 38 米。沥青路面。1987 年开工，1987 年建成，1992 年扩建。因位于东营市政府南面而得名。沿途富有浓郁的现代文化气息，是主要的政治文化中心。两侧有悦来湖、国贸大厦、金融大厦、东营开发区管委会、东营市委市政府、新世纪广场、东营市人大、东营市政协、黄河影剧院、东城商贸城、古玩城、东营职业学院。通公交车。

黄河路 370502-K02

[Huánghé Lù]

在区境中部。东起东八路，西至西五路。沿线与东七路、东三路、东二路、庐山路、西二路、西四路相交。长 26.2 千米，宽 50 米。沥青路面。1967 年开工，1969 年建成，1986 年扩建。东营市中心城区贯通东城、西城的最主要道路，以当地最大的河流名称命名，故得名黄河路。沿途以企事业单位为主，是主要的政治文化和学术交流融合中心。两侧有悦来湖、明潭公园、东营职业学院、市二中、黄河公园、东营汽车总站、东营商贸园、陶然公园、胜利七中、金都大厦。通公交车。

胜利大街 370502-K03

[Shènglì Dàjiē]

在区境东部。分为南北两段，南段南起海河路，北至府前大街；北段起至黄河路，北至北二路。沿线与北一路、大渡河路、淮河路、运河路、南一路相交。长 6.0 千米，宽 37 米。沥青路面。1992 年开 1992 年建成，2011—2012 年扩建。沿途以剧院、公园、学校为主，是主要的文化中心区。两侧有奥体中心、儿童乐园、雪莲大剧院、清风湖公园、晨阳学校、景苑学校、新世纪广场。

济南路 370502-K04

[Jǐnán Lù]

在区境西部。东起太行山路，西至西五路。沿线与西二路、西三路、西四路相交。长 6.3 千米，宽 38 米。沥青路面。1965 年始建，1966 年建成，1995 年改扩建。东营区西城东西方向道路以山东省内城市名称命名，因是西城商业中心，以省会城市名称命名为济南路。沿途商场云集，店铺众

多，是西城主要的经济贸易中心。两侧有东营区人民医院、刘家批发市场、胜利油田职工大学、胜利广场、胜利石油管理局、建设银行、百货大楼、供销商场、商业大厦、油田一中、中心医院。通公交车。

庐山路 370502-K05

[Lúshān Lù]

在区境西部。北起德州路，南至滨河北路。沿线与北二路、北一路、新泰路、宁阳路、曲阜路、黄河路相交。长 8.4 千米，宽 45 米。沥青路面。1985 年始建，2004 年扩建。东营区西城南北方向道路以我国有名的山命名，故得名庐山路。沿途以酒店、公园为主，风景优美，是主要的休闲活动中心。两侧有胜安大厦、蓝海国际大饭店、万通大厦、华泰金融中心、国际会展中心、耿井水库。通公交车。

南一路 370502-K06

[Nán 1 Lù]

在区境南部。东起东八路，西至西五路。沿线与东一路、东二路、东三路、东四路、西一路、西二路、西三路、西四路相交。长 31.6 千米，宽 50 米。沥青路面。1991 年开工，1991 年建成，1996 年改（扩）建。以方位加序数得名。沿途以公园、单位为主，富有浓郁的文化气息，是文化中心区。两侧有清风湖、市人民医院、市交通局、植物园、黄河路街道办事处等。通公交车。

南二路 370502-K07

[Nán 2 Lù]

在区境南部。东起广利港，西至西六路。沿线与东一路、东二路、东三路、东四路、西一路、西二路、西三路、西四路相交。长 36 千米，宽 50 米。沥青路面。1985 年开工，1985 年建成，1999 年改（扩）建。以方位加序数得名。沿途以旅游度假区、

机关单位为主，是主要的旅游休闲中心。两侧有广南水库、东营奥体中心、揽翠湖旅游度假区、胜利电厂、北高村等。通公交车。

北一路 370502-K08
[Běi 1 Lù]

在区境中部。东起东八路，西至西五路止。沿线与东七路、东三路、东二路、西一路、西二路、西四路相交。长 26.2 千米，宽 40 米。沥青路面。1974 年始建，1974 年建成，1996 年扩建。该路为北部自南向北第一条贯通东西城区的道路，得名北一路。沿途以油田单位为主，为贯通东西城区的主干道，商业发达，是主要的胜利油田单位聚集区。两侧有海洋钻井公司、中国石油大学、东营商贸园、体育公园、胜动集团、钻井工艺研究院、物探研究院、东营火车站。通公交车。

北二路 370502-K09
[Běi 2 Lù]

在区境北部。东起东八路，西至西五路止。沿线与东七路、东三路、东二路、庐山路、西二路、西四路相交。长 28.1 千米，宽 50 米。1968 年始建，1987 年扩建。沥青路面。该路为北部自南向北第二条贯通东西城区的道路，得名北二路。沿途以学校为主，富有浓郁的现代文化气息，是主要的文化中心区。两侧有胜利医院、中国石油大学、山东胜利职业学院、胜利十中、供水公园、胜利油田党校、东营茶叶批发市场。通公交车。

东一路 370502-K10
[Dōng 1 Lù]

在区境东部。南起沂河路，北至北二路。沿线与北一路、黄河路、府前大街相交。长 5.8 千米，宽 30 米。沥青路面。2005 年开工，2005 年建成，2013 年扩建。以方位加序数得名。沿途以公园、植物园、酒店为主，是城市主要的休闲中心。两侧有汽车贸易城、职业学院国际学术交流中心、海慧精品酒店、广利河湿地公园、东营市植物园、海通创客中心。通公交车。

东二路 370502-K11
[Dōng 2 Lù]

在区境东部。北起德州路，南至南三路止。沿线与潍坊路、北二路、北一路、黄河路、府前大街、南一路、南二路、海河路相交。长 17.2 千米，宽 34 米。沥青路面。1986 年开工，同年建成，扩建于1998 年。以方位加序数得名。沿途以市场、油田单位为主，是主要的商业中心。两侧有盛大农贸市场、胜东社区管理中心、胜利汽车站、胜大集团、胜利四中、明潭公园、黄海大厦、明月湖湿地公园。通公交车。

东三路 370502-K12
[Dōng 3 Lù]

在区境东部。分南北两段，南段南起海河路，北至玉带河路；北段南起潍河路，北至德州路。沿线与北二路、潍河路相交。长 9.9 千米，宽 50 米。沥青路面。1987 年开工，同年建成，2014 年扩建北延。以方位加序数得名。沿途以商场、超市、企事业单位为主，是主要的商贸中心。两侧有银座购物广场、好宜家小商品城、百大东城超市、东营市民政局、中国银行东城支行、齐鲁证券东城营业部、东营市场监督管理局、东营市实验中学。通公交车

东四路 370502-K13
[Dōng 4 Lù]

在区境东部。南起南二路，北至北二路。沿线与汾河路、北一路、大渡河路、淮河路、黄河路、府前大街相交。长 8.2 千米，宽

40 米。沥青路面。2001 开工，2002 年建成，2014 年改（扩）建。以方位加序数得名。沿途以企业、学校、银行为主，是主要的金融中心。两侧有润东科技、阳光园林、国际金融中心、天华大厦、阳光东凯实验学校。通公交车。

东五路 370502-K14
[Dōng 5 Lù]

在区境东部。南起潍河路，北至北二路。沿线与汾河路、北一路、大渡河路、淮河路、黄河路相交。长 6.5 千米，宽 22 米。沥青路面。2006 年开工，2007 年建成，2009 年改（扩）建。以方位加序数得名。沿途以企业为主，是主要的企业聚集区。两侧有盈科建材、光谷未来城。通公交车。

东六路 370502-K15
[Dōng 6 Lù]

在区境东部。南起潍河路，北至北二路。沿线与北一路、大渡河路、淮河路、黄河路相交。长 6.5 千米，宽 22 米。沥青路面。2003 年开工，2004 年建成，2007 年改（扩）建。以方位加序数得名。沿途以国永胜华、方圆铜业等企业为主，是主要的企业聚集地。两侧有三森公司、国永胜化、东营技师学院、方圆铜业、悦湖书院。通公交车。

东七路 370502-K16
[Dōng 7 Lù]

在区境东部。南起南二路，北至北二路。沿线与汾河路、北一路、大渡河路、淮河路、黄河路相交。长 6.7 千米，宽 22 米。沥青路面。2004 年 5 月开工，2005 年 4 月建成。以方位加序数得名。以方位加序数得名。沿途以企业为主，是主要的企业聚集地。两侧有新吉利公司、首创污水处理厂、胜利方圆、大海金茂铝业。通公交车。

东八路 370502-K17
[Dōng 8 Lù]

在区境东部。北起溢洪河桥，南至支脉河桥止。沿线与北二路、汾河路、北一路、大渡河路、淮河路、黄河路、辽河路、府前大街、运河路、南一路、南二路相交。长 16.1 千米，宽 30.5 米。沥青路面。2005 年始建，2014 年扩建。以方位加序数得名。沿途以自然风光和娱乐休闲设施为主，是主要的休闲娱乐区。两侧有广利河森林湿地公园、东营市明海闸、东营市天鹅湖湿地公园等。通公交车。

西一路 370502-K18
[Xī 1 Lù]

在区境西部。南起南二路，北至西四路。沿线与北一路、北二路、黄河路相交。长 15.3 千米，宽 40 米。沥青路面。2005 年开工，2006 年建成。以方位加序数得名。沿途以科研技术单位为主，具有浓厚的科技文化色彩。两侧有石油大学、测井公司等。是西城贯通南北的主干道，通公交车。

西二路 370502-K19
[Xī 2 Lù]

在区境西部。北起西四路，南至南二路。沿线与德州路、北二路、淄博路、济南路、北一路、黄河路、南一路相交。长 12.4 千米，宽 38 米。沥青路面。1974 年开工，同年建成，1986 年扩建。以方位加序数得名。沿途油田单位集中，商业发达。两侧有建材仓储园、长云大厦、黄河口人才市场、新悦大饭店、华纳大厦。通公交车。

西三路 370502-K20
[Xī 3 Lù]

在区境西部。南起南二路，北至北二路。

沿线与淄博路、济南路、北一路、黄河路相交。长 7.5 千米，宽 50 米。沥青路面。1975 年始建，1976 年建成，1986—1994 年先后 3 次扩建。以方位加序数得名。沿途主要以科瑞集团、采油科艺研究院等单位为主，是科研文化与商贸经济中心。两侧有光彩大厦、银座购物商场。通公交车。

西四路 370502-K21

[Xī 4 Lù]

在区境西部。北起垦利县界，南至南三路。沿线与南二路、南一路、黄河路、济南路、北二路相交。长 17.7 千米，宽 50 米。沥青路面。1963 年开工，1964 年建成，1985 年扩建。以方位加序数得名。沿途主要以油田单位为主，商业发达，是重要的商业中心。两侧有井下作业公司、胜利采油厂、西营果品批发市场、东营汽车西站、东胜大厦、科技展览中心、百货大楼、海通大厦。通公交车。

西五路 370502-K22

[Xī 5 Lù]

在区境西部。南起南二路，西至北二路。沿线与北二路、淄博路、南一路、现河路、嘉祥路相交。长 8 千米。宽 30 米。沥青路面。2004 年开工，2005 年建成。以方位加序数得名。沿途主要以石油装备公司、油田物资总库等单位为主，是油田单位聚集区。两侧有石油装备公司、火车站、油田物资总库。通公交车。

特色街巷

金辰路 370502-A01-L01

[Jīnchén Lù]

在胜利街道中部。长 4.4 千米，宽 20.2 米。沥青路面。因道路东段两侧是金辰集团的住宅区而得名。道路中段为美食街。2008 年开工，2009 年建成。通公交车。

商河路 370502-A02-L01

[Shānghé Lù]

在文汇街道南部。长 3.38 千米，宽 15.5 米。沥青路面。商河路是东营地区第一条商业街，是东营第一条五金建材一条街。通公交车。

沂州路步行街 370502-A04-L02

[Yízhōulù Bùxíngjiē]

在东城街道东部。长 9.1 千米，宽 17.5 米。沥青路面。道路南段为东营市第一条步行街，2010 年，对沂州路街道景观进行了改造提升。街道两侧欧式古典风格的建筑庄重而典雅，加上路灯、雕塑等极具西方特色的配套设施点缀，让整个街区弥漫着浓浓的欧陆风情。通公交车。

车站

东营站 370502-R01

[Dōngyíng Zhàn]

三等铁路客货运站。在区境西部。1966 年 4 月开工，1972 年 1 月建成。因所在政区而得名。有硬化旅客站台 1 座，长 340 米，高低硬化货物站各 1 座，4 284 平方米，货物仓库 483 平方米。站内有 8 股线路，其中 4 条列车到发线，3 条货物装卸线，1 条作为胜利油田自备机车在站内行驶，全站有各种型号的道岔 20 组，日均最高接发列车 11 对。年客运量为 150 万人，年货运量为 350 万吨。为东营建设做出了贡献。

东营南站 370502-R02

[Dōngyíng Nánzhàn]

二等铁路客货运站。位于东营区六户

镇西南庐山路南首。因地理位置而得名。2010 年开工。站房建筑面积 11 500 平方米，车站有 3 个站台，其中包括 1 个侧式站台和 1 个岛式站台。线路包括 1 条正线，3 条到发线和 1 条待避线。有大机停靠线 2 条。东营南火车站是东营市的第二座客运火车站，对于东营市的铁路运输起到极大的促进作用。

史口站 370502-R03
[Shǐkǒu Zhàn]

四等铁路客货运站。在东营区西部，史口镇政府驻地以北。1971 年建站，1987 年改建。因所在政区而得名。有硬化旅客站台 1 座，长 340 米，面积 2 040 平方米；硬化高货台 1 座，长 120 米，面积约为 960 平方米。站内主要有 9 股线路，日发列车 19 列。为区域经济发展做出了贡献。

方家庄站 370502-R04
[Fāngjiāzhuāng Zhàn]

四等铁路客运站。在东营区东南部，龙居镇方家庄西北。1966 年开工，1971 年建成。因所在政区而得名。有站台 1 座。车站纵向长 1 362 米，横向长 110 米。日均接发列车 7 对。方便了周边群众的出行。

东营汽车总站 370502-S01
[Dōngyíng Qìchē Zǒngzhàn]

一级长途汽车站客运站。位于山东省东营市黄河路 355 号。因所在政区而得名。2008 年 7 月开工，2009 年 9 月建成。占地面积 141 亩，有大型候车厅 1 座。发车位 46 个，日发班次 480 个。东营汽车总站是集客运、旅游、出租、餐饮、货物快递、商贸为一体的汽车客运站，是东营市辖区内的主要公路运输交通枢纽，承担着东营市主要的公路客运运输任务。

东营汽车西站 370502-S02
[Dōngyíng Qìchē Xīzhàn]

一级长途汽车客运站。在区境西部。1989 年开工，1990 年 6 月建成。因地处城区西部而得名。有候车室 1 座，日发班次 460 个。东营汽车西站是集客运、旅游、出租、餐饮、货物快递、商贸为一体的公路客运站，是东营市辖区内的主要公路运输交通枢纽，承担着东营市主要的公路客运运输任务。

东营汽车东站 370502-S03
[Dōngyíng Qìchē Dōngzhàn]

一级长途汽车客运站。在区境东部，运河路西头。1994 年 9 月开工，1997 年 10 月建成。因驻东城而得名。有候车室 1 座，是以办公楼、票房、检票于一体的三层楼房。日发班次 50 次。东营东城汽车站是集客运、旅游、出租、餐饮、货物快递、商贸为一体的公路客运站，是东营市辖区内的主要公路运输交通枢纽，承担着东营市主要的公路客运运输任务。

桥梁、立交桥

广利河一号大桥 370502-N01
[Guǎnglìhé 1 Hào Dàqiáo]

在区境中部。全长 154.80 米。1989 年 4 月开工，1989 年 8 月建成。因横跨广利河而得名。主要结构为底部钻孔薄注桩基承托矩形盖梁，上部空心板梁预制安装，两侧设有钢筋混凝土花格栏杆，中央分隔带安装钢管栏杆，由 8 厘米厚钢筋混凝土板覆盖。15 孔。是东营公路桥梁建筑中斜交角度最大的桥。是连接东西城的重要桥梁，加速了东营市和油田的发展。

东营河大桥 370502-N02
［ Dōngyínghé Dàqiáo ］

在区境东部。全长 318.29 米。1998 年 9 月 2 日开工，2000 年 8 月 10 日建成。因横跨东营河而得名。上部结构为预应力混凝土空心板和预应力混凝土连续梁；下部为双柱式墩、肋板式台，墩台基础均为单排钻孔灌注桩。19 孔。是东营重要的交通枢纽。

广蒲河大桥 370502-N03
［ Guǎngpúhé Dàqiáo ］

在区境中部。全长 390 米。1998 年 10 月开工，1999 年 11 月建成。因横跨广蒲河而得名。上部结构为预应力混凝土空心板，下部结构为双柱式墩、肋板式台。24 孔。是东营重要的交通枢纽。

四干渠大桥 370502-N04
［ Sìgànqú Dàqiáo ］

在区境南部。全长 128 米。1998 年 11 月开工，1999 年 11 月建成。因横跨四干渠而得名。上部结构为预应力混凝土空心板，下部结构为双柱式墩、肋板式台。7 孔。是东营重要的交通枢纽。

韩家大桥 370502-N05
［ Hánjiā Dàqiáo ］

在区境北部。全长 206 米。1998 年 11 月开工，2000 年 8 月建成。因横跨韩家水库而得名。上部结构现浇连续板，下部结构钻孔灌注桩。是东营重要的交通枢纽。

六干渠大桥 370502-N06
［ Liùgànqú Dàqiáo ］

在区境北部。全长 160 米。1998 年 4 月开工，2000 年 8 月建成。因横跨六干渠而得名。上部结构现浇连续板，下部结构钻孔灌注桩。是东营重要的交通枢纽。

胜利路桥 370502-N07
［ Shènglìlù Qiáo ］

在区境东部。全长 139.2 米。2000 年 3 月开工，2000 年 8 月建成。因胜利大街而得名。上部结构现浇连续板，下部结构钻孔灌注桩。是东营重要的交通枢纽。

丰收大桥 370502-N08
［ Fēngshōu Dàqiáo ］

在区境北部。全长 126 米。1989 年 10 月开工，1999 年 11 月建成。因所在政区而得名。上部结构现浇连续板，下部结构钻孔灌注桩。是东营重要的交通枢纽。

王营桥 370502-N09
［ Wángyíng Qiáo ］

在区境南部。全长 1 221.2 米。1968 年 3 月开工，1968 年 10 月建成。因所在政区而得名。上部结构现浇连续板，下部结构钻孔灌注桩。是东营重要的交通枢纽。

东二路桥 370502-N10
［ Dōng 2 Lù Qiáo ］

在区境东部。全长 100 米。1987 年 4 月开工，1987 年 11 月建成。因在东二路沿线而得名。上部结构现浇连续板，下部结构钻孔灌注桩。是东营重要的交通枢纽。

金水桥 370502-N11
［ Jīnshuǐ Qiáo ］

在区境东部。全长 57.6 米。1995 年 5 月开工，1995 年 11 月建成。因仿造北京天安门前金水桥的三孔拱券式结构而命名。结构型式为钢筋混凝土拱桥。担负城区道路干道交通任务。

卢沟桥 370502-N12
[Lúgōu Qiáo]

在区境东部。全长 50 米。1996 年 3 月开工，1996 年 6 月建成。因仿造国内历史名桥卢沟桥而命名。结构型式为钢筋混凝土平桥。担负城区道路干道交通任务。

彩虹桥 370502-N13
[Cǎihóng Qiáo]

在区境东部。全长 39.5 米。修建于 1995 年。因其所建形状像彩虹，故得名彩虹桥。结构型式为三跨非预应力板式平桥。是东营重要的交通枢纽。

赵州桥 370502-N14
[Zhàozhōu Qiáo]

在区境东部。全长 31 米。建于 1995 年。因仿造国内历史名桥赵州桥而命名。结构型式为 3 孔钢筋混凝土拱桥。是东营重要的交通枢纽。

西四路过街天桥 370502-N15
[Xī 4 Lù Guòjiē Tiānqiáo]

在区境西部。全长 50 米。建于 2012 年 7 月。因横跨西四路而得名。采用钢箱梁结构，主梁及墩柱外立面采用铝塑板装饰。有效改善了交叉口的通行状况，保障市民通行安全，提升西城区商业中心的整体形象。

德大铁路麻湾黄河大桥 370502-N16
[Dédàtiělù Máwān Huánghé Dàqiáo]

在区境北部。全长 8.1 千米。引桥长度 7.1 米。2010 年 12 月开工，2012 年 12 月建成。因所在政区而得名。主桥结构为下承式"N"形连续钢桁梁，呈"飞燕"展翅翱翔之势。该桥为德大铁路全线重点控制工程，是黄河流域跨度最大、长度最长的铁路钢结构桥梁。

德大铁路跨省道二三零特大桥 370502-N17
[Dédàtiělù Kuà Shěngdào Èrsānlíng Tèdàqiáo]

在区境东南部。全长 750.17 米。2012 年 8 月开工，2013 年 3 月建成。因在德大铁路上且横跨 230 省道而得名。结构上部现浇连续板，下部钻孔灌注桩。是东营重要的交通枢纽。

青岛路分离立交桥 370502-P01
[Qīngdǎolù Fēnlí Lìjiāoqiáo]

在城区中部。占地面积 13 000 平方米，有两层互不交叉的不同方向的城市道路在此立体相交，最高层离地面 5.5 米。1998 年 9 月 2 日动工，2000 年 8 月 20 日建成。因所在道路而得名。为中型立交桥。日交通流量为 8000 辆次，在城市交通中起到重要作用。

机广路互通立交桥 370502-P02
[Jīguǎnglù Hùtōng Lìjiāoqiáo]

在城区中部。占地面积 25 000 平方米，有两层互不交叉的不同方向的城市道路在此立体相交，最高层离地面 5.5 米。1998 年 4 月动工，2000 年 10 月建成。因所在道路而得名。为大型立交桥。日交通流量为 8000 辆次，在城市交通中起到重要作用。

胜利互通立交桥 370502-P03
[Shènglì Hùtōng Lìjiāoqiáo]

在城区中部。占地面积 23 000 平方米，有两层互不交叉的不同方向的城市道路在此立体相交，最高层离地面 5.5 米。1998 年 8 月动工，2000 年 8 月建成。因所在道路而得名。为大型立交桥。日交通流量为 8 000 辆次，在城市交通中起到重要作用。

张东铁路分离立交桥 370502-P04
[Zhāngdōngtiělù Fēnlí Lìjiāoqiáo]

在城区西部。占地面积 15 000 平方米，有两层互不交叉的不同方向的城市道路在此立体相交，最高层离地面5.5米。2001年6月动工，2002年8月建成。因所跨铁路而得名。为中型立交桥。日交通流量为7500辆次，在城市交通中起到重要作用。

井下立交桥 370502-P05
[Jǐngxià Lìjiāoqiáo]

在城区东北部。占地面积12 000平方米，有两层互不交叉的不同方向的城市道路在此立体相交。1993年3月动工，1993年10月建成。因位于胜利石油管理局井下作业管理处附近而得名。为中型分离式立体交叉型式立交桥。日交通流量为9 000辆次，在城市交通中起到重要作用。

码头

广利港码头 370502-30-G-b01
[Guǎnglìgǎng Mǎtóu]

在区境东部。所在河流为广利河。1985年3月开工，1986年7月建成。广利港码头长420米，6个泊位，每泊位长70米，宽12米，可停靠2艘800吨级船和4艘500吨级船。货场面积79 200平方米。广利港码头以散货、杂货运输为主，兼顾集装箱和滚装运输，主要服务于东营经济技术开发区临港产业和东营市东部地区生产生活物资运输，是东营市外向型经济发展的重要载体。通公交车。

河口区

城市道路

渤海路 370503-K01
[Bóhǎi Lù]

在区境中部。东起海昌路，西至湖滨路。沿线与海盛路、商场街、海康路、海宁路、西湖路相交。长4.3千米，宽27米。沥青路面。1987年开工，同年建成，1998年、2002年进行扩建改造。两侧有胜利河口中医院、东营市河口区胜利第三十九中学。通公交车。

海盛路 370503-K02
[Hǎishèng Lù]

在区境东部。北起河雁路，南至顺和路。沿线与河滨路、黄河路、渤海路、钻井街、河聚路、河兴路、河庆路相交。长8.5千米，宽27米。沥青路面。1987年开工，同年建成，1997年、2002年进行扩建翻新。河口城区主干道南北方向以"海"开头、中间字段以吉祥词语命名，主干道自东向西组成"昌盛康宁"。沿途以小区、单位为主，富有浓郁的现代居住气息，是主要的居住区。两侧有河口采油厂二矿、河口家具城等。通公交车。

海昌路 370503-K03
[Hǎichāng Lù]

在区境中部。北起河滨路，南至顺河路。沿线与黄河路、渤海路、河庆路相交。长8.8千米，宽26米。沥青路面。阳河路以北段于1987年建成，2003—2004年南延至顺河路。河口城区主干道，南北方向以"海"开头、中间字段以吉祥词语命名。主干道自东向西组成"昌盛康宁"。沿途以小区为主，富有浓郁的现代居住气息，是主要的居住区。两侧有河口采油厂车辆管理中心、晨阳现代农业科技园、孤河水库。通公交车。

海康路 370503-K04
[Hǎikāng Lù]

在区境西部。北起河雁路，南至阳河路。沿线与河滨路、黄河路、渤海路、河庆路相交。长6.1千米，宽32米。沥青路面。

1987年开工，同年建成。河口城区主干道，南北方向以"海"开头、中间字段以吉祥词语命名，主干道自东向西组成"昌盛康宁"。沿途以单位、小区为主，富有浓郁的现代居住气息，是主要的居住区。两侧有河口区人民武装部、中国农业银行东营市河口支行、千硕建安公司。通公交车。

海宁路 370503-K05
[Hǎiníng Lù]

在区境西部。北起河雁路，南至顺河路。沿线与河滨路、黄河路、渤海路、河庆路相交。长8.7千米，宽32米。沥青路面。1987年开工，同年建成。河口城区主干道，南北方向以"海"开头、中间字段以吉祥词语命名，主干道自东向西组成"昌盛康宁"。沿途以商铺、小区为主，富有浓郁的现代居住和商业气息，是主要的居住区和商业区。两侧有国家电网、河口区实验学校、东营市河口区疾控中心、东营市河口区人力资源和社会保障局、河口区民政局、河口区人民法院、山东汇海医药化工有限公司。通公交车。

河滨路 370503-K06
[Hébīn Lù]

在区境北部。东起海昌路，西至草桥沟。沿线与海宁路、海康路、海盛路、海昌路相交。长6.5千米，宽36米。沥青路面。海昌路到河口街道办事处段1987年开工，同年建成，2005年进行了道路拓宽，2013年修建康宁河水系桥至草桥沟段。河口城区东西向主干路以"河"字开头，此路属于滨孤路城区路段，故命名为河滨路。沿途以商铺、单位为主，富有浓郁的现代商业气息，是主要的商业区。两侧有河口职业技术学校、东营市公安河口分局、东营市河口区人民检察院、河口区综合行政执法局。通公交车。

黄河路 370503-K07
[Huánghé Lù]

在区境北部。东起海昌路，西至西湖路。沿线与海宁路、海康路、海盛路、海昌路相交。长3.5千米，宽33米。沥青路面。因途经区政府且位于城中心，命名为中心路；2003年更名为黄河路，因原系黄河河口而得名。1987年开工，同年建成。沿途以商铺、单位为主，富有浓郁的现代商业气息，是主要的商业区。两侧有河口区车辆管理所、富海集团、中共东营市河口区委员会、河口区人民政府、河口采油厂、河口区农业农村局、河口区住房与城乡建设局、河口区财政局、河口实验学校、中共河口采油厂委员会党校。通公交车。

河庆路 370503-K08
[Héqìng Lù]

在区境南部。东起海昌路，西至草桥沟。沿线与海宁路、海康路、海河路、海盛路相交。长5.1千米，宽32米。沥青路面。河口城区东西向主干路以"河"字开头，取吉庆之意，命名为河庆路。1987年开工，2013年建成，1992年修建海昌路至海宁路段，2013年5月修建海宁路西至草桥沟段。沿途以商铺为主，富有浓郁的现代商业气息，是主要的商业区。两侧有东营市河口区第一中学、山东省东营市河口开发区管委会、东营市消防支队河口区大队、汽车配件城、山东旭业新材料公司。通公交车。

特色街巷

仙河商业步行街 370503-B02-L01
[Xiānhé Shāngyè Bùxíngjiē]

在仙河镇区中部。长0.4千米，宽0.3千米。沥青路面。因所在政区而得名。街道两旁以商铺为主，富有浓郁的商业气息。通公交车。

车站

河口汽车站　370503-S01
[Hékǒu Qìchē Zhàn]

二级长途汽车客运站。在区境东北部。1971 年 10 月开工，1973 年 10 月建成。占地面积 15 654 平方米。车站主建筑为东西走向双层设计，建成时间较早，主要建筑面积 2 000 平方米，内部设有 20 平方米购票等待区、200 平方米乘车等待区。有河口至济南、滨州、淄博、潍坊等 13 条长短途客运班线，年客运量 3 万人次。是河口区规模最大的客运站。

立交桥

东营港疏港高速跨东滨路分离立交桥
370503-P01
[Dōngyínggǎng Shūgǎng Gāosù Kuà Dōngbīnlù Fēnlí Lìjiāoqiáo]

在城区东部。占地面积 550 平方米。有两层互不交叉的不同方向的城市道路在此立体相交。最高层离地面 5.3 米。1994 年 3 月动工，1995 年 11 月建成。因跨越东港路而得名。为中型 2 × 20 结构型式立交桥。日交通流量为 12 600 辆次，在城市交通中起到十分重要的交通枢纽作用。

东营港疏港高速跨孤滨路分离立交桥
370503-P01
[Dōngyínggǎng Shūgǎng Gāosù Kuà Gūbīnlù fēnlí Lìjiāoqiáo]

在城区东部。占地面积 560 平方米。有两层互不交叉的不同方向的城市道路在此立体相交。最高层离地面 5.5 米。1994 年 4 月动工，1994 年 10 月建成。因跨越东港路而得名。为中型 2 × 20 结构型式立交桥。日交通流量为 8 100 辆次，在城市交通中起到十分重要的交通枢纽作用。

港口

东营港　370503-30-F-a01
[Dōngyíng Gǎng]

海港。山东省东营市河口区东北部，所在海域为渤海。1984 年开工，1997 年建成。为国家一类开放口岸。有 1 000 万平方米的配套库区以及连接码头库区的 42 千米公共管廊，建成码头泊位 55 个，其中对外开放泊位 26 个，最大靠泊能力 8 万吨；港口年吞吐量 5 800 万吨，客滚船年输送旅客 24 万人次、车辆 6 万台次。东营港是渤海湾西南岸自龙口至黄骅近千米的泥质海岸线上建设深水大港的最佳港口，是环渤海地区最大的油品及液体化工品特色港口。

黄河口国家级中心渔港　370503-30-F-a02
[Huánghékǒu Guójiājí Zhōngxīn Yúgǎng]

海港。山东省东营市河口区东部，所在海域为神仙沟南入海口处。2005 年开工，2008 年建成。为中心级渔港。港口依托黄河口国家级中心渔港，建设有 10 平方千米的黄河口海洋经济产业园，包括水产品加工交易区、船舶修造园、仓储物流区、商业贸易区、海洋高新技术产业区、渔民居住生活区和休闲渔业旅游区。有泊位 20 个。

新户渔港　370503-30-F-a03
[Xīnhù Yúgǎng]

海港。山东省东营市河口区东部，所在海域为马新河入海口处。1994 年开工，1994 年建成。建有平台码头、永久性砌石平台和铁木桎柳结构临时平台。码头长度 120 米，码头、平台面积 6 500 平方米。港内码头设施配套，能停靠 50 马力以下渔船，年停靠渔船 200 艘，年卸港量 1 千吨。是河口区重要的海上海虾贝生产港之一。

垦利县

城市道路

振兴路 370521-K01

［Zhènxīng Lù］

在县城北部。西起利河路，东至渤海路。东西走向。沿线与华苑路、和平路、兴隆路、文化路、双桥路、黄河路、育才路、民丰大道、胜利路、明珠路相交。长 5.5 千米，宽 27.2 米。沥青路面。1980 年开工，同年建成，1985 年拓宽利河路至双桥路段，1992 年拓宽改建双桥路至黄河路段。原取"垦利县"首字并以序数命名垦二路，后更名为振兴路。沿途以商铺，单位为主，富有浓郁的现代商业气息。两侧有垦利区第一实验幼儿园、城市管理局、碧海缘酒业。通公交车。

胜兴路 370521-K02

［Shèngxīng Lù］

在县城中部。西起胜通路，东至西纬三路。东西走向。沿线与利河路、中心路、兴隆路相交。长 26.3 千米，宽 34.6 米。沥青路面。2002 年开工，2003 年建成，2012 年延伸至胜坨镇。取"振兴垦利，兴旺发达"之意，并冠"胜"为首字以命名。沿途以居民楼为主，富有浓郁的现代居住气息，是主要的居住区。两侧有天宁寺、精细化工园、小微创业园、垦利石化，中段有县政府及行政办公新区、民丰农贸市场。通公交车。

黄河路 370521-K03

［Huánghé Lù］

在县城中部。北起胜利黄河大桥，南至井下立交桥。沿线与复兴路、振兴路、中兴路、新兴路、胜兴路、宜兴路、永兴路、广兴路、同兴路相交。长 10.3 千米，宽 36 米。沥青路面。1987 年开工，1988 年建成。因北有黄河得名。沿途以商铺，单位为主，富有浓郁的现代商业气息，是主要的商业区。两侧自北至南主要有大桥收费站、垦利宾馆、农业局、中国银行、银座商城、垦利汽车站、垦利石化、井下作业公司。通公交车。

利河路 370521-K04

［Lìhé Lù］

在县城中部。南起黄河路，北至黄河大坝。沿线与胜兴路、新兴路、中兴路、振兴路、复兴路相交。长 5.2 千米，宽 30 米。沥青路面。1965 年开工，1965 年建成，1985 年 5 月拓宽改建。以嘉言兼取路两侧自然村老利全与新利全之"利"字、路北黄河之"河"字命名为利河路。沿途以商铺，单位为主，富有浓郁的现代商业气息，是主要的商业区。两侧自北至南主要有黄河口烈士陵园、中国人民财产保险公司、华城建设集团有限公司、华星家具、中石油加油站、垦利县消防大队、垦利石化等。通公交车。

隆丰大道 370521-K05

［Lóngfēng Dàdào］

在县城东部。北起于永馆路，南至同兴路。沿线与永馆路、胜兴路、园兴路、广兴路、市北外环路相交。长 5.3 千米，宽 27 米。沥青路面。2007 年 3 月开工，2007 年 12 月建成。取隆重丰收之意，故得名隆丰大道。沿途以单位为主，富有浓郁的现代商业气息，是主要的商业区。两侧有万达循环经济园、胜通光学膜公司。通公交车。

民丰大道 370521-K06

[Mínfēng Dàdào]

在县城中部。南起德州路，北至复兴路。沿线与德州路、同兴路、广兴路、万兴路、永兴路、胜兴路、新兴路、中兴路、永馆路相交。长 10.8 千米，宽 53 米。沥青路面。2002 年 1 月开工，2002 年 12 月建成，2011 年 11 月扩建。因途经丰收村，故得名民丰大道。沿途以单位为主，富有浓郁的政治文化气息。两侧有民丰湖休闲娱乐区、万达大厦、垦利县政府大楼、胜通大厦。通公交车。

胜利路 370521-K07

[Shènglì Lù]

在县城中部。南起 316 省道，北至振兴路。沿线与同兴路、广兴路、万兴路、永兴路、胜兴路、新兴路、中兴路、永馆路相交。长 5.2 千米，宽 20 米。沥青路面。2010 年 1 月开工，2010 年 12 月建成。因经过胜利村而得名胜利路。两侧有垦利县第三实验幼儿园。通公交车。

同兴路 370521-K08

[Tóngxīng Lù]

在县城南部。西起垦利黄河路，东至东八路。沿线与东二路、东三路、华丰路、民丰大道相交。长 22.6 千米，宽 30 米。沥青路面。2002 年 3 月开工，2004 年 9 月建成。取共同兴盛发达之寓意命名该道路。沿途以商铺，单位为主，富有浓郁的现代商业气息。两侧有永胜驾校、垦利县油区治安巡逻大队、山东新发药业有限公司、东营石大胜华有限公司。通公交车。

新兴路 370521-K09

[Xīnxīng Lù]

在县城中部。东起青垦路，西接永莘路。沿线与利河路、和平路、中心路、兴隆街、文化路、双桥路、黄河路、景苑路、育才路、民丰大道、胜利路相交。长 3.8 千米，宽 51 米。沥青路面。2001 年 3 月开工，2001 年 8 月建成。寓意新生兴建命名为新兴路。沿途以商铺、单位为主，富有浓郁的现代商业气息。两侧有信誉楼商厦、黄河广场、垦利职教中心、银座购物广场。通公交车。

永丰路 370521-K10

[Yǒngfēng Lù]

在县城东部。北起永馆路，南至同兴路。沿线与永馆路、广兴路、市北外环路相交。长 5.2 千米，宽 24 米。沥青路面。2007 年 3 月开工，2007 年 12 月建成。因永丰为永远丰收，财粮不缺，大富大贵之意，故名。沿途以商铺，单位为主，富有浓郁的现代商业气息。两侧有东营烟草有限公司、明珠商砼、新发药业。通公交车。

永兴路 370521-K11

[Yǒngxīng Lù]

在县城南部。西起黄河路，东至胜利路。沿线与黄河路、绿洲路、景苑路、育才路、民丰大道、胜利路相交。长 3.4 千米，宽 22 米。沥青路面。1987 年 5 月开工，1987 年 6 月建成，1993 年拓宽改建。以嘉言命名为永兴路，寓意永远兴旺的意思。沿途以单位为主，富有浓郁的现代商业气息。两侧有和利时加气站、质量检测中心、环境监测站、垦利电视台。通公交车。

渤海路 370521-K12

[Bóhǎi Lù]

在县城中部。北起于永馆路，南至于胜兴路。沿线与永馆路、中兴路、新兴路、胜兴路相交。长 1.6 千米，宽 30 米。沥青路面。2011 年 8 月开工，2011 年 12 月建成。沥青路面。因渤海为我国内海，垦利县东临渤海，故取名渤海路。沿途以单位为主，富有浓郁的现代商业气息。两侧有东营市恒诚机械有限公司、嘉里运达、高速公路管理处、大桥公司、中国石化加油站、肯东停车场。通公交车。

复兴路 370521-K13
[Fùxīng Lù]

在县城西北部。西起利河路，东至黄河路。沿线与利河路、和平路、中心路、兴隆街、双桥路、黄河路相交。长 1.3 千米，宽 31 米。沥青路面。1987 年开工，2002 年建成。因所在政区而得名。沿途以商铺，单位为主，富有浓郁的现代商业气息，是主要的商业区。两侧有垦利县人力资源和社会保障局（旧址）、垦利县总工会职工服务中心、垦利县审计局。通公交车。

广兴路 370521-K14
[Guǎngxīng Lù]

在县城中部。西起于景苑路，东至永安镇政府驻地。沿线与东二路、东三路、华丰路相交。长 11.7 千米，宽 34 米。沥青路面。2001 年 3 月开工，2002 年 12 月建成，2016 年 12 月东延扩建。取范围宽阔、旺盛、发展之意，命名广兴路。沿途以商铺，单位为主，富有浓郁的现代商业气息。两侧有垦利一中、橄榄城、县第三实验小学、广兴集团、万德福集团、创业大厦。通公交车。

机场、车站

东营胜利机场 370521-30-K01
[Dōngyíng Shènglì Jīchǎng]

位于东营市中心东北 13 千米处。1984 年 5 月开工，1984 年 10 月建成，2001 年 11 月改扩建。占地面积 2.06 平方千米，停机坪面积 2.54 平方千米。旅客吞吐量 5 万人次，货邮吞吐量 260 吨，年客运量 27.1 万人，年货运量 0.5 万吨。开通了东营至北京、上海两条航线，北京航线每天一班，上海航线每周三班。

垦利汽车站 370521-S01
[Kěnlì Qìchē Zhàn]

二级汽车客运站。在县境南部。2007 年 2 月开工，2008 年 12 月建成。占地面积 27 360 平方米，主楼高 4 层，建筑面积 3 664 平方米，硬化场地 9 800 平方米。日始发及过路班次 123 次，年客运量 3.6 万人。是集旅客运输、货物快递、宾馆、商贸为一体的汽车客运枢纽。

桥梁、立交桥

东营黄河公路大桥 370521-N01
[Dōngyíng Huánghé Gōnglù Dàqiáo]

在县城中部。长 2.7 千米，引桥长 1.8 千米。2002 年 8 月动工，2005 年 8 月建成。因跨越黄河而得名。为预应力混凝土钢构—连续梁结构桥梁。45 孔。东营黄河大桥的建成，对于提升东营的区位优势、完善山东省公路网的布局，加快建设黄河三角洲的开发和促进环渤海经济圈的发展具有十分重要意义。

永丰河桥 370521-N02
[Yǒngfēnghé Qiáo]

在县城东部。长 66.04 米。最大跨度 20 米。2013 年 1 月动工，2013 年 9 月建成。因所跨河流而得名。上部结构为空心板，下部结构为桩柱式墩台，板式橡胶支座。作为新博路的重要组成部分，对地方交通发挥了重要作用。

东麻王分离立交桥 370521-P01

[Dōngmáwáng Fēnlí Lìjiāoqiáo]

在县城东南部。占地面积 2 880 平方米，有两层互不交叉的不同方向的城市道路在此立体相交，最高层离地面 12 米。2003 年动工，2004 年建成。因所在地理位置及桥梁性质而得名。为中型分离结构型式立交桥。日交通流量为 368 辆次，在城市交通中起到便利交通的作用。

垦利互通立交桥 370521-P02

[Kěnlì Hùtōng Lìjiāoqiáo]

在县城东部。占地面积 130 平方米，有两层互不交叉的不同方向的城市道路在此立体相交，最高层离地面 6 米。2010 年动工，2012 年建成。因所在地理位置及桥梁性质而得名。为中型互通结构型式立交桥。日交通流量为 560 辆次，在城市交通中起到便利交通的作用。

港口、渡口

红光渔港 370521-30-F-a01

[Hóngguāng Yúgǎng]

海港。位于山东省东营市垦利县东南部，所在海域为永丰河下游入海口处。1973 年开工，1974 年建成，2003 年 4 月—8 月、2006 年 4 月—10 月改扩建。年货运量 2.1 万吨，岸线总长 1 488 米，港池平均水深 1.9 米，最大水深 3.2 米。码头总长度 820 米，其中平台长 600 米，两侧翼墙各 110 米。泊位 300 个。是一处集渔船停靠、装卸货物、水产品交易、旅游观光、餐饮服务、机械维修等为一体的渔业港口。红光渔港是垦利县最大的港口，是全县海洋渔业的主要生产基地之一，主要吞吐（转运）货物有鲜活鱼、虾、蟹、贝类及其制品等。

小岛河渔港 370521-30-F-a02

[Xiǎodǎohé Yúgǎng]

海港。位于垦利县东部，所在海域为小岛河入海口处，渤海莱州湾海域。2006 年 4 月开工，2006 年 11 月建成。岸线总长 660 米，其中北岸主港渔业码头 300 米，两岸旅游码头 360 米；渔港航道长度 1 000 米，平均水深 4 米，最大水深 5 米。泊位 250 个。停靠容量是可容纳小型渔船 250 艘。渔港等级三级渔港，是一处集渔船停靠、装卸货物、水产品交易、旅游观光为一体的渔业港口。小岛河渔港是垦利县第二大渔港，也是海洋渔业主要生产基地之一，主要吞吐（转运）货物有鲜活鱼、虾、蟹、贝类及其制品等。

开元渡口 370521-30-I01

[Kāiyuán Dùkǒu]

在县境东北部。为车客合渡渡口。浮桥长 246 米。建于 1991 年。通过能力为 60 吨。有承压舟 10 组，趸船 2 艘，拖轮 1 艘，1 号平板船 1 艘。有公路经此。

利津县

城市道路

利一路 370522-K01

[Lì 1 Lù]

在县境南部。东起津一路，西至津八路。沿线与津一路、津二路、津三路、津五路、凤凰路、津六路相交。长 3.4 千米，宽 28 米。沥青路面。自 20 世纪 70 年代到 80 年代，逐步改造旧街道，以旧城南垣墙基改造为南城路，后辟为利一路东段。1966 年后发展为新街道，初时西起三里河，东到津一路，1982 年建成后，经过多次改建。1985 年全长 2.3 千米，宽 18 米。1999 年延伸至津六路。2001 年 10 月实施景观改造工程，2002 年 6 月建成。2007 年该路已经穿过吴苟李村到津七路。以利津县的"利"开头，加序数词命名。两侧有利津县人民政府、利津县宾馆利津县人民法院、利津县民政局、利津县林业局、利津县中心医院、利津凤凰广场、金凤凰大厦等。通公交车。

利二路 370522-K02

[Lì 2 Lù]

在县境南部。东起津一路，西至西外环。沿线与津一路、津三路、津五路、凤凰路、津六路、津八路、津九路相交。长 4.6 千米，宽 28 米。沥青路面。自 20 世纪 70 年代到 80 年代，逐步改造旧街道。以旧城南垣墙基改造将原有的东、西大街逐步改造为今利二路东段，后利二路即原东街、西街的街道过西关桥向西延伸，1985 年至原县农业银行，2008 年后继续向西延伸至西外环。以利津县的"利"开头，加序数词命名。沿途以商铺、餐饮、单位为主，现代商业气息浓郁，是主要的商业和文化中心区。两侧有利津县粮食局、利津县水利局、利津县电业局、利津县凤凰城办事处、县第二实验幼儿园、雅美纺织有限公司、利津农村商业银行、利津县供销大厦、凤凰广场等。通公交车。

大桥路 370522-K03

[Dàqiáo Lù]

在县境南部。东起黄河大桥收费站，西至宫家西干渠。沿线与津一路、津三路、津五路、津六路、津八路、津九路相交。长 4.9 千米，宽 38 米。沥青路面。2000 年 3 月开工，2000 年 5 月建成，2003—2011 年完成大桥路西延工程。因东起黄河大桥收费站而得名。沿途以单位、学校、商铺为主。两侧有利津县教育局、利津水务局、利津

县第一实验幼儿园、利津县第二实验学校、山东利华益集团办公大楼、利津县检察院、实验幼儿园、利津县客运站等。通公交车。

津一路 370522-K04

[Jīn 1 Lù]

在县境东部。南起大桥路，北至永莘路。沿线与利一路、利二路、利三路、利七路相交。长 5.2 千米，宽 22 米。沥青路面。1985 年，将南起生产资料公司东墙，北至利三路的这条街道称为津一路，后将西关桥南北之路（原津二路）改称津一路。2000 年 3 月开始对津一路进行改造，建设"欧式商业街"，2001 年 9 月工程全部建成。因利津县城南北贯通道路名称，以利津县的"津"开头，加序数词命名。两侧有农业发展银行、山东天运交通公司、利津县高级中学、利津街道办事处等单位。通公交车。

津二路 370522-K05

[Jīn 2 Lù]

在县境东部。南起大桥路，北至永莘路。沿线与利一路、利二路、利三路、滨港路、利六路相交。长 3.1 千米，宽 36 米。沥青路面。原为县城到明集乡县乡公路的城区部分。2004 年开工，同年建成。以利津县的"津"开头，加序数词命名。沿途以商铺、餐饮、单位为主，现代商业气息浓郁，是主要的商业和文化中心区。两侧有利津县教育局、利津县公安交警大队、中国邮政集团利津县分公司、山东凤凰制药股份公司、供销大厦、利龙市场、东营市百货大楼利津分店，北临东津生态园。通公交车。

津三路 370522-K06

[Jīn 3 Lù]

在县境中部。南起城南路，北至永莘路。沿线与利一路、利二路、利三路、利七路

相交。长 3.5 千米，宽 22~28 米。沥青路面。2008 年开工拓宽改造，2009 年 8 月建成。以利津县的"津"开头，加序数词命名。沿途以商铺、餐饮、单位为主，是餐饮美食、购物娱乐繁华街道，是主要的商业和文化中心区。两侧有利津县黄河河务局、利津县党校、利津县人民法院、利津县军休所、有凤凰广场、君悦大酒店、春江宾馆。通公交车。

津五路 370522-K07
[Jīn 5 Lù]

在县境中部。南起大桥路，北至利十路。沿线与利一路、利二路、利三路、利六路、利七路相交。长 5 千米。宽 39 米。沥青路面。1998 年开工建设大桥路至利二路段，2005 年改造和建设利二路至津十路。以利津县的"津"开头，加序数词命名。沿途以商铺、餐饮、单位为主，现代商业气息浓郁，是主要的商业和文化中心区。两侧有山东利华益集团办公大楼、利津县民政局、利津农商行利津支行、凤凰广场、三里商城、山东华津蛋白公司、利华益利津炼化公司等单位。通公交车。

津六路 370522-K08
[Jīn 6 Lù]

在县境西部。南起大桥路，北至永莘路。沿线与利一路、利二路、利三路、利六路、利七路相交。长 3.3 千米。宽 34 米。沥青路面。2001 年开工，同年建成。以利津县的"津"开头，加序数词命名。两侧有利津县公路局、利津县公安局、利津天普阳光公司、山东华津蛋白公司。通公交车。

特色街巷

三眼井街 370522-A01-L01
[Sānyǎnjǐng Jiē]

在利津街道东部。长 0.3 千米，宽 5 米。沥青路面。因有三眼古井分布而得名。有"月圆夜龙宫泄天机，'三眼井'一夜目双明"的传说。建于清朝初期，1998 年进行扩建和翻修。两侧有保存完好的古民居建筑。通公交车。

桥梁、立交桥

德大铁路黄河特大桥 370522-N01
[Dédàtiělù Huánghé Tèdàqiáo]

在区境南部。长 8.1 千米。2010 年 12 月动工，2012 年 12 月建成。因自京沪铁路德州黄河涯站引出，止于大莱龙铁路大家洼站，又是黄河流域跨度最大、最长钢结构桥梁而得名。主桥结构为下乘式"N"形桁变高度连续钢桁梁，呈"飞燕"形。最大跨度 180 米。是黄河流域跨度最大、长度最长的铁路钢结构桥梁。对改善区域交通运输结构，促进地方经济社会发展具有重要意义。

集贤立交桥 370522-P01
[Jíxián Lìjiāoqiáo]

在县城东部。占地面积 66 700 平方米。有两层互不交叉的不同方向的城市道路在此立体相交。最高层离地面 6.5 米。1994 年 4 月 1 日开工，1995 年 11 月 16 日建成。因邻近利津集贤村而得名。为中型立交桥。该桥的建成是当地交通现代化和生活地区城镇化的一项现代化桥梁工程，既可缓解拥堵、节约行车时间，又增强行车安全，对改善区域交通运输，促进地方经济发展具有十分重要意义。

渡口

利兴浮桥 370522-30-I01

[Lìxìng Fúqiáo]

在县境南部。车客合渡渡口。浮桥长215 米。1998 年 5 月开工。对缓解区域交通压力，提高利津火车站物流运力、方便社会交往，优化了黄河两岸交通路网，服务地方经济发展起着十分重要作用。

广饶县

城市道路

乐安大街 370523-K01

[Lè'ān Dàjiē]

在县城中部。东起团结路，西至青垦公路。沿线与文安路、月河路、兵圣路、孙武路、民安路、正安路、长安路、顺安路相交。长 13.1 千米，宽 50 米。沥青路面。1972 年开工，1989 年后几经拓宽改造，2007 年对长安路至东青路段拓宽改造。因广饶县古称乐安县，故名。沿途商业繁华，具有浓厚的商业气息。两侧有广饶县人民政府、乐安公园、五村遗址森林公园、广饶国际博览中心、孙子文化公园、同安医院、稻庄镇人民政府、稻庄镇实验中学、山东华鹜集团。通公交车。

孙武路 370523-K02

[Sūnwǔ Lù]

在县城中部。南起广瑞路，北至潍高路。沿线与广兴路、长安路、广码路、广泰路、迎宾路、乐安大街、花苑路、傅家路相交。长 6.6 千米，宽 43 米。沥青路面。1958 年开工，1982 年拓宽改造。以县历史名人兵圣孙武命名。沿途商业繁华，商铺林立，具有浓厚的商业气息。两侧有佳乐购物广场、新天地文化商务中心、广饶汽车站、广饶经济开发区、澳亚纺织集团、乐安集团、乐安商贸城。通公交车。

傅家路 370523-K03

[Fùjiā Lù]

在县城南部。东起文安路，西至徐楼村北。沿线与文安路、月河路、兵圣路、孙武路、民安路、正安路、长安路、国安路、顺安路、静安路相交。长 5.9 千米，宽 22 米。沥青路面。1982 年建成。因傅家村驻地而得名傅家路。沿途商业繁华，具有浓厚的商业气息。两侧有西苑植物园、春华园、秋实园、金岭国际大酒店。通公交车。

潍高路 370523-K04

[Wéigāo Lù]

在县城南部。东起广饶县城以西，西至博兴柳桥段。沿线与团结路、文安路、月河路、兵圣路、孙武路、民安路、正安路、长安路、国安路、顺安路相交。长 6千米，宽 26 米。沥青路面。1970 年始建，1971 年建成。因是潍坊至高青的公路，得名潍高路。沿途有广饶县义乌商品批发市场、广饶县汽车城，具有浓厚的商业气息。两侧有西苑植物园、春华园、秋实园、驰中集团、馨安公园、广饶县汽车总站、淄河三角林地。通公交车。

迎宾路 370523-K05

[Yíngbīn Lù]

在县城中部。东起团结路，西至博顺安路。沿线与齐安路、团结路、文安路、月河路、兵圣路、孙武路、民安路、正安路、长安路、国安路、顺安路相交。长 5.7 千米，宽 22 米。沥青路面。1982 年建成。因途经广饶宾馆，故得名迎宾路。沿途有广饶宾馆、月河路公园以及广饶县政府办公楼（旧址），政治文化氛围浓厚。两侧有广饶一中（西校区）、妇幼保健院。通公交车。

正安路 370523-K06
[Zhèng'ān Lù]

在县城中部。南起潍高路，北至广码路。沿线与广凯路、广泰路、广锦路、綦公路、迎宾路、乐安大街、广颖路、花苑路、傅家路、潍高路、广码路相交。长2.2千米，宽30米。沥青路面。2008年建成。广饶县城道路南北方向道路以广饶县曾用名乐安县的"安"居中，以嘉言开头，以"路"为通名。沿途政治文化氛围浓厚。两侧有广饶县人民政府、五村遗址森林公园、乐安公园。通公交车。

长安路 370523-K07
[Cháng'ān Lù]

在县城东部。南起孙武路，北至潍高路。沿线与孙武路、广凯路、广泰路、广锦路、綦公路、广平路、广福路、迎宾路、乐安大街、广颖路、花苑路、傅家路、潍高路、广码路相交。长6.6千米，宽26米。沥青路面。1998年建成，2008年拓宽改造。广饶县南北方向道路以广饶县曾用名乐安县的"安"居中，以嘉言开头，以"路"为通名。两侧有乐安中学、广饶县国际汽车城、县第二水厂。通公交车。

团结路 370523-K08
[Tuánjié Lù]

在县城西部。南起广瑞路，北至潍高路。沿线与广瑞路、广兴路、广达路、广凯路、广泰路、广锦路、綦公路、迎宾路、乐安大街、花苑路、潍高路相交。长5.2千米，宽30米。沥青路面。1995年路段进行拓宽改造，1999年进行改造。因中华民族自古团结友好，故命名为团结路。两侧有华龙集团、巧媳妇食品、贝斯特化工、西水塑料管业、南西苑植物园。通公交车。

月河路 370523-K09
[Yuèhé Lù]

在县城中部。南起广兴路，北至潍高路。沿线与广兴路、广达路、广凯路、广泰路、广锦路、綦公路、迎宾路、乐安大街、花苑路、潍高路相交。长4.9千米，宽30米。沥青路面。1958年建成，1987年改造为沥青路，1996年8月拓宽改造。因路像月亮形，由两条路构成，故得名月河路。两侧有乐安街道办事处、同和广场、尚能时代、广饶街道办事处、月河公园、文化广场、春华园、秋实园。通公交车。

綦公路 370523-K10
[Qígōng Lù]

在县城中部。西起齐安路，东至沾青路。沿线与齐安路、团结路、文安路、月河路、兵圣路、孙武路、民安路、正安路、泰安路、长安路、国安路、顺安路、沾青路相交。长14.5千米，宽32米。沥青路面。2000年4月26日更名为綦公路，2010年对孙武路至东青路，齐安路至月河路段进行拓宽改造，2013年月河月至孙武路进行扩宽改造。因是历史名将的故乡，故用名将綦公之名命名。两侧有中达纺织、斯泰普力高建建材等。通公交车。

兵圣路 370523-K11
[Bīngshèng Lù]

在县城中部。长4.1千米，宽20米。沥青路面。以广饶古代名人孙武的兵圣称号命名。1982年建成，1996年9月拓宽改造。通公交车。

特色街巷

关帝庙街 370523-A01-L01
[Guāndìmiào Jiē]

在广饶街道中部。长0.5千米，宽5米。

沥青路面。因沿途有全国重点文物保护单位关帝庙而得名。两侧有文化宫、图书馆、历史博物馆、文化广场、月河公园等。通公共车。

车站

广饶汽车站 370523-S01
[Guǎngráo Qìchē Zhàn]

二级长途汽车客运站。在广饶县城南部。1989年始建，1991年建成，2004年10月改扩建。该站基础设施齐全，有候车厅、服务室、微机室、行包托运及货物快运等设施。占地面积11 466平方米。该站有始发及过路240班次，营运线路78条，日均发送旅客2300人次。年客运量92万人。为广大旅客乘降、货物承运带来了极大的便利。

广饶汽车总站 370523-S02
[Guǎngráo Qìchē Zǒngzhàn]

二级长途汽车客运站。在广饶县城东南部。2005年始建，2007年建成。站内有长、短途两个发车区，包括两个售票厅、两个候车厅、22个站内发车位、三个站内停车场，日发班次300余个。站外设有出租车停车区和城乡、城市公交车停车、发车位。占地面积25 455平方米。年客运量20万人，年货运量65万吨。为广大旅客乘降、货物承运带来了极大的便利。

桥梁、立交桥

淄河大桥 370523-N01
[Zīhé Dàqiáo]

在县城东部。桥长120米，桥面宽12米，最大跨度为13米，桥下净高7米。2004年3月动工，10月20日建成。因临近淄河水库，而得名。为大型河道桥梁，上部结构为空

心板梁，下部结构为重力式墩台。担负乐安大街的交通任务，最大载重量为100吨。通公交车。

朱家桥 370523-N02
[Zhūjiā Qiáo]

在县城东部。桥长370米，桥面宽7米，最大跨度为10米，桥下净高4.5米。1968年5月1日动工，同年9月23日建成，10月1日正式通车。因桥梁临近朱家村而得名。为大型河道桥梁。上部结构为空心板梁，下部结构为重力式墩台。担负潍高路的交通任务，最大载重量为60吨。通公交车。

小清河大桥 370523-N03
[Xiǎoqīnghé Dàqiáo]

在县城北部。桥长100米，桥面宽31米，最大跨度为20米，桥下净高5米。1988年4月开工，同年10月建成。因桥梁临近小清河，故名。为大型河道桥梁。上部结构采用钢筋混凝土T型梁，下部结构采用灌注桩。担负河辛路的交通任务，最大载重量为100吨。通公交车。

聂寨桥 370523-N04
[Nièzhài Qiáo]

在县城东北部。桥长86米，桥面宽6.5米，最大跨度为10米，桥下净高6米。2007年建成。因桥梁临近聂寨村，得名聂寨桥。为中型河道桥梁。上部结构为空心板梁，下部结构为重力式墩台。担负聂寨路的交通任务，最大载重量为5吨。通公交车。

万屋桥 370523-N05
[Wànwū Qiáo]

在县城东北部。桥长123米，桥面宽6米，最大跨度为21米，桥下净高9米。1988年建成。因桥梁临近万屋村而得名。为大型河道桥梁。上部结构为双曲拱，下

部结构为重力式墩台。担负广青路的交通任务，最大载重量为 5 吨。通公交车。

刘沧大桥　370523-N06
[Liúcāng Dàqiáo]

在县城东北部。桥长 118 米，桥面宽 7 米，最大跨度为 20 米，桥下净高 13.5 米。1961 年建成。因桥梁临近刘仓村而得名。为大型河道桥梁。上部结构为空心板梁，下部结构为重力式墩台。担负万屋路的交通任务，最大载重量为 5 吨。通公交车。

李屋桥　370523-N07
[Lǐwū Qiáo]

在县城东北部。桥长 143 米，桥面宽 6 米，最大跨度为 21 米，桥下净高 13 米。1978 年建成。因桥梁临近李屋村而得名。为大型河道桥梁。上部结构为双曲拱，下部结构为重力式墩台。担负广青路的交通任务，最大载重量为 5 吨。通公交车。

小清河特大桥　370523-N08
[Xiǎoqīnghé Tèdàqiáo]

在县城东北部。桥长 840 米，桥面宽 25 米，最大跨度为 12 米，桥下净高 5 米。2008 年建成。因桥梁临近小清河而得名。为特大型河道桥梁。上部采用 22×20 米预应力混凝土空心板和 9×20 米预应力混凝土空心板，桥面连续；下部采用双柱式墩，肋板式桥台，钻孔桩基础。担负荣乌高速的交通任务，最大载重量为 120 吨。通公交车。

溢洪河桥　370523-N09
[Yìhónghé Qiáo]

在县城东北部。桥长 444 米，桥面宽 30 米，最大跨度为 20 米，桥下净高 7 米。1985 年 7 月动工，1986 年 5 月变更设计，1987 年 11 月建成。因桥梁临近溢洪河而得名。为特大型河道桥梁。上部结构为钢筋混凝土 T 型桥梁，下部采用灌注桩式桥墩及带有承台的墙式桥台，T 型梁采用橡胶支座，伸缩性桥墩采用四氟板式支座。担负永莘路的交通任务，最大载重量为 100 吨。通公交车。

支脉河大桥　370523-N10
[Zhīmàihé Dàqiáo]

在县城东北部。桥长 163 米，桥面宽 17 米，最大跨度为 20 米，桥下净高 6 米。1992 年建成。因桥梁临近支脉河，而得名。为大型河道桥梁。上部结构采用 8×20 米预应力混凝土空心板，下部结构采用桩柱式墩台、钻孔灌注桩基础，墩台处设 XF-80 型伸缩缝或桥面连续，采用球冠式橡胶支座。担负广青路的交通任务，最大载重量为 100 吨。通公交车。

支脉沟大桥　370523-N11
[Zhīmàigōu Dàqiáo]

在县城东北部。桥长 186 米，桥面宽 24.5 米，最大跨度为 20 米，桥下净高 5 米。1998 年 9 月开工，2000 年 8 月建成。因桥梁临近支脉沟而得名。为大型河道桥梁。上部结构为 L=20 米的预应力混凝土空心板，桥面连续，下部采用双柱式墩、肋板式台，墩台基础均为钻孔灌注桩基。担负新海路的交通任务，最大载重量为 120 吨。通公交车。

贾刘桥　370523-N12
[Jiǎliú Qiáo]

在县城东部。桥长 112 米，桥面宽 10 米，最大跨度为 16 米，桥下净高 6 米。2007 年建成。因桥梁临近贾刘村而得名。为大型河道桥梁。上部结构为空心板梁，下部结构为重力式墩台。担负石大路的交通任务，最大载重量为 5 吨。通公交车。

小清河郭家桥 370523-N13
[Xiǎoqīnghé Guōjiā Qiáo]

广饶城区内东部。桥长 152 米，桥面宽 7 米，最大跨度为 20 米，桥下净高 3 米。2008 年建成。因桥梁所跨临近小清河而得名。为大型河道桥梁。上部结构为空心板梁，下部结构为重力式墩台。担负河辛路的交通任务，最大载重量为 5 吨。通公交车。

新淄河大桥 370523-N14
[Xīnzīhé Dàqiáo]

在县城东部。桥长 126 米，桥面宽 24 米，最大跨度为 20 米，桥下净高 7 米。1998 年建成。因桥梁临近淄河水库而得名。为大型河道桥梁。上部结构为预应力混凝土空心板，下部结构采用双柱式墩、桩柱式台，基础均为单排钻孔灌注桩基础。担负东青路的交通任务，最大载重量为 120 吨。通公交车。

支脉沟桥 370523-N15
[Zhīmàigōu Qiáo]

在县城北部。桥长 117 米，桥面宽 7 米，最大跨度为 13 米，桥下净高 7 米。1969 年建成。因桥梁临近支脉沟而得名。为大型河道桥梁。上部结构为钢筋混凝土双曲拱，下部为钢筋混凝土灌注桩。担负新海路的交通任务，最大载重量为 100 吨。通公交车。

分洪河桥 370523-N16
[Fēnhónghé Qiáo]

在县城北部。桥长 212 米，桥面宽 30 米，最大跨度为 14 米，桥下净高 6 米。1966 年 4 月动工，同年 10 月建成，1988 年辛河路改建。因桥梁临近分洪河而得名。为大型河道桥梁。上部结构为钢筋混凝土 T 型梁微弯板，下部结构为钢筋混凝土灌注桩。担负河辛路的交通任务，最大载重量为 60 吨。通公交车。

溢洪河大桥 370523-N17
[Yìhónghé Dàqiáo]

在县城北部。桥长 212 米，桥面宽 31 米，最大跨度为 14 米，桥下净高 6 米。1988 年建成。因桥梁临近溢洪河而得名。为大型河道桥梁。上部为钢筋混凝土空心板梁，下部结构为直径 100 厘米钻孔灌注桩基。担负东青路的交通任务，最大载重量为 100 吨。通公交车。

乐安立交桥 370523-P01
[Lè'ān Lìjiāoqiáo]

在城区南部。占地面积 78 000 平方米，有两层互不交叉的不同方向的城市道路在此立体相交。最高层离地面 18.7 米。1996 年 4 月动工，同年 9 月建成。以广饶县曾用名乐安县之专名而得名。为中型、菱形立体交叉结构型式立交桥。担负城区干道交通任务。在城市交通中起到重要作用。

码头

广饶县渔港码头 370523-30-G-a01
[Guǎngráo Xiàn Yúgǎng Mǎtóu]

位于广饶县东部，所在海域为渤海莱州湾畔。为渔港码头。一期工程于 1988 年 4 月批准建设施工，二期工程于 1999 年 11 月批准建设施工。港池南北长 500 米，东西平均宽 500 米，水域可利用面积 3 万平方米，陆域可利用面积 2 万平方米，航道长 1 余千米，平均底宽 8 米。港区现有大小码头群 3 处。码头长 100 米，200 个泊位，每泊位长 50 米，宽 20 米，可停靠 3 艘 5 吨级船和 5 艘 6 吨级船。货场面积 900 平方米，年鱼货卸港量在 50 万吨以上。常年靠泊在支脉河渔港的渔船 20 艘左右。年货运量 50 万吨，岸线长 3 千米，平均水深 5 米，最大水深 9 米。方便了渔船的进出、装卸和渔民的日常生活。有公路经此。

四 自然地理实体

东营市

平原

华北平原 370500-21-A01
[Huáběi Píngyuán]

东临渤海、黄海，西靠太行山山脉，南邻长江中下游平原，北靠燕山山脉。总面积约31万平方千米，其中东营市境内8 243平方千米。华北平原因位于中华民族发祥地中原地区的北部而得名。东营区境内主要河流有黄河、支脉河、广利河、广蒲河、褚官河、太平河、草桥沟、神仙沟、黄河故道等。为暖温带季风型大陆性气候。土壤主要潮土、盐土。属于暖温带落叶阔叶林区，自然植被以草本为主体，植被类型少，结构单一。华北平原在东营市境内的社会文化主要有海洋文化、移民文化、垦荒文化、红色文化、石油文化、吕剧文化等。东营市石油天然气、海洋等资源丰富，正在开发建设，土特产品主要有黄河口刀鱼、龙居丸子、史口烧鸡、双王刀具、大吉布雕、益母草、利津水煎包等。东营市境内通多条国道和省道以及航运线路。

鲁北平原 370500-21-A02
[Lǔběi Píngyuán]

东临渤海，西邻河北省、河南省，南临黄河、小清河，北邻河北省。东营市境内面积8 243平方千米。因位于山东省北部而得名。山东省，简称鲁，因在山东北部故名鲁北平原。东营市境内主要河流有黄河、支脉河、广利河、褚官河、草桥沟、神仙沟、黄河故道等。为暖温带季风型大陆性气候。土壤主要潮土、盐土。属于暖温带落叶阔叶林区，自然植被以草本为主体，植被类型少，结构单一。鲁北平原在东营市境内的社会文化主要有海洋文化、移民文化、垦荒文化、红色文化、石油文化等。东营市石油天然气、海洋等资源丰富，正在开发建设，东营市境内土特产品主要有利津水煎包、军马场酒、史口烧鸡、龙居丸子、冬枣、东方对虾、三疣梭子蟹、黄河口刀鱼、益母草、文蛤、烧鸡、肴兔等。东营市境内通多条国道和省道以及航运线路。

河流

黄河 370500-22-A-a01
[Huáng Hé]

外流河。省境北部。因水色浑黄而得名。在古籍中最早称"河"，《汉书》中始有黄河之称。发源于青藏高原巴颜喀拉山北麓的约古宗列盆地，自西向东分别流经青海、四川、甘肃、宁夏、内蒙古、陕西、山西、河南及山东9个省（自治区），最后流入渤海。全长约5 464千米，其流域面积约752 443平方千米。河水夹带到下游的泥沙总量，平均每年超过16亿吨，其中有12亿吨流入大海，剩下4亿吨长年留在黄河下游，形成冲积平原，有利于种植。黄河是中华文明最主要的发源地，中国人称其为"母亲河"。黄河流域有肥原沃土，物产丰富，山川壮丽，居民几占中国总人口四分之一，耕地则约占全国4成。黄河源流段从星宿海至青海贵德，上游段自贵德至江西省河口镇，中游段从河口镇到河南孟津，下游段自孟津到山东利津县注入渤海。主要支流有汾河、洮河、渭河等。

广利河 370500-22-A-a02
[Guǎnglì Hé]

外流河。在市境中部。因从利津开挖，至广饶入海，取两县首字命名，故称广利河。发源地为山东省垦利区胜坨镇新张村，流经东营市东、西城区，经广利港入海。全长54千米。流域面积510平方千米，流量为3.0~85.0立方米/秒。沿线社会文化主要有移民文化、垦荒文化、海洋文化等。经过扩大治理，广利河现已成为东营市中心城区的骨干防洪河道。经济价值主要是排涝泄洪。主要支流有五六干合排、老广蒲沟、溢洪河。

溢洪河 370500-22-A-a03
[Yìhóng Hé]

外流河。在市境中部。溢洪河是一条集防洪、防凌、排涝于一体的河道，故名溢洪河。发源于黄河南展堤外侧、垦利县崔家村以西。向东经垦利县城后，穿东青高速、北外环，在东风桥进入东营区，穿东八路后，在明港闸下游与广利河汇合，最终经广利港入海。全长48.66千米，东营区境内长12.02千米，河底宽10.5~50米。流域面积353.76平方千米，设计流量25.7~100立方米/秒。是一条集防洪、防凌、排涝于一体的河道。

马新河 370500-22-A-a04
[Mǎxīn Hé]

外流河。在市境西北部。1972年开挖，自当时马营公社（现为沾化县下河乡）至新户公社（现为河口区新户镇）入海，取

当时起止点公社名称首字，称马新河。发源于山东省利津县利津街道太平村，向北经盐窝镇小苟、大苟、刘官斗、大赵、洋江村西，于利国乡裴家南2千米处入沾化县境内，于东营市河口区新户镇龙王村南入河口境内注入渤海湾。全长55.6千米，宽52米。流域面积275平方千米，径流量为204立方米/秒。沿线社会文化主要有垦荒文化、海洋文化、移民文化等。河道主要功能为排涝、泄洪、灌溉、生产生活用水。

黄河故道 370500-22-A-a05
[Huánghé Gùdào]

外流河。在市境西北部。因是黄河旧河道而得名。发源于利津县陈庄镇一千二村。河口区内流经孤岛镇、仙河镇、山东黄河三角洲自然保护区，最终流入渤海湾。全长52千米，宽度为110米。流域面积为66平方千米，泄洪流量416~5 280立方米/秒。沿线社会文化主要有垦荒文化、海洋文化、移民文化、石油文化等。河道功能主要为黄河的备用河道，还有排涝、泄洪、灌溉、生产生活用水的功能。

神仙沟 370500-22-A-a06
[Shénxiān Gōu]

外流河。在市境西北部。因河水随风向而有规律性变化，刮东北风或东风时水变为咸水，其他风向时为甜水，故称为神仙沟。发源于垦利县黄河口镇黄河以北军马场。流经地区为垦利县、河口区。在河口区仙河镇东营港南侧注入渤海。全长55千米，宽度为48米。流域面积375平方千米，防洪流量为25立方米/秒。沿线社会文化主要有黄河文化、石油文化、海洋文化等。河道功能主要为排涝、泄洪。主要支流有新卫东河、红旗渠。

沾利河　370500-22-A-a07

[Zhānlì Hé]

外流河。在市境西北部。因河道跨沾化、利津两县，取两政区首字命名为沾利河。发源于利津县利津街道韩大庄村，在利津街道太平庄西南部与太平河交汇，自湾湾沟入海。全长 60 千米，宽 45 米。流域面积 394 平方千米，防洪流量 89 立方米 / 秒。泥沙含量较大。沿线社会文化主要有垦荒文化、海洋文化、移民文化等。河道主要功能为排涝、泄洪、灌溉、生产生活用水。

草桥沟　370500-22-A-a08

[Cǎoqiáo Gōu]

外流河。在市境西北部。原为一条自然河沟，因人们为过沟，用树枝和杂草垫一小道，得名草道沟子，后有人在此用树枝和杂草搭一小桥，得名草桥沟。发源于利津县盐窝镇永阜西村，流经流经六合街道、河口街道，在河口区刘坨村北注入渤海湾。全长 49 千米，宽 47 米。流域面积 472 平方千米，防洪流量 132 立方米 / 秒。为季节性河流，泥沙含量较大。沿线社会文化主要有垦荒文化、海洋文化、移民文化等。河道功能主要为排涝、泄洪。支流主要有草桥沟西干流、郭河。

挑河　370500-22-A-a09

[Tiāo Hé]

外流河。在市境西北部。为 1975 年人工开挖而成因挖河，故取名挑河。发源于利津县陈庄镇薄扣村，经利津县汀罗镇进入河口区，流经河口区六合街道、河口街道，于利津县刁口乡陈玉芬屋子老挑河流入渤海。全长 32.62 千米，河道平均宽度 50 米，流域面积 503.4 平方千米，径流量为 138.9 立方米 / 秒。沿线社会文化主要有垦荒文化、海洋文化、移民文化、石油文化等。河道

主要功能为排涝、灌溉、生产生活用水。主要支流有羊栏河、挑河二支。

三角洲

黄河三角洲　370500-22-C01

[Huánghé Sānjiǎozhōu]

在省境北部，市境北部。总面积约 5 400 平方千米，东营市境内 5 200 平方千米。以形成三角洲的河流名称而得名。境内资源丰富，主要有卤水、油气、地热、岩盐、湿地等，其中油气、卤水开发较大，地热少有利用，岩盐还未开发，湿地资源正在得到有效保护和修复。社会文化主要有海洋文化、移民文化、垦荒文化、红色文化、石油文化等。经济以石油化工、海水养殖、盐化工业为主，开发利用较为广泛。境内主要河流有黄河、潮河、马新河、沾利河、草桥沟、神仙沟、黄河故道等，为暖温带季风型大陆性气候，近海地区土壤含盐量较高，以滨海潮盐土为主，林木分布受到土壤、地形限制，以致植物种类贫乏，植被类型单纯，顶极群落主要为盐化草甸和一年生盐生植物群落。通多条国道和省道以及航运线路。

海

渤海　370500-23-A01

[Bó Hǎi]

位于中国东部北端，东营市东部。因海水涨落而得名。东西宽约 346 千米，南北长约 550 千米。平均深度 18 米。冬季除秦皇岛和葫芦岛外，沿岸大都冰冻。渤海地处北温带，海水盐度为 30‰。渤海沿岸江河纵横，湿地生物种类繁多，植物有芦苇，水葱，碱蓬，三棱藨草和藻类等。浅水区营养盐丰富，饵料生物繁多，是经济鱼，虾，

蟹类的产卵场，育幼场和索饵场。东营市在渤海沿海海域，建有东营港、中心渔港、新户渔港、广利渔港、广利海港、刁口渔港，在近海海域开发石油、天然气以及进行海水养殖、海产捕捞。

海湾

渤海湾 370500-23-B01
[Bóhǎi Wān]

在市境东部。因所在海域而得名。面积 15 900 平方千米，平均水深 12.5 米。冬季沿岸大都冰冻。渤海沿岸江河纵横，湿地生物种类繁多，植物有芦苇，水葱，碱蓬，三棱藨草和藻类等。河口浅水区营养盐丰富，饵料生物繁多，是经济鱼，虾，蟹类的产卵场，育幼场和索饵场。东营市在渤海湾，建有东营港、中心渔港、新户渔港、刁口渔港，在近海海域开发石油、天然气以及进行海水养殖、海产捕捞。

莱州湾 370500-23-B02
[Láizhōu Wān]

在市境东部。因海湾沿岸所在行政区而得名。面积 6 966.93 平方千米。平均深度为 10 米，冬季结冰，冰厚约 15 厘米。夏季平均水温为 27 摄氏度，冬季平均水温为 6 摄氏度。是山东省重要渔盐生产基地。水质肥沃，盛产蟹、蛤、毛虾及海盐等，为渤海主要渔场。湾内卤水资源丰富，是重点产盐区。湾内有石油和天然气蕴藏。东营市境沿岸有广利河渔港，为东营市重要港口。在近海海域有石油开发、海产捕捞等。

东营区

河流

支脉河 370502-22-A-a01
[Zhīmài Hé]

外流河，人工河道。在省境北部，市境南部。原名支脉沟，1965 年扩大治理后改名为支脉河，因位于黄河与小清河之间而得名。发源于高青县西部黄河南大堤下吉池沟东，流经高青、博兴、广饶县，注入广利河，最终流入渤海。全长 134.6 千米，东营区 17 千米，宽度约 100 米。流域面积 3 382 平方千米，流量平均 110 立方米/秒。沿线社会文化主要有移民文化、垦荒文化、吕剧文化、红色文化、农耕文化等。支脉河下游可通航 20 吨左右的船只。入海口盛产鱼虾，是广饶县的水产基地。是一条防洪除涝、灌溉综合利用河道，对于博兴中部居民的生产生活具有重要作用。东营区主要支流有武家大沟。

武家大沟 370502-22-A-a02
[Wǔjiā Dàgōu]

外流河。在市境南部。因所在政区而得名。发源于东范村南流经牛庄镇、六户镇，流入广利河，最终流入渤海。全长 31.4 千米，境内长 22.5 千米，河底宽 2.5~19 米，流域面积 117 平方千米。排涝能力为 11~55.6 立方米/秒。沿线社会文化有吕剧文化。主要作用是削减支脉河洪水，承泄支脉河和打渔张灌区四干渠之间的积水，对于沿线灌溉和排涝意义重大。

广蒲河 370502-22-A-a03
[Guǎngpú Hé]

外流河。在市境中部。因河流流经广饶县、蒲台县（现已撤销），以两县首字命名为"广蒲河"。发源于龙居镇黄河南展区大孙排水闸，流经龙居、史口、六户3镇，下游同武家大沟汇流后入支脉河，最终流入渤海。全长45.5千米，宽35~40米，流域面积280平方千米，最大流量67立方米/秒。沿线社会文化有吕剧文化，垦荒文化。广蒲河是东营区境内最重要的一条农业排水河道，担负着两岸农田和部分中心城区的排涝任务。

海洋岛屿

广利岛 370502-23-D01
[Guǎnglì Dǎo]

冲积岛。属六户镇管辖。东经118°50′34.91″，北纬37°24′12.89″。位于六户镇东部，广利河入海口处。面积为0.15平方千米。以所在河流命名。最大水流量67立方米/秒，属暖温带季风气候，多风、日照充足，土岩类型为松土，沙泥质，易受海水侵蚀，岛上植被繁茂，是鸟类良好的栖息繁育场所。广利岛为可适度利用的旅游娱乐用岛，主要保护海岛生态系统和地形地貌，重点开展休闲旅游。有公路经此。

河口区

河流

潮河 370503-22-A-a01
[Cháo Hé]

外流河。在区境西部。因下游经洼拉沟、顺江沟等潮沟子汇入渤海湾，大小海潮都顺河而上，得名潮河。发源于滨州市滨城区滨北街道单家村。在河口区内流经新户镇，注入渤海湾。全长75.47千米，河口区境内长24.5千米，宽102米。流域面积1 408平方千米，排涝流量183.7立方米/秒，防洪流量200立方米/秒。沿线社会文化主要有石油文化、垦荒文化、海洋文化、移民文化等。河道主要功能为排涝、泄洪。主要支流有褚官河。

滨海大道绿色生态河 370503-22-A-a02
[Bīnhǎidàdào Lǜsèshēngtài Hé]

外流河。在区境北部。因北靠滨海大道而得名。发源于潮河，流经新户镇、义和镇、河口街道，汇入挑河。全长36.5千米，河道平均宽度50米。流域面积317.53平方千米，径流量为10.7立方米/秒。滨海大道绿色生态河是集防洪、排涝、改碱、防渗、景观为一体的排碱河道。

郭河 370503-22-A-a03
[Guō Hé]

外流河。在区境西南部。因年久失修，水源枯竭，人称枯河，因"枯"地方方言谐音"郭"，后称郭河。发源于新华村东北王庄二干，流经义和镇、河口街道，南起河口区义和镇五一村，经六顷东、五村东，穿三合村在经四扣西、东劝村东北汇入草桥沟。全长32千米，河道平均宽度25米，流域面积85.7平方千米。主要用于农田排水。

新卫东河 370503-22-A-a04
[Xīnwèidōng Hé]

外流河。在区境东部。因和老卫东河发源于同一处，为区别于老卫东河，取名新卫东河。发源于孤岛镇光明路排水沟，向东经孤东水库东北侧折向北，于神仙沟强排站处自流汇入神仙沟。全长19.78千米，河道平均宽度40米。流域面积90.4平方千米，排涝流量44立方米/秒。该河道承担着神仙沟以东区域的雨水和生活污水排放任务。

王集干沟 370503-22-A-a05
[Wángjí Gàngōu]

外流河。在区境西部。因流经王集村而得名。发源于义和镇五一村，流经六合街道裕民村，顺潮沟子入海。全长 27 千米。流域面积 104 平方千米，泄洪流量 38.92 立方米 / 秒。河流沿岸向两侧发展林果业，形成了高效林果产业布局。主要用于农田排水。

海湾

潮河海湾 370503-23-B01
[Cháohé Hǎiwān]

位于东营市河口区新户镇西北 12 千米处。因所在河流名称而得名。面积约 2 平方千米。平均水深 2 米。冬季随着气温下降进入 12 月中旬，入海口滩涂会出现冰层。湾内有码头和其他附属设施，遇有风浪常有当地和外地渔船在此停泊避风。该海湾为一般性河流入海口，周边多为海水养殖基地。

海洋岛屿

仙河镇东岛 370503-23-D01
[Xiānhé Zhèn Dōngdǎo]

冲积岛。属仙河镇管辖。东经 118°59′10″，北纬 37°58′55″。位于东营市河口区仙河镇以东，渤海海域。面积约 5 000 平方米。因所在政区而得名。土岩类型属于泥沙，岛上植被保护良好，周边为浅海滩。该岛没有开发利用，四周有海水养殖基地。海岛外围为胜利油田建设水坝，该岛为连陆岛，有一条油田修建水泥路与陆地相连。

贝壳岛 370503-23-D0 2
[Bèiké Dǎo]

冲积岛。属仙河镇管辖。东经 118°57′20″，北纬 38°00′34″。位于东营市河口区仙河镇以东，渤海海域。面积约 0.6 平方千米。岛上有大量贝壳而得名。土岩类型属于泥沙，岛上植被保护良好。该岛没有进行开发，该岛四周为海水养殖基地。海岛周围是晒卤池。有公路经此。

月牙贝壳岛 370503-23-D03
[Yuèyábèiké Dǎo]

冲积岛。属仙河镇管辖。东经 118°16′16″，北纬 38°6′37″。位于东营市河口区新户镇以北，渤海海域。面积约 4 平方千米。因岛上有大量贝壳，岛形似贝壳而得名。土岩类型属于泥沙，海岛周围为泥潭地，岛上植被为翅碱蓬。该岛没有开发利用，四周为海水养殖基地。

丁王岛 370503-23-D04
[Dīngwáng Dǎo]

冲积岛。属新户镇管辖。东经 118°11′，北纬 38°06′。位于东营市河口区新户镇丁王村西北 11 千米处，渤海海域。面积约 0.1 平方千米。因所在政区而得名。地势平坦，平均海拔 1 米，最高处 3 米，土质盐碱。岛上野生植物有黄须菜、谷莠子。岛上有油井 1 口。有公路经此。

新户岛 370503-23-D05
[Xīnhù Dǎo]

冲积岛。属新户镇管辖。东经 118°17′，北纬 38°03′。位于东营市河口区新户镇新户村北 6.5 千米处，渤海海域。面积约 0.2 平方千米。因所在政区而得名。地势平坦，平均海拔 1 米，土质盐碱，岛上野生植物有黄蓿菜。有公路经此。

新户东岛 370503-23-D06
[Xīnhù Dōngdǎo]

冲积岛。属新户镇管辖。东经 118°18′，北纬38°03′。位于东营市河口区新户镇新户村东北8千米处，渤海海域。面积约0.2平方千米。因所在政区和位置而得名。地势平坦，平均海拔1.5米，土质盐碱，岛上野生植物有芦苇、黄蓿菜。贝类资源丰富。有公路经此。

郭局岛 370503-23-D07
[Guōjú Dǎo]

冲积岛。属新户镇管辖。东经118°22′，北纬38°06′。位于东营市河口区新户镇郭局村北9千米处，渤海海域。面积约1.1平方千米。因所在政区而得名。地势平坦，土质盐碱，岛上野生植物有柽柳、黄须菜、芦苇等。周围海域鱼虾类繁多。有公路经此。

挑河岛 370503-23-D08
[Tiāohé Dǎo]

冲积岛。属新户镇管辖。东经118°36′，北纬38°07′。位于东营市河口区新户镇挑河入海口北30米处，渤海海域。面积约1.7平方千米。因所在政区而得名。地势平坦，土质盐碱。岛上蟹、贝类资源丰富。有公路经此。

挑河东岛 370503-23-D09
[Tiāohé Dōngdǎo]

冲积岛。属新户镇管辖。东经118°37′，北纬38°08′。位于东营市河口区新户镇挑河岛东部，渤海海域。面积约19.25万平方米。因所在政区和位置而得名。地势平坦，土质盐碱。岛上蟹、贝类资源丰富。有公路经此。

刁口岛 370503-23-D10
[Diāokǒu Dǎo]

冲积岛。属仙河镇管辖。东经118°40′，北纬38°06′。位于东营市河口区仙河镇东北部，刁口河入海口北部，渤海海域。面积

约0.02平方千米。因在刁口河入海口而得名。地势平坦，土质盐碱。该岛屿遇潮没于水中。有公路经此。

刁口东岛 370503-23-D11
[Diāokǒu Dōngdǎo]

冲积岛。属仙河镇管辖。东经118°41′，北纬38°08′。位于东营市河口区仙河镇东北部，刁口岛东部，渤海海域。面积约0.1平方千米。因所在政区和位置而得名。地势平坦，土质盐碱，该岛屿遇潮没于水中。岛上蟹、贝类资源丰富。有公路经此。

烟斗岛 370503-23-D12
[Yāndǒu Dǎo]

冲积岛。属仙河镇管辖。东经118°47′，北纬38°09′。位于东营市河口区仙河镇黄河故道西北部，渤海海域。面积约0.2平方千米。因形似烟斗而命名。地势平坦，土质盐碱。岛上鱼虾蟹贝资源丰富。有公路经此。

五号桩岛 370503-23-D13
[Wǔhàozhuāng Dǎo]

冲积岛。属仙河镇管辖。东经118°57′，北纬38°04′。位于东营市河口区仙河镇五号桩北，黄河故道入海口东部，渤海海域。面积约0.1平方千米。因近于五号桩而得名。地势平坦，土质盐碱。有公路经此。

利津县

海洋岛屿

埕口岛 370522-23-D01
[Chéngkǒu Dǎo]

冲积岛。属刁口乡管辖。东经118°626′，北纬38°110′。在县境北部。面积713平方米。因此岛在刁口乡埕子口而得名。相对高程1.5

米。岛上土质多为泥沙淤积，岛上植被繁茂，覆盖率达90%。岛上贝类资源丰富。有航运线路经此。

广饶县

河流

小清河 370523-22-A-a01
[Xiǎoqīng Hé]

外流河。省境中北部，县境中部。因别于大清河，故名。金天会八年（1130），大齐王刘豫导洛水，筑堰于历城华山之南，拥水东流后，始称小清河。发源于济南市南部山区及济南诸泉，向东北流经济南市区及章丘市、邹平县、高青县、桓台县、博兴县、广饶县，至寿光市羊角沟注入渤海。全长237千米，宽38~80米。流域面积10 572平方千米，防洪流量360立方米/秒。历史上沿河涝灾频繁。1949年后，相继进行了较大规模的疏浚复堤和切滩分洪、滞洪及上游水库蓄水工程。沿河建柴庄、水牛韩、金家埝、金家桥、浒山、贾刘、利群等节制闸及船闸，中游兴建了青沙湖滞洪区和金家北分洪道工程，并建了太河等大中型水库蓄水工程，对主要支流进行了初步治理，基本控制了小清河洪水威胁。1985年全河渠化工程竣工（包括港口和桥涵建设），航道达6级标准，可常年通航。两岸堤防全长448.7千米（包括分洪道左堤），防洪能力500立方米/秒，排涝能力200立方米/秒。主要支流有巨野河、绣江河、杏花沟、孝妇河、淄河等。

淄河 370523-22-A-a02
[Zī Hé]

外流河，小清河支流。在省境中北部，县境南部。西周时称淄水，秦代称菑水，当时汇入济水。东汉时复称淄水，下游曾穿巨淀湖后注入渤海，直至南宋时始入小清河。《史记正义·括地志》载："俗传云：禹理水功毕，土石黑，数里之中，波若漆，故谓之淄水也"，今称淄河。淄河源头有二，主流发源于莱芜大英章村附近海拔631米无名高地，另一源在博山区池上镇鲁山北麓。经莱芜市、淄博市博山区和淄川区、青州市、淄博市临淄区、东营市广饶县等，于广饶县大营村北入小清河。全长141.5千米，河槽宽200~800米，流域面积1 521平方千米，最大流量2 030立方米/秒。上游潜流时出地表，因其河床沿山坡断裂层伸延，多渗漏，故有"淄河十八漏"之说。河底多为沙、卵石。上、中游经中低山区和丘陵区，下游段流经平原，无支流汇入。淄河雨季水势汹涌丰溢，旱季时断时流。沿河村庄多以发展种植业、旅游业为主。河道干流及各支流部分河段现建有拦砂、拦水坝及桥梁等工程，起到滞洪、拦砂、蓄水和交通的作用，是一条具排洪、灌溉作用的中型河道。有峨庄支流、田庄支流、幸福支流、聚峰支流、黑山支流、余粮支流等。

织女河 370523-22-A-a03
[Zhīnǚ Hé]

外流河。位于县境东南部。据《嘉靖青州府志》载：女水出鼎足山一名汝水。流经齐桓公与其女之冢侧，故名为女水，亦称裙带河，又称织女河。其源头有二，一是发源于临淄鼎足山下，另一源头在青州市夹涧村南。自青州市彭家庄北入广饶县境内，流经大王镇吴家村、稻庄镇东水磨村东入寿光市，注入淄河。全长48千米，宽30~70米。流域面积343平方千米。行洪能力50立方米/秒。建有桥闸等建筑物8座。是一条防洪除涝、灌溉综合利用河道。主要支流为备战河。

预备河 370523-22-A-a04
[Yùbèi Hé]

内流河。在县境北部。为治理小清河以南的涝灾，在该段小清河水顶托的情况下，排该地的水起小清河排涝的预备作用，故命名为预备河。发源于博兴县麻大湖，在广饶县乐安街道北贾村入县境，流经大营、小营村汇入淄河。全长 42.5 千米，河底宽 10~15 米，流域面积 113 平方千米，夏七大闸以上径流量 40 立方米/秒，以下 80 立方米/秒。汛期是每年的 6~9 月。该河河道上有华沟节制闸、崔家进水闸等建筑物。水质状况为污水 V 类。为引黄蓄水补源工程、南水北调工程主要引水渠道，也是控制和保持沿线湖区生产水位的主要控制点。主要支流有永红沟等。

塌河 370523-22-A-a05
[Tā Hé]

外流河。在县境东部。全长 28.7 千米，河底宽 40~60 米，排洪流量 70 立方米/秒。为广饶境内行洪排涝的重要河道。

五　名胜古迹、纪念地和旅游地

东营市

自然保护区

山东黄河三角洲自然保护区

370500-50-E-a01

[Shāndōng Huánghé Sānjiǎozhōu Zìránbǎohùqū]

　　在市境东北部。位于渤海之滨，山东省东营市境内，新、老黄河入海口两侧。总面积15.3万公顷，其中陆地面积82 700公顷，潮间带面积38 250公顷，低潮时负3米浅海面积32 050公顷。因所处地理位置及性质而得名。自然保护区的土地是黄河近百年来携带大量泥沙填充渤海凹陷成陆的海相沉积平原，地势平坦宽广，东西比降1：10 000左右，潜水位小于2米，矿化度10～20毫升/升，土壤为隐域性潮土和盐土土类。降水量551.6毫米，蒸发量1 928.2毫米，气候为暖温带季风型大陆性气候。1992年经国务院批准建立的国家级自然保护区，设一千二、黄河口、大汶流三个管理站。2013年10月，被正式列入国际重要湿地名录。主要保护对象为新生湿地生态系统和珍稀濒危鸟类。保护区内动物可分为陆生动物生态群和海洋动物生态群，共记录野生动物1 524种。有各类植物393种（含变种）。科研价值主要是保护湿地生态、研究林种基因、稳定黄河、改良土地等。有公路经此。

东营区

纪念地

牛庄烈士祠　370502-50-A-b01

[Niúzhuāng Lièshìcí]

　　位于东营市东营区牛庄镇东隋村内。因所在地乡镇名得名。1944年始建，1945年竣工。为华北地区最早的革命烈士纪念祠之一，系原渤海区党政军民为悼念抗日烈士所做出的巨大牺牲和卓越贡献而修建，祠内共刻有3 914名抗日烈士的英名。为山东省省级爱国主义教育基地。为全区中小学生提供爱国主义教育。228省道经此。

重点文物保护单位

刘集遗址　370502-50-B-c01

[Liújí Yízhǐ]

　　位于东营市东营区史口镇刘一村西北部。因位于刘集村得名。2006年5月发掘。从采集文物标本来看，商周文化堆积最为丰富，其次是汉代文化堆积，前后延续时间较长，为一处商周至汉代时期的古文化遗址，将东营区的历史向前推进到3000多年前。2012年5月被批准为市级文物保护单位。有公路经此。

刘集祠堂 370502-50-B-c02

[Liújí Cítáng]

位于东营区史口镇刘二村内。因位于刘集村得名。据《刘集村志》记载，该祠堂建于清嘉庆年间（1810）。祠堂坐南朝北，共三间，砖木结构，里边用土坯，外用灰砖，当时称里生外熟，硬山脊，前出廊，四梁八柱，窗户两个。当时门楼建筑十分壮观，大门是木制门，大门左右各有一石狮，"文革"期间遭破坏，现只存北屋3间，在本地现存祠堂比较少见，具有一定的保护价值。2012年7月被批准为市级文物保护单位。有公路经此。

万家村曲氏祠堂 370502-50-B-c03

[Wànjiācūn Qūshì Cítáng]

位于东营区史口镇万家村。因曲氏族人所建而得名。1882年，由村民曲朝忠为首的曲氏家族集资所建。修建完工时有北屋3间，东屋2间，大门1个，门东留一小门，屋顶是老布瓦，四角雕有张口兽，屋脊为哈巴狗，门窗全部木制。门楼建筑前后厦，木制大门，大门左右各有一石狮。后在"文革"期间遭破坏，现只存3间北屋，面阔10.3米，进深5.5米，砖木结构，硬山脊，青砖灰瓦，屋门前出檐，四梁八柱，有屋门1个，窗户2个。体现当地历史文化风俗，具有一定的保护价值。2014年5月被批准为市级文物保护单位。有公路经此。

胜利油田功勋井 370502-50-B-c04

[Shènglìyóutián Gōngxūnjǐng]

位于东营市东营区中北部。因其历史贡献而得名。包括华八井、营二井、坨十一井，其中华八井于1961年2月26日开钻，同年4月1日提前完钻。1992年9月，因特高含水停产。营二井于1962年3月23日开钻，拉开了山东和华北地区找油找气的序幕。1976年8月10日，因高含水关停。坨十一井于1965年1月25日试喷，经过油井转水井、水井转油井。实现了华北地区找油零的突破，并以日产1134吨的高产油流冲开了详探胜利村的序幕，进而促成了全国第二大油田——胜利油田的诞生。华八井、营二井、坨十一井三口功勋井是油田艰苦创业、改革创新、科学持续发展和东营市因油而建、因油而兴辉煌历程的历史见证，是传承弘扬石油石化优良传统、培育践行胜利精神的载体阵地，是擦亮胜利品牌形象的重要文化名片。通公交车。

北辛盐业遗址 370502-50-B-c05

[Běixīn Yányè Yízhǐ]

位于东营区六户镇北辛村东南部。因位于北辛村得名。为商代遗址。经专家现场调查发现，地表散落着大量的陶器文物标本以及少量宋金、清时期的瓷片。该盐业遗址面积较大，保存较好，与我市同时期的南河崖盐业遗址群、刘家遗址、刘集遗址具有很大的关联性，对研究我国的制盐历史及渤海海岸线的变迁等具有重要意义。有公路经此。

重要景点和一般名胜古迹

龙居黄河森林旅游区 370502-50-D-a01

[Lóngjū Huánghé Sēnlín Lǚyóuqū]

位于山东省东营市东营区龙居镇黄河南展区。因所在地理实体名称而得名。旅游区依托龙居生态林场建设，东起黄河南展堤，西至黄河河道，南起博兴县界，北至五干渠。面积4.1万亩。主要有龙栖湿地公园、桃花岛、滑雪场等景点。龙栖湿地公园，长度4.3千米，用地面积约173.3公顷。湿地公园是龙居生态林场休闲旅游的重要组成部分，整合森林、湿地、文化资源，突出龙文化、宋文化滨水休闲娱乐和滨水休闲体验项目。通过建设景区，深入挖掘旅游文化，发展旅游经济，丰富市民生活，增长市民知识，提升市民文化素质。2003年3月被评为国家AAA级旅游景区。通公交车。

黄河三角洲动物园 370502-50-D-a02

[Huánghé Sānjiǎozhōu Dòngwùyuán]

位于山东省东营市东营区天目山路南段西侧。以工作性质和所在地理实体名称命名为黄河三角洲动物园。东起天目山路，西至庐山路，南起南二路，北至黄河路。建设面积约1 000亩。园区分为迎宾广场、欢乐部落、动物展示区、游乐场以及主题餐厅等功能片区。其中，动物展示区饲养有金虎、长颈鹿、白犀、环尾狐猴等珍稀野生动物100多种，数量达千余只。游乐场有过山车、大摆锤等大型惊险刺激类游乐设备以及大青虫、泡泡球馆等亲子类设备，可满足不同人群的游乐需求。为进一步丰富园区旅游资源，园区还先后引进了"海洋馆""日光猿军团猿剧场"等观赏体验项目。黄河三角洲动物园是目前黄三角地区规模最大的集野生动物观赏与保护、科普教育、休闲娱乐为一体的综合性城市动物乐园，也是东营市区乃至周边地区居民旅游观光的一个重要旅游目的地。2014年11月被评为国家AAA级旅游景区。通公交车。

胜利油田科技展览中心 370502-50-D-a03

[Shènglìyóutián Kējì Zhǎnlǎn Zhōngxīn]

位于济南路67号。以企业及使用单位的类型得名胜利油田科技展览中心。在西四路以东，济南路以北，胜泰路以南，宾平街以东。占地面积15 000平方米，建筑面积6 600平方米。2000年开馆。是一个集石油地质、科技博物鉴赏、科技科普展览、科技成果演示、技术、知识、文化交流和休闲赏识于一体的综合性活动场所。有三个展厅：油田发展史厅、勘探开发厅和科技成就厅。现已成为集博物、演示、展览、休闲于一体的高品位的旅游景点。2001年7月被评为国家AAA级旅游景区。通公交车。

东营区华林庄园 370502-50-D-a04

[Dōngyíng Qū Huálín Zhuāngyuán]

位于山东省东营市东营区六户镇北部。以公司名称及用途而得名。北起南二路南到工字路，东起东青高速公路西至繁荣路。占地面积2 200亩。景区主要包括八个功能区域。水上乐园：有水岸特色餐厅、荷花池、木栈道长廊、周边绿化垂钓台、游船、甲鱼繁育温室和养殖温室大棚、淡水养殖等。水岸特色餐饮区：推出景区特有的"三美"——甲鱼、土鸡和鱼尾。无公害蔬菜生产区：占地面积300亩，主要产出独有特色的果蔬供游客自行采摘。公益性文化园林：占地200亩，划分为青年林、巾帼林、爱情林、亲子林四大区块。绿色林果采摘园：占地面积200余亩，种植核桃、樱桃、杏、柿子、葡萄、冬枣等10多个果树品种。通过景区建设，深入挖掘旅游文化，发展旅游经济，丰富市民生活，增长市民知识，提升市民文化素质。2011年被评为国家AAA级旅游景区。通多路公交车。

东营园博园 370502-50-C-a05

[Dōngyíng Yuánbóyuán]

位于山东省东营市东营区金湖银河生态工程前期规划的郊野公园内。因彰显了"水在城中，城在水中"而得名山东省园博会园博园。南起园博路，北至中心岛，西起东三路河东岸，东至新博路。总占地面积98公顷，其中绿化面积73万平方米，道路及广场铺装15.8万平方米,建筑面积2.7万平方米,水体面积2.9万平方米。东营园博园是黄河三角洲地区规模最大的集自然景观和人文景观为一体的综合性城市生态公园。园区建设各类展园30余个,包括城市展园17个,县区展园5个,企业展园10个,设计师展园1个,国际展园1个,游客服务中心2个。公园整体突出展示山东省17城市的历史、文化、园林艺术和技术水平,在融入齐鲁文化的精华,集中体现了各市的人文特色和文化底蕴,是对外展示和宣传各地市的园林文化、特色景观,是全省17城市自然与文化的缩影。2014年9月被评为国家AAA级旅游景区。通公交车。

东营万象游乐园 370502-50-D-a06
[Dōngyíng Wànxiàng Yóulèyuán]

位于山东省东营市东营区城区中部。"万象"二字,取自成语"包罗万象",形容娱乐内容丰富,应有尽有。东起荣乌高速,西到天目山路,南起万象喜糖大酒店,北到新泰路。占地面积80亩。东营万象游乐园是东营市最大的专业游乐园。通过建设景区和深入挖掘旅游文化,发展旅游经济,丰富市民生活,增长市民知识,提升市民文化素质。2014年12月被评为国家AAA级旅游景区。通公交车。

龙居桃花岛旅游度假区 370502-50-D-a07
[Lóngjū Táohuādǎo Lǚyóudùjiàqū]

位于山东省东营市东营区龙居黄河森林旅游区腹地。取自东晋文学家陶渊明的《桃花源记》,体现度假区的桃源仙境之美。西依黄河,东、南、北三面是龙居生态林场。占地面积4万亩。黄河南坝头险工、黄河麻湾分凌闸、赵匡胤饮马井、抗日英雄王雪亭纪念碑等景点引人入胜。景区有滑雪场、滑草场、跑马场、餐饮区、科普实践培训区、农耕文化教育区、红色革命教育区、

拓展中心、会议中心、农家乐、九宫八卦阵、林下循环经济示范园等多个板块。环境幽静,风光旖旎,被誉为黄河三角洲地区的"世外桃源"。通过建设景区和深入挖掘旅游文化,发展旅游经济,丰富市民生活,增长市民知识,提升市民文化素质。2013年12月被评为国家AAA旅游景区。通公交车。

利丰温泉旅游度假区 370502-50-D-a08
[Lìfēng Wēnquán Lǚyóudùjiàqū]

位于山东省东营市东营区龙居镇4万亩生态林区腹地。以公司名称及功能而得名。东、西、南、北四面为龙居生态林场。占地面积1 700余亩。主体建筑利丰温泉旅游度假村酒店采用徽式结构,内设游客集散中心、户外拓展基地、会务中心、野营烧烤基地、果蔬采摘区、餐饮客房中心等功能区块,年接待游客近10万人次。特色美食利丰秘制烤全羊、土锅炖笨鸡、黄河口鲜鱼汤等深受游客欢迎。通过建设景区,深入挖掘旅游文化,发展旅游经济,丰富市民生活,增长市民知识,提升市民文化素质。2013年12月被评为国家AAA级旅游景区。通公交车。

龙悦湖旅游度假区 370502-50-C-a09
[Lóngyuèhú Lǚyóudùjiàqū]

位于东营区东南部。因龙形岛得名。北起广利河,南至支脉河,东到广南水库东大堤,西至广南水库沉沙池西边界。占地面积80平方千米。龙悦湖的前身是天鹅湖,始建于1983年,1986年蓄水,原是东营胜利油田的储备水库,名为广南水库。黄河龙岛工程是整个旅游度假区的核心工程,也是基础型工程。这个龙岛的龙形是由英国阿特金斯高端策划,创意将九曲黄河、龙腾盛世、华夏文明三个元素融合在一起,创造出龙悦湖旅游度假区具有代表性意义的图腾——龙腾九州。龙形岛包括

18个岛、9个景观区，也印证了黄河的九曲十八弯。整个龙形是以黄河的"几"字型为造型，也是一个"九"字，代表了黄河流经九省从我市入海。对建设生态文明典范城市、旅游经济强市、发展现代服务业、带动相关产业发展具有重要意义。2004年7月被评为国家AAA级景区。通公交车。

自然保护区

东营莱州湾蛏类生态国家级海洋特别保护区
370502-50-E-a01

[Dōngyíng Láizhōuwān Chēnglèi Shēngtài Guójiājí Hǎiyáng Tèbiébǎohùqū]

位于莱州湾西岸广利河以北，青坨河以南海域，从潮间带低潮区到水下 −10 米的水域。特别保护区总面积 21 024 公顷，包括生态保护、资源恢复区和适度开发利用区。以工作性质和所在地理实体名称而得名。属北温带半湿润大陆性气候，四级分明，气温适中，雨热同期，日照充足。为多种贝类的栖息和繁衍地，其中蛏类资源尤为丰富。随着渔业海岸工程、油田开发、海洋工程建设以及近海捕捞强度增大，蛏类等资源赖以生存的生态环境严重受损，生态失衡，致使该地区传统的小刀蛏、大竹蛏和缢蛏等蛏类资源生物量衰减，分布海区日趋缩小，而且个体呈小型化。2009年2月经国家海洋局批准建立。主要保护对象为蛏类及其栖息地生态环境。特别保护区建设后，区内蛏类等生物资源和生态环境将得到有效保护，减少人类活动的干扰。通过实施育苗和增殖等措施，丰富区内生物资源，增加生物多样性，确保重点保护对象得到有效保护，最终实现自然资源可持续利用。为保护和恢复海洋生物资源、实现海洋经济可持续发展起到良好的推动作用。有公路经此。

东营明月湖国家城市湿地公园
370502-50-E-a02

[Dōngyíng Míngyuèhú GuójiāChéngshì Shīdì Gōngyuán]

位于区境东城南端。东二路、潍河路、胜利大街和广利河围合的带状区域。总面积 70.9 公顷。以所在位置及所经营的产品类型而命名。原为建市初期城市建设取土造成的低洼荒碱地。属暖温带大陆性季风气候，基本气候特征为冬寒夏热，四季分明。随着时间推移，雨水沉积，生长了大量芦苇、香蒲、柽柳、碱蓬等乡土树种，吸引不少鸟类在此繁衍生息。2005年5月被批准为国家城市湿地公园。主要保护对象是原生态湿地。有大面积的水面及盐碱滩涂，具有翔实的盐碱地自然生态和耐盐植物分布，对黄河三角洲独特的湿地资源具有代表性，能够充分展示黄河三角洲湿地的水陆交接、自然过渡的自然资源和生态景观。公园规划设计突出"城市与湿地"主题，从生态、自然、文化三个用度揭示城市与湿地的关系，实现人与自然的和谐共处。通公交车。

河口区

纪念地

河口烈士陵园 370503-50-A-c01
[Hékǒu Lièshìlíngyuán]

位于东营市河口区城区东北方向 6 千米处。因所在政区名称和陵园性质而得名。2012年7月始建，2013年4月建成。陵园划分为缅怀悼念区、纪念瞻仰区和烈士墓园区。纪念馆内存放有河口籍著名烈士和英雄人物照片、英雄事迹，并有曾在河口大地工作战斗过的英模人物的相关资料。烈士墓区内迁入烈士 171 名，并建有一座无名烈士纪念碑。河口烈士陵园是集爱国主义教育、革命传统教育、党史学习教育于一体的综合性教育基地，充分展示了烈士纪念设施的浓厚氛围、深厚历史底蕴及良好教育功能。2014 年 5 月被批准为市级烈士纪念设施保护单位。通公交车。

重要景点和一般名胜古迹

孤岛槐树林温泉旅游区 370503-50-D-a01
[Gūdǎo Huáishùlín Wēnquán Lǚyóuqū]

位于河口区孤岛镇东北部。因所在政区名称和主要种植植物种类以及旅游项目而得名。东起西韩村，西至 310 省道，南起孤六生产管理区，北至神仙沟，面积 1.9 万亩。由核心景区孤岛万亩槐林景区、军马场农博园、孤岛一号水库、西韩村四个地块构成。黄河流经神仙沟从槐林间蜿蜒而过，是现存最完整的平原刺槐生态林场，建有弘雅文化馆、水岸餐饮休闲街、"大河息壤"纪念碑亭、槐林广场、木栈道、垂钓台、婚纱摄影基地等旅游设施。景区以温泉养生、婚纱摄影、户外拓展为核心，以特色民宿、乡居生活、度假木屋为服务节点，以生态槐林、农牧场为服务片区，集养生、休闲、度假、科普教育于一体，是黄河文化、生态文化、军垦文化和石油文化的综合体现区。2012 年 12 月被评为国家 AAA 级旅游景区，是首批山东省原生态旅游景区、山东省森林公园。340 国道和东营港疏港高速公路经此。

河口区鸣翠湖湿地风景区 370503-50-D-c01
[Hékǒu Qū Míngcuìhú Shīdì Fēngjǐngqū]

位于河口区城区西北部。名称取自唐朝诗人杜甫的诗："两个黄鹂鸣翠柳，一行白鹭上青天。"形容风景区内美景自然天成。东起西湖路，西至草桥沟，南起河聚路，北到康宁路。占地面积 5 000 余亩，水面面积 3 500 亩，湖岸线长 8 千米，周边建设直墙、抛石、石笼、生态等各类驳岸。自然景观与人文内涵的融合是鸣翠湖湿地风景区核心，其内涵将文化与项目有效结合，彰显生态、水城魅力。是集体育、休闲娱乐、文化于一体的主题特色景区。2014 年 11 月被评为东营市 AAA 级景区。通公交车。

自然保护区

东营河口浅海贝类生态国家级海洋特别保护区 370503-50-E-a01
[Dōngyíng Hékǒu Qiǎnhǎibèilèi Shēngtài Guójiājí Hǎiyáng Tèbiébǎohùqū]

位于东营市河口区新户镇以北海域。面积 396.23 平方千米，包括生态保护区面积 51.64 平方千米、资源恢复区和环境整治区面积 295.56 平方千米、开发利用区面积 49.03 平方千米。因所在政区、地形性质、保护生物种类而得名。保护区海域内表层海水温度平均值为 23.7℃，表层海水盐度平均值为 30.56。保护有浮游植物 10 科 68 种。浮游植物以沿岸广温性和广盐性种类为主，还有一定数量的外洋性种类和底栖附着性种类。2008 年 12 月经国家海洋局批准设立国家级自然保护区。主要保护对象是文蛤等贝类及其赖以生存的栖息环境。截至 2014 年底，累计放流毛蚶、文蛤等 5 亿单位，并实施了生态修复项目，种植碱蓬 91 公顷，有效提升了保护区生态环境。有公路经此。

垦利县

纪念地

渤海垦区革命纪念馆 370521-50-A-c01
[Bóhǎi Kěnqū Gémìng Jìniànguǎn]

位于东营市垦利县永安镇经二路 19 号。

因永安镇驻地是渤海垦区的中心，是抗日战争时期政治、经济、军事、文化的稳固后方，被誉为山东的"小延安"，且系人民群众祭扫革命烈士墓，接受革命传统教育的重要基地，特命名为渤海垦区革命纪念馆。面积1.3万平方米。长37米，宽45米，高8米。纪念馆设有9个展厅以及部分红色文化设施，布展图片584幅，实物763件。纪念馆前是2005年左耀国设计的高大雄伟的浮雕，名为《垦区红旗》，又名垦区颂。渤海垦区革命纪念馆系统总结回顾了垦区的政治、经济、军事和文化，再现了垦区人民抗日战争时期卓越的革命斗争历史和丰富多彩的移民民俗文化。纪念馆已成为东营市进行革命传统、爱国主义、国防教育的重要场所。通公交车。

重点文物保护单位

海北遗址 370521-50-B-b01
[Hǎiběi Yízhǐ]

位于东营市垦利县胜坨镇海北村村北。因所在村庄而得名。2006年4月被发现，2006年11月，经过省考古研究所和市博物馆联合勘探进行了试发掘，出土的文物非常丰富。该遗址出土的陶瓷器标本数量之多、窑口之多、种类之多实属少见，在山东地区还是首次发现，具有较高的学术价值。根据出土遗物和调查勘探，专家断定遗址的年代为宋金时期，是目前垦利县最早一处古遗址。2011年被批准为省级文物保护单位。有公路经此。

刘家遗址 370521-50-B-b02
[Liújiā Yízhǐ]

位于山东省东营市垦利县西南部。因所在村庄而得名。2004年4月，在刘家村村南水库发现商周时期的制盐盔形器，这

一发现将董集繁衍历史推到了2266年前。2013年，进行抢救性挖掘，出土了大量砖瓦残片、陶瓷标本，还有少量铜钱、建筑构件及完整陶瓷器物。此处是汉代的陆地和黄河入海口，是古代"渠展之盐"的重要产盐区。2013年6月被批准为省级文物保护单位。有公路经此。

东营市黄河口烈士陵园 370521-50-A-b03
[Dōngyíng Shì Huánghékǒu Lièshìlíngyuán]

位于东营市垦利县义和村东，利河路旁。因地处黄河口及黄河三角洲地带，且系人民群众祭扫革命烈士墓，接受革命传统教育的烈士陵园，故以所在政区名称命名为东营市黄河口烈士陵园。1994年8月始建。集瞻仰、游览、休闲多功能于一体的黄河口烈士陵园是山东省国防教育基地、山东省64处红色旅游景点之一、东营市爱国主义教育基地、东营市双拥共建示范点、胜利油田国防教育基地，已成为市区机关、学校、部队、油田和广大人民群众接受革命传统教育、爱国主义教育、国防教育、民族传统美德教育的重要场所，每年接待驻军驻警官兵、干部群众、学生达8千余人次。2001年被批准为省级重点革命烈士纪念建筑物保护单位。有公路经此。

重要景点和一般名胜古迹

天宁寺文化旅游区 370521-50-D-a01
[Tiānníngsì Wénhuà Lǚyóuqū]

位于垦利县的西部，坐落在胜坨镇西北部。取天地安宁之意命名。该寺始建于明万历十七年（1589），前后经过七十余年的努力，至明朝崇祯年间，形成七十二殿的巨大规模，一时间香火鼎盛，成为名刹。现今佛学院致力于佛学研究和人才培养，打造中国佛教专门人才学习交流的重要场

所。2014 年被评为国家 AAAA 级旅游景区。有公路经此。

民丰湖休闲娱乐区 370521-50-D-a02
[Mínfēnghú Xiūxiányúlèqū]

位于东营市垦利县城东部。因休闲娱乐区位于民丰湖，民丰取"物阜民丰"之意，故以湖名及其属性命名为"民丰湖休闲娱乐区"。占地面积 700 平方千米，水面面积 76 万平方米，鸣翠岛占地 4 万平方米，绿化面积 30 万平方米。民丰湖为开放式公园，全年免费向市民开放。民丰湖景区的建设极大提升了垦利县城市形象和整体内涵，为垦利县塑造了一张精美的城市名片。2004 年被评为国家 AAA 级旅游景区。有公路经此。

黄河人家国际旅游度假区
370521-50-D-a03
[Huánghérénjiā Guójì Lǚyóudùjiàqū]

位于东营市垦利县垦利街道民丰路北首。因此风景区地处沿黄线旅游线上，取黄河岸边有人家之意，又因黄河具有包罗万象之胸怀的属性，故名黄河人家国际旅游度假区。占地面积 666 万平方米。主要景点有黄河华滩生态文化公园，赏万平方千米葵花齐争艳的壮观景色。主要建筑物为环水系木栈道。园内进行了水、电配套，修建了木栈道、电瓶车路、游船码头等基础设施，成功打造了黄河华滩万平方千米葵园品牌，取得良好的经济效益和社会效益。按照"滩区启动、腹地跟进、体系创新、城旅共荣"的发展理念，着力构筑"两园、两区、一镇、一村"的特色功能体系，规划建设"黄河华滩"生态文化公园、"天下黄河"文化博览公园、"海尚黄河"中央休闲区、"黄河天街"主题休闲街区、"黄河逸品"温泉度假小镇、"黄河人家"文化旅游村落六大功能板块。黄河人家国际旅游

度假区为以黄河文化为核心，凝练多元文化要素，力图满足国民多元休闲需求的综合型旅游景区。度假区的建设，对发展国民休闲和现代服务业、推动经济发展方式转变和产业优化升级具有重要意义。2013 年评为国家 AAA 级旅游景区。有公路经此。

黄河口文化园 370521-50-D-a04
[Huánghékǒu Wénhuàyuán]

位于垦利城区北部。因所处地理位置及性质而得名。以黄河沿岸堤坝为园区主线，全长约 3 千米。占地面积 236.8 万平方米。主要分区有果园采摘区、生态农业观光区，并设计了一些农家乐型的小型商业，提供娱乐和休憩。其主题雕塑"黄河龙"长约 500 米，昂首腾云，巍然屹立黄河之上，描绘了一幅"巨龙吸水"的生态画卷。整个龙体贯穿三段坝岸，相应划分为"黄河之水天上来"景观区、"黄河九曲十八弯"景观区、"黄河入海流"景观区，以此来展现黄河千年光辉灿烂的文化，观河亭、蒙古包、鲤鱼跳龙门等景观小品点缀其中。文化园内绿草如茵，空气清新，树木郁郁葱葱，河水汹涌澎湃。2010 年 12 月，被水利部评为国家级水利风景区。有公路经此。

东营新汇东海岸温泉旅游度假区
370521-50-D-c01
[Dōngyíng Xīnhuìdōnghǎi'àn Wēnquán Lǚyóudùjiàqū]

位于东营市黄河口滨海旅游特色小镇。因汇东海岸小区而命名。面积 1.12 万平方米。东营新汇东海岸温泉度假区位于滨海蓝镇的核心区域，紧邻红光渔港，东临大海，西接中心城，北望黄河口自然保护区，占据东营最为优越的自然景观资源，处于自然保护区、红毯湿地、龙悦湖三点一线的旅游景观带的核心枢纽位置。是一个集休闲、旅游、温泉度假、特色餐饮、会议、高端居住为一体的现代新城，是国家级湿

地自然保护区的重要组成区域。是东营五大景区之一，万亩红地毯、芦苇飘絮、河海交汇、百里海堤构成特有的滨海湿地景观，是人们回归自然、生态养生的理想去处，素有"东营后花园"之称。区域内水资源丰富，有丰富的植物资源，空气中负氧离子最高可达每立方厘米4 000个，被誉为"天然大氧吧"。有公路经此。

莲心湾旅游度假区 370521-50-D-c02
[Liánxīnwān Lǚyóudùjiàǎqū]

位于垦利县南部。意为打造万亩荷塘景观，故名。总面积200万平方米。莲心湾位于中国最美五大湿地之一的黄河三角洲，天然独特的土地肌理为莲心湾的打造奠定了坚实的基础。具体区域位于垦利区兴隆街道东二路以西、华丰路以东、德州路以北、溢洪河以南的优势地段。景区以莲藕产业为基础，以"莲花+"为基本模式，打造景观生态化、游乐大众化、生态健康化、产业休闲化的综合性旅游景区。现有莲藕标准化藕池3 000余亩，新品种繁育基地160亩。还有民宿、养老小院、农家乐餐饮、藕粉加工厂等项目。有公路经此。

水语小镇 370521-50-D-c03
[Shuǐyǔ Xiǎozhèn]

位于东营市垦利县中部。因小镇以水为主题，故名。是垦利区重点打造的田园综合体。西临荣乌高速，北邻苍州村，南临荆岭村，东邻合兴村。占地面积6 000亩，是一处集渔业科普、农业体验、湿地休闲观光、养心住宿、特色饮食、儿童娱乐六大核心功能于一体的综合性观光胜地。已建景观大门、休闲垂钓区、特色民宿、水上娱乐区、临水大舞台、农耕博物馆等项目，已成为市民休闲娱乐的热点景区。有公路经此。

伟浩生态园 370521-50-D-c04
[Wěihào Shēngtàiyuán]

位于垦利县胜坨镇崔家村。由伟浩集团建造，故名。面积23万平方米。伟浩生态园成立于2009年5月，是集蔬菜种植、畜牧养殖、苗木栽培、农事体验、休闲娱乐于一体的高效生态示范园区，是山东省十大高效生态科普示范基地之一。目前已建成生态养猪场、生态养鸡场、放心蔬菜基地和生态仿古会所，种植各种名贵草木30多万余株。有公路经此。

郝家绿色生态观光园 370521-50-D-c05
[Hǎojiā Lǜsèshēngtài Guānguāngyuán]

位于垦利县西南方向，坐落在郝家镇境内，距离镇政府驻地正东方向2.5千米。因规划命名为郝家绿色生态观光园，简称郝家观光园。景区游览面积为100万平方米。主要景点有五角亭、葡萄长廊、葡萄园。绿化面积75万平方米，绿化品种12个品种；道路铺装面积1万平方米，园路铺装面积2万平方米；水面面积3万平方米。风景区的游客最大承载量为20 000人。打造了昊嘉葡萄酒、东皇小杂粮、丽日锄禾（酱油醋）等旅游产品。2008年郝家绿色生态观光园被评为山东省农业旅游示范点；2009年郝家镇被评为山东省旅游强乡镇；2010年被评为国家AA级旅游景区，薛家村同年被评为山东省旅游特色村。有公路经此。

自然保护区

东营黄河口生态国家级海洋特别保护区 370521-50-E-a01
[Dōngyíng Huánghékǒu Shēngtài Guójiājí Hǎiyáng Tèbiébǎohùqū]

位于东营市垦利县黄河口-3米等深线以东12海里附近海域。总面积926平方千米。因所处地理位置及性质而得名。属温带季风型大陆性气候，一年四季分明，光

利津县

照充足，雨热同期。2008年11月经国家海洋局批复建设，主要划分为生态保护区、资源恢复区、环境整治区和开发利用区四个功能区。保护区以黄河口海域生态环境保护、修复和管理为基础，以海洋经济种类产卵场、育幼场的保护修复和海洋资源合理开发利用为重点。主要保护对象为黄河口刀鱼、黄河口大闸蟹、四角蛤蜊、毛蚶、梭子蟹等海洋生物，通过科学严格的保护和合理适度的开发利用，缓解黄河口特有的海洋经济种类产卵场、育成场为主的黄河口生态系统退行性演替进程，恢复生物多样性与生态结构功能，改善渔业资源品质和数量，促进黄河口附近海域生态系统长期健康稳定。有公路经此。

山东垦利天宁湖国家湿地公园

370521-50-E-a02

[Shāndōng Kěnlì Tiānnínghú Guójiā Shīdìgōngyuán]

位于东营市垦利县中部。北起胜利水库，南达胜兴路，东至民丰三号水库，西到天宁东路。总面积966.41公顷，其中湿地面积789.69公顷，湿地率为81.71%。因所处地理位置及性质而得名。因其含盐量低，氮、氧含量高，水质肥沃，饵料丰富，适宜各种主要经济鱼虾类的索饵、繁殖和栖息，故自古就是渤海天然优良渔场。2014年5月批准设立为市级风景旅游景区。天宁湖湿地公园建设的目标是以自然湿地修复为主，加强水源地保护，通过实施保障水量水质、疏通供水渠道、保护水禽栖息地、恢复湿地生物多样性等，逐渐恢复和保育湿地资源，促进黄河三角洲湿地保护体系的健康稳定。同时以湿地资源为载体开展湿地科普宣教和湿地科研等活动，确立生态保护和生态旅游之间平衡的发展关系，通过生态示范建设、生态旅游创新湿地公园的运行模式，带动社会经济的整体和谐发展。有公路经此。

纪念地

利津县烈士陵园　370522-50-A-c01

[Lìjīn Xiàn Lièshìlíngyuán]

位于利津县利津街道办事处大苟村东南。因所在地利津县而得名。2007年3月开工建设，2008年6月竣工。主要包括牌坊、烈士纪念碑、纪念碑广场、纪念堂、革命烈士事迹陈列馆、烈士墓地等。体现了利津县深厚的历史文化底蕴和利津人民不屈不挠的奋斗精神。2011年被评为爱国主义教育基地。通多路公交车。

北张烈士陵园　370522-50-A-c02

[Běizhāng Lièshìlíngyuán]

位于利津县于明集乡北张村西20米处，太平河东岸。因所在地北张村为名。1943年12月6日，八路军垦区独立团二营六连在北张村与日军遭遇。利津县人民委员会于1963年春在该地建立公墓，1974年和1982年，县委县府拨出专款、重建此墓。每逢清明佳节，当地政府都组织机关干部、青年学生和群众进行祭扫，凭吊忠魂。是本地爱国主义教育基地之一。通公交车。

小麻湾抗战纪念地　370522-50-A-c03

[Xiǎomáwān Kàngzhàn Jìniàndì]

位于利津县盐窝镇拾队村西北500米处。因邻近小麻湾村而得名。为纪念革命英烈，1991年修建小麻湾抗战纪念地。碑文记载1943年10月18日起，日伪汇集兵力，对清河区抗日根据地进行了大扫荡。12月5日，垦区军分区独立团二营四连在小麻湾西遭日军骑兵第四旅团包围。四连指战员浴血奋战、忠义不屈，但终因敌众我寡，连长杜万祥、指导员孙毅等60余名抗日英雄为国捐躯。每逢清明佳节，当地政府都组织青年学生和群众，到烈士公墓祭扫、凭吊忠魂，是本地爱国主义教育基地之一。2011年被批准为市、县级文物保护单位。通公交车。

重点文物保护单位

南望参古窑址 370522-50-B-b01
[Nánwàngshēn GǔYáozhǐ]

位于利津县城西北部15千米处的，明集乡南望参二村西北3 000米处。因位置得名。1975年开挖褚官河时发现。为东周至战国时期遗址。出土器物为泥沙质红灰窑，有将军盔（煮盐用）、瓮棺、豆盘、陶罐等。文化堆积距地表深4~5米，南北约1 500米，东西约1500米。该窑址的发现为探索东周时期山东北部海岸线的变迁，盐业的开发，制陶业的发展，黄河三角洲形成的历史提供了重要的实物资料依据。1992年被批准为省级文物保护单位。通公交车。

铁门关遗址 370522-50-B-b02
[Tiěménguān Yízhǐ]

位于利津县汀罗镇前关村内、中心路北200米路西。为金代、明代遗址。近代统治者为扼海滨之要，在此设关防，修筑了东、西、南、北各有一大密密麻麻的铁环、铁钉的城门，称"铁门"，又因是海关称"铁门关"。铁门关遗址是一处金置明设的土城遗址，是当时鲁北地区最大的水旱码头。金代初年，金朝为控制食盐贸易及海滨之险，建立铁门关。明清两代，铁门关已发展为繁华的水旱码头、盐运要地和重要关津。1957年被批准为省级重点文物保护单位。通公交车。

前王古墓 370522-50-B-c01
[Qiánwáng GǔMù]

位于北宋镇人民政府大牛村东150米。因紧邻前王村而得名。面积306平方米。王升是元朝琅琊郡公，墓葬于此。该墓呈南北状，东西约17米、南北约57米，略高于地面，南北神道两侧有石人二对，石虎、石羊各一对，均残。古墓半埋于地下，标志碑南侧有龙头碑帽一块。该墓对研究利津名人具有重要的历史价值。1985年被批准为市级文物保护单位。通公交车。

小赵遗址 370522-50-B-c02
[Xiǎozhào Yízhǐ]

位于利津县盐窝镇小赵村西1500米、小赵水库内西南部。因邻近小赵村而命名小赵遗址。1998年小赵村修建水库时发现。遗址含有东周至汉代不同时期遗物的文化层，其中有东周时期的灰、红陶片，汉代陶碗、石棺等器物。此遗址的发现对利津北部海岸线的变迁及利津历史研究具有重大意义。2011年被批准为市级文物保护单位。通公交车。

北朱烽燧 370522-50-B-c03
[Běizhū Fēngsuì]

位于利津县凤凰街道北朱村西南300米。因邻近北朱村而得名。建于明朝。北朱烽燧是南北约25米、东西约16米、高出地面约1.5米的土台，据调查及县志记载，此处是明朝时期一处军事报警用烽火台。原土台高大壮观，以前该土台上建过庙堂，后来因黄河淤积及社会运动等原因，土台高度逐渐降低，附属建筑物消失。北朱烽燧是祖先智慧的结晶，它直观地反映社会发展的这一重要过程，具体有历史的、社会、科技、探索和研究的价值，是社会发展不可或缺的物证。2011年被批准为市级文物保护单位。通公交车。

丁家水利工程遗址 370522-50-B-c04

[Dīngjiā Shuǐlìgōngchéng Yízhǐ]

位于利津县北宋镇丁家村南约700米，黄河北岸边。因邻近丁家村而得名。该工程是1960年兴建、1962年停建的王旺庄枢纽工程。此工程遗址直观地反映当时社会发展的情况，具有历史探索和研究的价值，是社会发展不可或缺的物证。2011年被批准为市级文物保护单位。通公交车。

李神仙洞 370522-50-B-c05

[Lǐshénxiān Dòng]

位于利津县城东南部，前北街村44号。据县志记载，李神仙，名登仙，字见田，生于明万历十八年（1590），卒于清康熙十一年（1672），明末鸿庐寺序班。为防清兵于清顺治三年（1646）命工匠在家中北屋楼地下挖此长洞。以其名命名为"李神仙洞"。因水灾地震等因素，最南端已塌陷，主体部分至今很坚固。现有两个洞口已用水泥盖板封闭。通过对其探索和研究，将对弘扬优秀的民间文化起到重要作用，2011年被批准为市级文物保护单位。通公交车。

重要景点和一般名胜古迹

利津县凤凰城滨河休闲旅游区

370522-50-D-a01

[Lìjīn Xiàn Fènghuángchéng Bīnhé Xiūxián Lǚyóuqū]

位于利津县黄河滩区内。昔时利津城被冠名为凤凰城，又因濒临黄河，故名凤凰城滨河休闲旅游区。景区以黄河生态景观带为轴，建设了荷花观赏园、外滩广场、黄河栈桥、滨河花园、游船码头、CS拓展基地等节点项目，配套了游客服务中心、滨河游路、步行游路及停车场等公共服务设施。既带动了黄河绿色休闲旅游，又整合了乡村特色旅游资源。2014年11月被评为国家AAA级旅游景区。通公交车。

自然保护区

东营利津底栖鱼类生态国家级海洋特别保护区

370522-50-E-a01

[Dōngyíng Lìjīn Dǐqīyúlèi Shēngtài Guójiājí Hǎiyáng Tèbiébǎohùqū]

位于东营市利津县北部。该保护区覆盖利津县刁口乡整个北部海区。总面积94平方千米。因范围覆盖利津县刁口乡北部海区而得名。属暖温带半湿润气候，冬寒夏热，四季分明。该区域有多条河流的径流入海，是半滑舌鳎等底栖鱼类的良好繁殖场所。2008年国家海洋局批准建立东营利津低栖鱼类生态国家级海洋特别保护区。主要保护对象为半滑舌鳎为主的经济鱼类及其赖以生存的海洋生态环境。该保护区建立后，将通过一系列的保护和管理措施，探索海洋生物资源的可持续开发利用，使生态保护区内半滑舌鳎等底栖鱼类的密度和生物量得到增长并保持相对稳定，区内水质和底质质量等得到提高。自保护区建立以来，通过加强保护区管理和宣传，开展人工放流，保护区及其周围环境得到有效改善，持续增殖放流有力地提高了保护区资源水平和生态功能。通公交车。

广饶县

重点文物保护单位

傅家遗址 370523-50-B-a01

[Fùjiā Yízhǐ]

在广饶县人民政府南1.5千米处，傅家村就坐落在该遗址中部。以临近的村庄名称傅家村而得名。为新石器时代遗址。1985年至1996年，山东省文物考古研究所先后两次对遗址进行了抢救型挖掘处理。东西长约750米，南北宽约500米，总面积约37万平方米。该遗址中部高，四周低，平面呈椭圆形，是一处以新石器时代大汶口文化遗存为主要文化内涵的古文化遗址。文化堆积厚约1~3米。遗迹、遗物十分丰富，遗迹有墓葬、灰坑、窖穴、房基等；从发掘的墓葬中，双人叠葬为同类文化诸遗址中十分罕见。在392号墓中，发现墓主颅骨生前曾实行过开颅手术，这是中国目前所见最早的开颅手术成功的实例。出土文物有石器、骨器、蚌器、陶器等，其中陶器最为丰富。纹饰主要有涡纹、水纹、网纹、刻划纹、三角纹和曲线纹等。遗址中发现4眼大汶口文化时期的水井。遗址中墓葬分布集中，叠压关系复杂。从傅家遗址出土的遗物看，自成一系，特点突出，被部分专家学者称之为大汶口文化五村类型，与泰安大汶口文化有着较大差异，代表了鲁北地区一个新的文化类型。2006年5月被批准为国家级文物保护单位。通公交车。

广饶关帝庙大殿 370523-50-B-a02
[Guǎngráo Guāndìmiào Dàdiàn]

在广饶县人民政府西1.2千米处。因此殿位于广饶孙武祠内，为关帝庙主体建筑而得名。该殿始建于南宋建炎二年（1128），为关帝庙主体建筑。金永安、泰和年间该殿首次维修，明成化二十二年（1487）重修，弘治十一年（1498）新铸关羽铜像，嘉靖二十年（1541）建"三义堂"于大殿后，隆庆、万历年间大殿均重修后建"钟楼"于二门左，清康熙、雍正年间共拓地0.18平方千米。于"三义堂"后建"春秋楼"，道光二十三年（公元1843年）建后殿暨观剧台，同治六年（公元1867年）重修"春秋楼"。原庙址南北长130米，东西宽76米，有春秋楼、三义堂、东西厢房和戏楼，现仅存正殿三间。大殿高10.38米、东西阔12.63米、进深10.70米、月台高0.73米，为全木结构，硬脊、歇山、单檐、雕甍绿瓦。其结构形式为六架椽屋乳栿对四椽栿用三柱，用材按宋为六等材。接近《营造法式》"大木作制度"的建筑规范。广饶关帝庙大殿规模雄伟，气势壮观，保存完好，是山东省最早也是现存唯一的宋代木构殿堂，为研究我国古代木构建筑技艺提供了珍贵的实物资料。1996年11月被批准为国家级文物保护单位。通公交车。

南河崖盐业遗址群 370523-50-B-a03
[Nánhéyá Yányè Yízhǐqún]

在广饶县人民政府东北38千米处。以临近的村庄名称南河崖而得名。2007年上半年，专家对遗址进行了重点考察，新发现60余处古遗址；2008年，山东大学考古系和东营市历史博物馆考古专家联合对该遗址群1号遗址1 000平方米区域进行了发掘。东西长约2.6千米、南北宽约2千米，总面积约5平方千米。南河崖盐业遗址群的发掘是我国古代海盐生产遗址的首次大规模科学发掘，发现的煮盐遗存能够组成一个完整的煮盐技术流程；这些商周煮盐遗存是整个山东北部地区最靠近现代海岸线的考古发现，这在很大程度上破除了"这里是只有几百年历史的退海之地"的传统认识，对于研究古代海岸变迁、制定现代防治海水倒灌的相关对策具有重要学术价值。在约5平方千米范围内发现商周遗址61处。其中，商末周初遗址53处，东周遗址12处（另有4处与早期遗址重合），汉魏遗址2处（与早期遗址重合）。特别是商末周初的制盐遗址分布甚密，每平方千米高达12处。遗址的发现为探索鲁北沿海商周时期的制盐业的规模、生产方式、海岸线的变迁以及商周时期的社会经济、政治等问题提供了重要资料。广饶南河崖制盐遗址群的发现为探索鲁北沿海商周时期的制盐业的规模、生产方式、海岸线的变迁以及商周时期的社会经济、政治等问题提供了重要资料。2013 年 5 月被批准为国家级文物保护单位。有公路经此。

孙武祠 370523-50-B-a04
[Sūnwǔ Cí]

在广饶县人民政府西 1.2 千米处。因纪念历史人物孙武而得名。1128 年建成。占地面积 8 万平方米，与广饶关帝庙大殿毗连，由 4 个相互通连的仿宋式建筑组成。院内有一壁刻，院正中是高 3 米，一手拿竹简、一手持宝剑的孙武的石雕像，正殿内有孙武伏案疾书的铜像，身后是展现《孙子兵法》精彩场景的大型壁画。孙武祠是一组仿宋式的建筑群体，它以兵圣殿为依托，在其中轴线上建有四进院落，右侧建有四合院一座，整个建筑古朴典雅，蔚为壮观。1996 年 11 月被批准为国家级文物保护单位。通公交车。

营子遗址 370523-50-B-b01
[Yíngzi Yízhǐ]

在广饶县人民政府西北 7.8 千米处。以临近的村庄名称（营子村）而得名。为龙山文化时期遗址。遗址地势稍高，表面是农田，地表和沟、坑等断壁上可以发现许多的文物标本，主要有灰陶鬲口沿、鬲足、灰陶罐口沿、灰陶砖块、黑陶片、灰陶盆形器残片、兽骨和蚌壳等。器物纹饰有绳纹、弦纹等。经钻探发现，遗址文化层距地表较浅，厚约 0.6 米。遗址呈东北—西南走向，长径 592 米，短径 424 米，总占地面积约 120 000 平方米。对研究鲁北地区龙山文化的分布及特点具有重要的科学价值。1977 年 12 月被批准为省级文物保护单位。有公路经此。

冢头墓群 370523-50-B-b02
[Zhǒngtóu Mùqún]

在广饶县人民政府西南 4.1 千米处。因所在政区而得名。为汉代墓群。墓群包括西汉欧阳生及其子孙、东汉大司徒欧阳歙及西汉御史大夫倪宽"欧阳八博士"的墓葬，共 8 座，故亦称为"汉八博士墓"。其中，5 座（现只有 2 座有封土）位于广饶县花园乡冢头村东北 200 ～ 500 米处，墓径均在 10 米左右，所存封土呈不规则形，高 3 ～ 4 米；2 座位于广饶县小张乡小张村北和西北约 250 ～ 1 000 米处，封土高约 2.1 ～ 2.3 米；倪宽墓位于广饶镇十五村西北 1 500 米处，墓径 80 米，封土高 5 米余。冢头墓群为历史名人墓，对汉代墓葬考古、两汉历史研究具有重要价值。1977 年被批准为省级文物保护单位。有公路经此。

五村遗址 370523-50-B-b03
[Wǔcūn Yízhǐ]

在广饶县人民政府东 0.3 千米处。因位于广饶镇原五村东而得名。该遗址是一处以新石器时代大汶口文化遗存为主要文化内涵的古文化遗址。1985—1986 年对该遗址进行了考古发掘，开探方 36 个，发掘面积 700 余平方米，共清理大汶口文化时期至汉代灰坑 580 余个，居住址等 10 余处，墓葬 106 座，出土各类文物 160 余件。其中大汶口文化时期陶鼓是目前我国发现最早的陶鼓之一。器类单一、彩陶发达是该遗址的主要文化特点。东西长约 373 米，南北宽约 603 米，总面积约 224 919 平方米。该遗址中部高，四周低，呈台形堆积，是一处以新石器时代大汶口文化遗存为主要文化内涵的古文化遗址。文化层厚约 2 米。遗迹、遗物十分丰富。为研究广饶一带在 5 000 多年前古代社会的物质文明和精神文明提供了丰富可靠的资料。2006 年 12 月被批准为省级文物保护单位。通公交车。

中共刘集支部旧址 370523-50-B-b04
[Zhōnggòng Liújízhībù Jiùzhǐ]

在广饶县人民政府南 13.2 千米，刘集后村中心。以临近的村庄名称刘集村而得名。旧址有 4 间北屋，面阔 14.5 米，进深 4.7 米。东屋 2 间，进深 3.8 米，面阔 5.77 米。房子均为砖基土墙，墙外包一层青砖，上有木梁，草屋顶，前檐铺瓦，门窗为木质，各一扇。有青砖院墙，院子东西长 13 米，南北长 13.56 米，在西南角有一大门，高 2 米，宽 1.15 米，亦为砖木结构。占地面积 4 平方米。2013 年被批准为省级文物保护单位。通公交车。

柏寝台 370523-50-B-c01
[Bǎiqǐntái]

在广饶县人民政府北 11.8 千米，大桓村西南角。据载是齐桓公会盟诸侯登高望海之地，距今已有 2 600 多年的历史。柏寝台遗址是人工夯筑土台。平面近似方形。原台东西长约 180 米，南北宽约 150 米，总面积约为 2.7 万平方米。原台高约 10 米（已被埋没 4.3 米），现台最高处约 6 米，是山东省目前现存第一大夯筑土台，具有重要的历史保护价值。1985 年被批准为市级文物保护单位。有公路经此。

寨村泉顺院 370523-50-B-c02
[Zhàicūn Quánshùnyuàn]

在广饶县政府北 3.8 千米。以临近的村庄名称而得名。建于清代。是当时该村财主的住宅。该庭院北屋五间，西屋四间，东屋三间，南屋五间（已拆除两间），大门一个（朝西），东、西、北屋均为一般清代建筑，只有南厢房是前出厦，砖、木、石结构，四梁十二柱，灰色筒瓦筑顶，东山带影壁墙。现存三间南配房东西长 9.5 米，寨村泉顺院南北 7 米，高 7.5 米。全院东西长约 20 米，南北约 25 米，面积 500 平方

米。该院在 20 世纪 60 至 70 年代曾作粮所，1980 年后相继为信用社、石村镇政府寨村片驻地。现整个院落保存基本完好，具有鲜明的民族建筑风格。对研究清代建筑特征和特点具有重要的科学价值。有公路经此。

西十里遗址 370523-50-B-c03
[Xīshílǐ Yízhǐ]

在广饶县人民政府西 6.2 千米，以临近的村庄名称西十里村而得名。为新石器时代至汉代遗址。遗址东西长 234 米，南北长 186 米，总面积约 43 524 平方米。遗址地表散落着大量的文物标本，有灰陶盆口沿、红陶鬲口沿等。从沟壁断崖观察上可以看到许多文物标本，有灰陶砖块、灰陶片等。经钻探分析，遗址文化层厚约 1.5 米，包含物有草木灰、灰陶砖块、红烧土颗粒等。根据采集的标本及钻探等分析判断，为研究该地区的文化变迁等提供了依据。2012 年被批准为市级文物保护单位。通公交车。

重要景点和一般名胜古迹

孙子文化旅游度假区 370523-50-D-a01
[Sūnzǐ Wénhuà Lǚyóudùjiàqū]

在广饶县城东新区，东临淄河水库，南靠傅家路，西临大寨沟支渠，北邻乐安大街，西临大寨沟支渠。是以孙武湖综合开发为基础而得名。规划总面积 42 平方千米，依据国家级生态旅游示范区和旅游度假区标准，按照生态、旅游、文化、城市的功能定位进行开发建设，规划布局旅游体验、体育休闲、温泉度假、科研教育、佛教文化、民俗风情等六大片区，重点建设孙子文化园、马鸣寺、乐安古城、孙子学院、乡村俱乐部、孙子故园等几十个旅游休闲项目，配套林场、湿地、绿道等基础设施，通过

旅游项目组团开发，城市和旅游设施融合发展，打造具有影响力的文化体验基地、休闲度假胜地、旅游观光目的地及现代化服务业聚集区。孙子文化园是孙子文化旅游区的核心景区，是集中展示孙子文化的精品板块，也是传承和弘扬孙子文化的基地。同时，配套多项量身定做的高科技项目和国际高端的游乐项目，让游客感受到刺激和震撼。被评为国家 AAAA 级旅游景区、国家级水利风景区、国家级水土保持科技示范园区。通公交车。

红色刘集旅游景区 370523-50-D-c01
[Hóngsè Liújí Lǚyóujǐngqū]

在大王镇刘集村。以临近村庄名称刘集村而得名。红色刘集景区是依托山东省最早的农村党支部之一，刘集支部旧址纪念馆规划建设的，是广饶县重点打造的红色旅游核心景区景区内建有全内第一个共产党宣言纪念馆、中共刘集支部旧址纪念馆、张太恒上将纪念馆、中共延集支部纪念馆等多个红色景点，展馆地下建设了 300 米的观光地道，融入声、光、电等高科技元素，已成为远近闻名的红色教育基地。1976 年公布中共刘集支部旧址为县级重点文物保护单位，1996 年公布为市爱国主义教育基地，同年公布为省国防教育基地先进单位。通公交车。

广饶上农休闲旅游区 370523-50-D-c02
[Guǎngráo Shàngnóng Xiūxián Lǚyóuqū]

位于广饶县李鹊镇，以所在行政区域及职能而得名。旅游区依托 18 000 亩园林，打造鹊苑观光区、园林游览区、果蔬采摘区、高档苗木花卉区、农事体验区、休闲垂钓区、景观长廊等特色园区，并配套建设了景区游客服务中心、优质苗木花卉交易市场、停车场等硬件设施，游客接待能力不断提升。通公交车。

广饶县千乘园旅游区 370523-50-D-c03
[Guǎngráo Xiàn Qiānchéngyuán Lǚyóuqū]

位于县城西侧，紧邻汉相倪宽博士园。以所在行政区域及职能而得名。以汉文化为主体，依托汉相倪宽历史故事，建设集汉朝文化博览、农事体验、近郊采摘、园林观光、休闲垂钓、马术马会、农家餐饮、园艺展览及涉农产品电子商务交流平台于一体的综合现代农业休闲旅游观光园区。通公交车。

东营市兵圣王酒业旅游区
370523-50-D-c04
[Dōngyíng Shì Bīngshèngwáng Jiǔyè Lǚyóuqū]

位于广饶县经济开发区。以所在行政区域及职能而得名。其建筑风格为徽派仿古建筑。兵圣王酒业旅游区，有浓郁的"孙子兵法"的兵圣文化，以"一坊两馆三区"为主题，其中"一坊"是指兵圣王酒坊，"两馆"是指农耕体验馆和兵圣王酒博览体验馆，"三区"是指现代化生产区、原酒存藏区和产品展示及品鉴。兵圣王酒博览园通过"一坊两馆三区"为游客系统地讲述了兵圣王酒的发展历程，阐述白酒酿造技艺的深刻内涵。游客参观酿酒过程，体验传承技艺的神奇魅力，从观光互动中学习、感悟历史文化，是亲子游、团队游、体验游、自驾游的好去处。通公交车。

青丘文化旅游区 370523-50-D-c05
[Qīngqiū Wénhuà Lǚyóuqū]

位于广饶县大码头镇西侧。因是以大码头镇古青丘地名为依托的旅游区，故名。结合大码头镇悠久历史文化传承，发展培训教育、拓展训练等优势项目，打造的集现代科普教育文化、拓展训练文化、农耕体验文化、民俗体验文化、休闲度假于一体的综合性旅游度假区。有公路经此。

自然保护区

东营广饶沙蚕类生态国家级海洋特别保护区
370523-50-E-a01

［Dōngyíng Guǎngráo Shācánlèi Shēngtài Guójiājí Hǎiyáng Tèbiébǎohùqū］

位于广饶县东北部，渤海莱州湾西岸近岸，广饶县 −5 米浅海海域。南邻寿光市，北与东营区接壤。总面积 73.56 平方千米，分为三个功能区，其中重点保护区 24.25 平方千米、生态与资源恢复区 33.50 平方千米、适度利用区 15.81 平方千米。以所在行政区域及职能而得名。年平均气温 11.8℃，1 月平均气温 −5.5℃，7 月平均气温 25.4℃。年平均降水量 638.2 毫米。保护区地处黄河三角洲地区，滩涂广阔，坡度平缓，为沙蚕及其他湿地浅海生物的栖息提供了得天独厚的条件，因而成为我国优质沙蚕群体的核心分布区。2009 年经国家海洋局批准建立。主要保护对象为以双齿围沙蚕为主的多种底栖经济物种及其赖以生存的海洋生态环境。沙蚕在海洋生态系统物质循环和能量流动中扮演重要角色，是海洋生态系统功能完善不可缺少的组成部分。沙蚕具有重要的经济价值，在游钓渔业、水产养殖、医药、农药、食品和环境监测中得到广泛应用。有公路经此。

六　农业和水利

东营市

灌区

王庄灌区　370500-60-F01
[Wángzhuāng Guànqū]

位于东营市西北部。因灌区渠首村庄名称而得名。建于1969年。王庄灌区是东营市黄河以北唯一的大型灌区。控制范围南以黄河为界,西至潮河、马新河,东、北临渤海,控制面积1 919平方千米,设计灌溉面积98万亩。王庄灌区的建成,确保了灌区内20多万人的生产和生活用水。有公路经此。

渠道

王庄一干渠　370500-60-G01
[Wángzhuāng Yīgànqú]

位于东营市西北部。起点为利津街道王庄险工,止点为河口区新户镇德民村。建于1969年3月。长15.2千米,设计流量20立方米/秒,实际流量15立方米/秒,渠系建筑物有水闸4座、农桥11座、泵站1座。所在灌区为王庄灌区,上级渠道为王庄总干渠。作用为农田灌溉和水产养殖。有公路经此。

王庄二干渠　370500-60-G02
[Wángzhuāng ÈrgGànqú]

位于东营市西北部。起点为东营市利津县盐窝新董闸,止点为东营市河口区。

1999年10月26日开工,2000年建成。长25.44千米,控制面积783.6平方千米,设计灌溉面积2.4万公顷。二干长25.44千米,设计流量45～25立方米/秒,设计灌溉面积2.40万公顷。作用为农田灌溉和水产养殖。有公路经此。

王庄三干渠　370500-60-G03
[Wángzhuāng Sāngànqú]

位于东营市北部。起点为东营市利津县付窝村西,止点为东营市河口区孤岛水库南河王渠。1999年开工,2000年建成。长14.9千米,设计流量10立方米/秒,设计灌溉面积0.33万公顷。作用为农田灌溉和水产养殖。有公路经此。

东营区

林场

东营区六户生态林场　370502-60-C01
[Dōngyíng Qū Liùhù Shēngtàilínchǎng]

归集体所有。在东营市东营区东部。面积3.16万亩。以所在行政区域名称命名。2012年始建,2014年建成。林场分东、西两个片区,分为森林风光游览区、特色林业产业区、森林风光休憩区、湿地生态区等功能区。东片面积1.76万亩,造林1.3万亩,其中公益林0.8万亩;西片区北造林1.3万亩,其中公益林0.5万亩。改善生态环境,为人民群众提供良好的生存环境。东青高速公路经此。

胜利油田胜大生态林场 370502-60-C02
[Shènglìyóutián Shèngdà Shēngtàilínchǎng]

属胜利油田胜大集团。在东营市东营区中部。面积 2 万亩。以所在行政区域名称命名。2012 年始建，2014 年建成。造林 2 万亩，其中公益林 1.2 万亩，布局森林风光游览区、特色林业产业区、森林风光休憩区、湿地生态区等功能区。是国家白蜡良种基地，中石化"碳中和林"示范点、东营市十大林场之一，胜利油田唯一一家国有林场。是胜利油田农业多元化发展典范企业。承担国家白蜡良种基地建设、山东省适合黄河三角洲盐碱地适生林木品种选育及关键生产技术研究等多项科研项目，加强林木良种的推广和普及，为滨海盐碱地绿化做出积极贡献。荣乌高速公路经此。

东营区龙居生态林场 370502-60-C03
[Dōngyíng Qū Lóngjū Shēngtàilínchǎng]

属东营区。在东营市东营区西部。面积 4.1 万亩。以所在行政区域名称。2012 年始建，2013 年建成。造林 3.3 万亩，其中公益林 1.7 万亩。布局森林风光游览区、特色林业产业区、森林风光休憩区、湿地生态区等功能区。集观光固坝功能于一体。

东营区耿井生态林场 370502-60-C04
[Dōngyíng Qū Gěngjǐng Shēngtàilínchǎng]

属东营区。在东营市东营区中部。面积 0.54 万亩。以所在行政区域名称。2012 年始建，2013 年建成。营造公益林 0.1 万亩，集生态休闲、主题游乐、休闲商业、会议会展、运动休闲、行政商务于一体。填补了中心城区无大型森林公园的空白，是城区主要的休闲娱乐场所。有公路经此。

水库、灌区

广南水库 370502-60-F01
[Guǎngnán Shuǐkù]

位于东营区东南部。因位于广利河以南而得名。1982 年始建，1986 年建成。蓄水总面积 63 平方千米。南北长 8 千米，东西宽 5 千米，库区 39 平方千米，库容 1.14 亿立方米。它改变了东营市和胜利油田长期以来生产和生活用水的紧张状况，同时加速了海滩沉沙改土进程，使油田及市区的数十万人民能在枯水季节安居乐业。水库建成后，在保障油田石油开采、工业和民用建设、人民生活、环境保护等方面起到了无法替代的作用。有公路经此。

麻湾灌区 370502-60-F02
[Máwān Guànqū]

位于东营区西部。因渠首所在地村庄名称而得名。1989 年始建，1991 年建成。麻湾灌区设计灌溉面积 4.93 万公顷，实灌面积 3.4 万公顷，年引水量 2 亿立方米。麻湾灌区是当时全省黄淮海平原农业开发和黄河三角洲开发的重点工程，解决了全区的农业灌溉和生产生活用水问题。有公路经此。

曹店灌区 370502-60-F03
[Cáodiàn Guànqū]

位于东营区西部。因渠首所在地村庄名称而得名。1958 年始建，1963 年建成。曹店灌区设计灌溉面积 2.47 万公顷，实灌面积 1.51 万公顷，年引水量 1.43 亿立方米。配套建筑物齐全，构成一个功能完善，运行安全的有机整体，基本解决了该灌区内部分土地的农业生产和群众生活用水问题。

渠道、堤防

曹店干渠　370502-60-G01
[Cáodiàn Gànqú]

位于东营区中部。起点为东营区龙居镇曹店村，止点为东营市六户镇广南水库。建于1958年。长49.52千米，控制面积2.48万公顷。曹店干渠除提供农业用水外，还是胜利油田工业和东营市中心城区生活供水的主要渠道。

胜利干渠　370502-60-G02
[Shènglì Gànqú]

位于东营区北部。起点为垦利县胜坨镇胜利村，止点为辛安水库。1977年，在原打渔张六干工程基础上改建、扩建形成。水源地为黄河胜利引黄闸。长38.4千米，底宽12.5米。最大水深2.3米，平均流量35.01立方米/秒。胜利干渠引水系统是1985年以前胜利油田用水的主要来源。有公路经此。

麻湾总干渠　370502-60-G03
[Máwān Zǒnggànqú]

位于东营区西南部。起点为引黄闸，止点为三干进水闸。1989年2月开工，1991年6月建成。长33.2千米，控制面积7.02万公顷，设计灌溉面积4.73万公顷，流量分配为60立方米/秒。主要用于农业灌溉。有公路经此。

麻湾四干　370502-60-G04
[Máwān Sìgàn]

位于东营区南部。起点为进水闸，止点为广南水库杨水站。1989年2月开工，1991年6月建成，1992年3—6月改造。长33.29千米，控制面积2.65万公顷，设计灌溉面积1.86万公顷，流量分配为30立方米/秒。麻湾四干渠是东营区和胜利油田用水的重要输水渠道。227省道和228省道经此。

麻湾总干一分干　370502-60-G05
[Máwān Zǒnggàn Yìfēngàn]

位于东营区西部。起点为麻湾总干渠，止点为胜利干渠。建于1989年。长7.8千米，控制面积0.58万公顷，设计灌溉面积0.41万公顷，流量分配为10立方米/秒。作用为农田灌溉。有公路经此。

城东防潮大堤　370502-60-G08
[Chéngdōng Fángcháo Dàdī]

位于东营区东部沿海。起点为垦利县红光新村，止点为东营区广南水库。2002年3月18日开工，2003年9月建成。长41.4千米，其中防潮堤25.3千米，广利河回水堤8.6千米，永丰河回水堤7.5千米，还包括广利河明海挡潮闸、溢洪河明港挡潮闸、养殖公司明泺挡潮闸、青坨沟明源挡潮闸及10座小型引排水闸。该工程不但可以确保中心城和油田生产安全，而且为滩涂开发、港口建设、中心城区水环境改善创造了良好的条件。220国道经此。

河口区

林场

河口区孤岛刺槐林场　370503-60-C01
[Hékǒu Qū Gūdǎo Cìhuái Línchǎng]

属孤岛镇。位于河口区孤岛镇北部。占地面积10万亩，栽植刺槐林6.8万亩、经济林1.1万亩、用材林2.1万亩。因所在政区名称和主要种植植物种类刺槐而得名。始建于20世纪50年代，称黄河孤岛林场。1960年改为共青团孤岛林场。1965年，济南军区接管林场，建立军马场，1956—1976 年造林近万亩。2012 年，河口区接管孤岛刺槐林场。孤岛刺槐林场为华北地区最大的人工刺槐林。孤岛刺槐的建设，不仅有助于推动地区生物多样性保护和森林生态系统恢复，涵养水源，也为东营市和周边地市的人民群众提供了一处集森林休闲、文化体验、科普教育于一体的城郊旅游场所。2012 年获批国家 AAAA 级旅游景区和省级森林公园。有公路经此。

河口柽柳林场 370503-60-C02
[Hékǒu Chēngliǔ Línchǎng]

属河口区。位于东营市河口区东部。辖区面积 96.8 万亩。因该林场所在政区名称和主要种植植物种类柽柳而得名。其中，林业用地 74.01 万亩，非林业用地 22.79 万亩。林业用地中，柽柳林 26.4 万亩，用材林（主要为刺槐）1.5 万亩，宜林荒地 46.11 万亩。非林业用地中，农田 9.64 万亩，水面 3.26 万亩，滩涂 9.89 万亩。1998 年，经东营市人民政府批准，柽柳林场进行林业分类经营，成为生态公益型林场。林场主要负责柽柳林的管护、抚育、规划设计、防火工作，保护柽柳资源，研究推广柽柳管理技术。有公路经此。

神州澳亚现代牧场 370503-60-C03
[Shénzhōu Àoyà Xiàndài Mùchǎng]

属仙河镇。位于山东省东营市河口区仙河镇东部。占地面积约 1 800 亩，饲植区占地面积约 2 万亩。因投资方新加坡澳亚集团（中国）而得名。2013 年 4 月始建，2014 年 5 月建成。主要经营奶牛养殖、牧草种植及提供技术咨询等。被评为全国畜禽养殖标准化示范场，入选"食安山东"放心奶源示范场。存栏奶牛 1.5 万头，年产鲜奶 4 万吨，实现销售收入 2 亿元，辐射带动周边十余个千头奶牛小区和一个高端

奶制品加工园，带动农户种植青贮玉米 5 万亩，解决就业 1 000 余人。有公路经此。

新户百枣园 370503-60-C04
[Xīnhù Bǎizǎoyuán]

属新户镇。位于东营市河口区新户镇人民政府东南、老鸦村以西。占地面积 100 亩。因所在政区名称和种植枣类植物品种多而得名。建于 1997 年。该园既是观赏园、实验园，又是枣树基因库，汇集了全国名优特稀枣树品种 389 个，主要分观赏、鲜食、制干三大类，每年吸引省内外专家前来参观考察。有公路经此。

灌区

东水源灌区 370503-60-F01
[Dōngshuǐyuán Guànqū]

位于山东省东营市河口区东南部。因所处相对位置而得名。2004 年 10 月始建，2005 年 6 月建成。东部引水工程起源于黄河西河口泵站，与河王渠对接，长 26.3 千米；东部引水延伸配套工程对原有渠道进行治理和新建渠道、泵站、桥涵等。东水源灌区工程形成了覆盖全区的大型引水体系，自黄河取水口至输水干支线全部由河口区独立管辖，结束了河口区依赖外县水源的历史。从此，河口区进入黄河引水新时期，为当地经济社会持续快速发展提供了可靠保障。有公路经此。

渠道、堤防

东水源干渠 370503-60-G01
[Dōngshuǐyuán Gànqú]

位于东营市河口区东部。起点为黄河西河口泵站，止点为河王渠。2004 年 10 月

始建，2005 年 6 月建成。长 26.3 千米，设计流量 20 立方米/秒，修建桥、涵、闸 46 座。为河口区西部农业供水，同时为胜利油田孤河、孤岛、孤北、孤东等水库和济南生产基地提供水源。有公路经此。

河王分干渠 370503-60-G02
[Héwáng Fēngànqú]

位于东营市河口区东部。起点为神仙沟引黄闸，止点为草桥沟。2004 年 10 月始建，2005 年 8 月建成。长 21.8 千米，设计流量 20 立方米/秒，平均流量 20 立方米/秒，有桥 5 座，闸 4 座。为河口区东西部提供农业灌溉用水，同时为胜利油田孤河、孤岛、孤北、孤东等水库提供水源。有公路经此。

新户干渠 370503-60-G03
[Xīnhù Gànqú]

位于东营市河口区西部。起点为河口区新户义太支渠，止点为生态河。建于 1964 年。长 13.2 千米，设计流量 5 立方米/秒，平均流量 5 立方米/秒，最大水深 2 米。修建闸 2 座，涵洞 2 座，桥 19 座。用于新户镇义大路两侧农田灌溉以及为新户镇镇区提供水源。有公路经此。

郭局干渠 370503-60-G04
[Guōjú Gànqú]

位于东营市河口区新户镇郭局村南。起点为两河贯通沟，止点为沾利河。始建于 1986 年。长 5.5 千米，设计流量 6 立方米/秒，平均流量 6 立方米/秒，最大水深 2 米。修建闸 2 座，桥 4 座。主要功能为农田灌溉。有公路经此。

东营港经济开发区防潮堤 370503-60-G05
[Dōngyínggǎng Jīngjìkāifāqū Fángcháodī]

位于河口区东营港东部。起点为港城区东端点，止点为桩埕公路。2012 年 2 月始建，2013 年 4 月建成。长 10.0 千米。设计防潮标准为 100 年一遇。东营港经济开发区防潮堤工程是东营市防潮体系的重要组成部分，采用抛石斜坡堤结构，是东营港立足"黄蓝"两大战略，向超亿吨综合型大港迈进的重要一步。东营港疏港高速公路经此。

东大堤 370503-60-G06
[Dōng Dàdī]

位于河口区东南部。1971 年 5 月 4 日始建，同年 6 月 30 日建成。长 21.95 千米。堤顶按防御西河口 10 米水位超高 1.5~2 米，顶宽 7 米，临河堤坡 1：2.5，背河堤坡 1：3 的标准修做，大堤为壤土质地，水泥路面。工程长度 2.7 千米。所在的大坝构成部分如包括主坝、南副坝、北副坝、东副坝等。东大堤是为解除胜利油田开发中遭受凌伏汛威胁而修建的河口治理工程之一。1976 年 5 月黄河河口改道走清水沟后，北大堤右侧废，保留左侧长 14.5 千米。作为备用堤防。省道 315 经此。

垦利县

林场

大汶流林场 370521-60-C01
[Dàwènliú Línchǎng]

属黄河口镇。位于垦利县黄河口镇东北部。总面积 4.88 万公顷，有林地面积 1.04 万公顷。因所在地理位置及性质而得名。1986 年，成立大汶流草场管理站。1992 年 12 月 2 日，成立大汶流管理站，隶属自然保护区管理局。2000 年 3 月 7 日，成立地方国营垦利县大汶流林场。是国家级森林公园，该地核心林带成为珍稀鸟类的停歇地和越冬栖息地，5 种国家一级保护鸟类在这里安家落户。对保护黄河口湿地生态系统和珍稀、濒危鸟类具有重要作用。有公路经此。

兴隆生态林场 370521-60-C02

[Xìnglóng Shēngtàilínchǎng]

属东营市。位于山东省东营市中心城东城、西城、垦利县城结合部。总面积15.87平方千米。因所在地理位置及性质而得名。2012年始建。林场内有高标准配套水系、道路等基础设施，规划造林11.33平方千米，其中公益林不低于7.33平方千米。布局生态林、经济林、防护林、景观林四个主体功能区和一个耐盐碱苗木繁育基地。林场的旅游业带动了当地经济发展。有公路经此。

灌区

胜利灌区 370500-60-F01

[Shènglì Guànqū]

位于垦利县南部。因渠首所在地村庄名称而得名。1966年5月建成。设计灌溉面积233平方千米，属于大型灌区。该灌区由水库、渠道、田地、作物等构成，有田地15.28万平方千米，种植的作物主要有棉花、小麦等。基本解决了该灌区内部分土地的农业生产和群众生活用水问题。有公路经此。

双河灌区 370500-60-F02

[Shuānghé Guànqū]

位于垦利县中东部。因渠首所在地村庄名称而得名。1971年建成，1987年称双河灌区。面积500平方千米，属于大型灌区。灌区骨干工程主要有一号坝引黄闸、西双河引黄闸、渠首扬水站、双河干渠、广北水库及干渠上的八条分干和四条排水沟，

实灌田地134平方千米。基本解决了该灌区内部分土地的农业生产和群众生活用水问题。有公路经此。

五七灌区 370521-60-F03

[Wǔqī Guànqū]

位于垦利县东北部方向。因灌区在原建林乡五七村附近，故称五七引黄灌区，简称五七灌区。1975年始建，对灌区内插花地进行大幅度的划方调整。并修建引黄闸一座，输水干渠一条，全长18千米。2001年对五七闸进行维修。全长18千米，设计渠底宽上游6米，下游4米。总控制面积240平方千米，耕地80.87平方千米，设计灌溉面积53.33平方千米，属于大型灌区。基本解决了该灌区内部分土地的农业生产和群众生活用水问题。有公路经此。

路庄灌区 370521-60-F04

[Lùzhuāng Guànqū]

位于垦利县西南。路庄引黄闸为渠首水源，因此命名为路庄引黄灌区，简称路庄灌区。1995年10月始建，1996年3月建成。西起路庄引黄闸，北至黄河大坝，南至六干渠，东至垦利镇西冯村。面积30平方千米，设计灌溉面积0.30万平方千米。属中型灌区，灌区内主要配套工程有东张水库、路庄引黄闸、路东干渠、路南干渠、沉砂池。灌区内种植的作物主要有棉花、水稻、莲藕、小麦等。本灌区自1996年开灌以来，基本解决了该灌区内部分土地的农业生产和群众生活用水问题。有公路经此。

十八户灌区 370521-60-F05

[Shíbāhù Guànqū]

位于垦利县东北部。因灌区渠首在原垦利县十八户村，以村为名，故称十八户灌区。1998年永镇水库建成后，依托永镇水库和十八户干渠，成立十八户引黄灌区。

东起永安镇四合村，西至十八户干渠渠首，南至双河灌区，北至黄河大堤。面积 40 平方千米，属于中型灌区。灌区主要渠道十八户干渠，渠首为十八户引黄闸，灌区有支渠 12 条，总长 35 千米。灌区人口有 7 万人，种植棉花、水稻、莲藕、小麦等农作物。基本解决了该干渠两岸土地的农业生产和群众生活用水。有公路经此。

一号灌区 370521-60-F06
[Yīhào Guànqū]

位于垦利县中部。因其特殊的地理位置和作用而因此得名。建于 1980 年。设计引提水能力 10 立方米／秒，干渠输水能力 5 立方米／秒，设计灌溉面积 3300 公顷，年均引水量 3 200 万立方米，实灌面积 2 800 公顷。灌区内种植的作物主要有棉花、水稻、莲藕、小麦等。基本解决了该干渠两岸土地的农业生产和群众生活用水。有公路经此。

垦东灌区 370521-60-F07
[Kěndōng Guànqū]

位于垦利县东北部。因其特殊的地理位置和作用而得名。建于 1984 年。设计引提水能力 10 立方米／秒，干渠输水能力 8 立方米／秒，设计灌溉面积 8 000 公顷，年均引水量 1 000 万立方米，实灌面积 200 公顷。灌区内种植的作物主要有棉花、水稻、莲藕、小麦等。基本解决了该干渠两岸土地的农业生产和群众生活用水。有公路经此。

渠道、堤防

双河干渠 370521-60-G01
[Shuānghé Gànqú]

位于垦利县中东部。起点为垦利县复兴村北双河闸，止点为广北水库沉沙池。

1987 年 4 月 5 日始建，1988 年 5 月建成。长 31.25 千米，最大水深 2 米。双河干渠渠首泵站位于西双河过水闸下游海漫末端，双河干渠自黄河一号坝闸引水，经引水渠过双河引黄闸，由渠首泵站扬水到双河干渠。基础构造为混凝土。主要供垦利街道、水稻示范农场、永安镇的农业和人畜用水，以及胜利油田供水公司广北水库部分工业用水。有公路经此。

垦东灌区西干渠 370521-60-G02
[Kěndōngguànqū Xīgànqú]

位于垦利县东北部，坐落于黄河口镇。起点为黄河垦东泵站，止点为黄河口镇五七渠。1983 年 11 月，五七灌区八支排连接垦东灌区，从东部引水，改成垦东西干渠。2011 年 4 月垦东灌区实施节水工程改造，原有八支排引水改由五七灌区十支渠对接引水，五七灌区十支渠改称垦东灌区西干渠。长 10 千米，底宽 8～5 米。垦东西干渠引水系统是黄河口镇东部用水的主要来源。有公路经此。

麻湾一分干 370521-60-G03
[Máwān Yīfēngàn]

位于东营市东营区西部。起点为麻湾总干渠，止点为胜利干渠。建于 1989 年。长 7.8 千米，控制面积 0.58 万公顷，设计灌溉面积 0.41 万公顷，流量分配为 10 立方米／秒。作用为农田灌溉。有公路经此。

八干渠 370521-60-G04
[Bā Gànqú]

位于垦利县东部。起点为六干渠，止点为甜水沟。1959 年 11 月始建，1960 年 4 月建成。后因八干渠横穿永丰、五七两个灌区和十八户淤区放淤所致，八干渠中、下游段逐渐报废。长 26 千米。设计灌溉面积 3.6 万公顷，实浇 3.2 万公顷。主要作用是农作物灌溉，种植的作物主要有棉花、水稻、莲藕、小麦等。有公路经此。

同兴分干渠 370521-60-G05

[Tóngxìng Fēngànqú]

位于垦利县北部。起点为胜利干渠，止点为小岛河。首期工程建于1991年，2002年4—11月，兴建同兴分干延伸工程，由胜利引黄闸供水。长21.44千米。同兴分干渠基本沿着原打渔张灌区八干流向，符合自然流势，利于田间灌溉，大大提高了供水保证率。有公路经此。

永安一分干渠 370521-60-G06

[Yǒng'ān Yīfēngànqú]

位于垦利县西南方向。起点为一干扬水站，止点为220国道。长9.8千米，建于1989年。设计流量10立方米/秒，比降1:7 000。主要用于农田灌溉。有公路经此。

永安二分干渠 370521-60-G07

[Yǒng'ān Èrfēngànqú]

位于垦利县西南方向。起点为二干扬水站，止点为七支排水沟。建于1989年。长4.3千米，设计流量10立方米/秒，比降1:8 000。主要用于农田灌溉。有公路经此。

下镇分干渠 370521-60-G08

[Xiàzhèn Fēngànqú]

位于垦利县东部。起点为双河干渠五村引水闸，止点为张镇河。建于1989年。长10.2千米，设计流量10立方米/秒，比降1:6 000。下镇分干引水系统是1991年以来原下镇乡农田灌溉及人畜用水的主要来源。有公路经此。

垦东防潮堤 370521-60-G09

[Kěndōng Fángcháodī]

位于垦利县的东部沿海。起点为永丰河，止点为黄河南大堤末端。2004年4月2日始建，2005年9月29日建成。长40千米，防潮标准50年一遇，工程等级为Ⅱ等，设计潮水位3.63米，海堤高程为4.6米，防浪墙顶高程为5.7米，堤顶宽9米，铺设7米宽二级公路。沿堤建设各类建筑物15座，其中包括2#引水闸等挡潮、引、排水闸9座，交通桥6座，管理平台2处。工程的建设，对区域内挡潮减灾、滩涂开发、旅游资源开发、油区建设、渔港建设、改善生态环境具有十分重要的意义。有公路经此。

孤东海堤 370521-60-G10

[Gūdōng Hǎidī]

位于山东省垦利县东北方向。起点为桩西海堤，止点为孤东南围堤。1985年始建，1988年7月建成。长16.7千米，顶宽10米，顶高程4.5米，挡浪墙高1米。孤东海堤围海造陆76.3平方千米，成为孤东油田的开发建设区域。所在的大坝由主坝、防浪墙、挡浪石等构成，其中有主坝坝长16.7千米，防浪墙高1米，挡浪石宽10米。其中有2个排涝站2号、3号。每个排涝站有八个排涝管，每个排涝管长50米，直径0.8米，排水量每小时3 000立方米。孤东海堤底宽38米，顶宽10米，高5米。海堤工程的建成，保卫着五号桩油田、长堤油田及仙河地区的人民生命和财产安全。不但加快了海滩油田的开发建设、方便了交通、改善了油区环境，同时，海堤还成为黄河三角洲上一道靓丽的风景线，吸引着四方游客来此观赏。有公路经此。

城东防潮大堤 370521-60-G12

[Chéngdōng Fángcháo Dàdī]

位于垦利县东南部沿海。起点为垦利县红光新村，止点为东营区渔民一村。2002年3月18日始建，2003年9月建成。长41.4千米，其中防潮堤25.3千米，广利河回水堤 8.6 千米，永丰河回水堤 7.5 千米，还包括广利河明海挡潮闸、溢洪河明港挡潮闸、养殖公司明添挡潮闸、青坨沟明源挡潮闸及 10 座小型引排水闸。大堤建设不但可以确保中心城和油田生产安全，而且为滩涂开发、港口建设、中心城区水环境改善创造了良好的条件。有公路经此。

防洪堤 370521-60-G13
[Fánghóng Dī]

位于垦利县东北方向的黄河右侧。起点为垦利街道夹河村，止点为大汶流自然保护区。1968 年修建，防洪堤在旧堤基础上渐次加培而经多次加宽加高，建成于现状。堤身呈"弓背"状突向河道。长 27.8 千米，高 4.72~7.49 米。临背河堤坡 1:3。在当时特定的历史条件下，保护了部分耕地，是用以约束水流的挡水的建筑物。有公路经此。

老防洪堤 370521-60-G14
[Lǎo Fánghóng Dī]

位于垦利县东北方向的黄河右侧。起点为垦利街道二十一户村，止点为防潮堤。1977 年防洪堤退修改建，防洪堤 10+180-25+900 堤段形成两道堤防，原防洪堤段落命名为老防洪堤。长 21.8 千米，堤顶宽 7 米。堤身呈"弓背"状突向河道。高 4.0~5.2 米。堤堰质地是土堤和沥青路面。在当时特定的历史条件下，保护了河口地区部分耕地。有公路经此。

临黄堤 370502-60-G15
[Línhuáng Dī]

位于垦利县西部。右岸起点为东营区南坝头险工，止点为垦利县二十一户村；左岸起点为利津县宋家集村，止点为四段村。1873 年始建。长 53.86 千米，临背河堤坡 1:3。堤顶宽 7~10 米，高 11.20 米。

堤堰质地是土堤和沥青路面。所在的大坝构成部分是堤顶和堤坡。临黄堤在旧堤基础上渐次加培而成，后在"宽河固堤"方针下，不断加高培厚，加固堤防。主要作用是防洪。黄河大坝、荣乌高速公路经此。

南展堤 370521-60-G16
[Nánzhǎn Dī]

位于垦利县东北方向的黄河右侧。东营区段起点为龙居镇大孙村，止点为曹家村；垦利县段止点为打渔张村，止点为西冯村。1971 年 10 月始建，1972 年 12 月建成。长 28.151 千米。南展堤首尾仍与临黄堤相接，必要时于原河道与南展堤之间同时行洪。堤堰质地为土堤和沥青路面。在黄河下游堤距狭窄河段，为加大凌汛卡冰后的排洪能力，将堤距展宽，以减轻威胁而增修的新堤。220 国道、316 省道、507 省道经此。

利津县

林场

利津县国有一千二林场 370522-60-C01
[Lìjīn Xiàn Guóyǒu Yīqiān'èr Línchǎng]

属国有林场。位于刁口乡东北部。林场总面积 29.4 万亩，其中林业用地 13.35 万亩，非林业用地 16.05 万亩。因原场部在陈庄镇一千二村，故名。1956 年设立，1973 年迁今址，1991 年 11 月被划入黄河三角洲自然保护区。1997 年因遭受特大海潮侵袭，区内土壤盐化严重，人工造林困难。1998 年，封育管理天然怪柳林，被东营市政府批准为生态公益林场。2002 年，实施分类经营和加强对林木、林地监督管理，抚育刺槐林 165 亩，种植白蜡 8 800 株，枣树 3 500 株，封育天然怪柳 13 万亩，培育怪柳种苗、抚育刺槐幼苗和种植白蜡、怪柳、冬枣、小枣，共计 4 600 亩。界定国家重点公益林面积 12.21 万亩，试点森林效益面积 8 万亩。其天然怪柳林已成为东营市一大自然景观。为生态公益型林场，以造林为主，利用野生资源，以洼养林，保护和培育森林资源，促进林业发展。东邻东营疏港高速，通公交车。

利津县王庄沙区生态林场 370522-60-C02
[Lìjīn Xiàn Wángzhuāng Shāqū Shēngtài Línchǎng]

属利津县。位于利津县城北部王庄沙区。占地面积 2.03 万亩。因所在政区而得名。2012 年 3 月始建，2014 年建成。布局为"一轴、一环、两带、六区"。"一轴"即沾利河景观轴，"一环"即园内主环路景观带，"两带"即沿黄大堤风景带和外围防护带，"六区"即入口服务接待区、森林观光采摘区、种质资源繁育区、林下经济示范区、湿地修复景观区和黄河水乡风情区六个功能区。已造林 1.33 万亩，植树 141 万株，有林地面积达到 1.65 万亩，森林覆盖率达 81.28%，绿化覆盖率达 46.3%，绿地率达 45% 以上。通过苗木繁育及多渠道加大林场基础设施投入，已发展成为当地休闲、观光地，对当地生态文明建设以及生态文化传播发挥了重要作用。通公交车。

灌区

宫家灌区 370522-50-F01
[Gōngjiā Guànqū]

位于利津县南部。因灌区村庄名称而得名。建于 1958 年。控制面积 260 平方千米。耕地面积 178.46 平方千米，设计灌溉面积 146.67 平方千米。干渠及分干渠总长 47.26 千米。有效灌溉面积达到 131.73 平方千米。灌区内主要作物有小麦、玉米、棉花等。

宫家灌区的建成，确保了灌区内人民的生产和生活用水。有公路经此。

韩墩灌区 370522-50-F02
[Hándūn Guànqū]

位于东营市利津县西南部，主体在滨州市滨城区境内。因渠首为滨州市境内韩墩引黄闸，故名。1958 年始建，1960 年停建，1968 年，沾化、利津两县联合修建韩墩引黄灌渠，利津境内修建翟家、张家、猴王、谢家引水闸 4 座。1983 年修建翟家、张家扬水站。总控制面积约 450 万亩。设总干渠 1 条，干渠 8 条；一级航道 1 条，二、三、四级航道 13 条；大型水库 6 座。确保了灌区内人民的生产和生活用水。有公路经此。

渠道、堤防

王庄总干 370522-60-G01
[Wángzhuāng Zǒnggàn]

位于利津县中部。起点为利津街道王庄险工，止点为陈庄镇。建于 1969 年 3 月。所在灌区为王庄灌区，长 41.3 千米。渠底宽度为 16~29 米，设计水位为 6~9.4 米，设计流量为 40~100 立方米 / 秒。作用为农田灌溉和水产养殖。有公路经此。

宫家干渠 370522-60-G02
[Gōngjiā Gànqú]

位于东营市利津县南部，北宋镇宫家灌区内。起点为渠首引黄闸，止点为明集乡西望参门村西，尾水入太平河。于 1957 年开挖。长 27.7 千米，该干渠开挖初期引水流量为 3 立方米 / 秒。有利于缓解本地区生产和生活用水困难，满足农田灌溉和油田供水的需求。有公路经此。

宫家西分干 370522-60-G03

[Gōngjiā Xīfēngàn]

位于东营市利津县南部，北宋镇宫家灌区。起点为宫家干渠，止点为宫家灌区。建于 1957 年。长 15.09 千米。灌溉面积 5 000 公顷，流量为 10 立方米 / 秒。有利于缓解本地区生产和生活用水困难，满足农田灌溉和油田供水的需求。有公路经此。

宫家西干流 370522-60-G04

[Gōngjiā Xīgànliú]

位于东营市利津县南部，北宋镇宫家灌区。起点为宫家干渠，止点为宫家灌区。建于 1957 年。长 12.6 千米。灌溉面积 3 000 公顷，流量为 5 立方米 / 秒。有利于缓解本地区生产和生活用水困难，满足农田灌溉和油田供水的需求。有公路经此。

宫家东分干 370522-60-G-008

[Gōngjiā Dōngfèngàn]

位于东营市利津县南部，北宋镇宫家灌区内。起点为姚刘村北宫家干渠，止点为东西坡村西向北与马新河相接处。建于 1957 年。长 9.2 千米，设计流量为 10 立方米 / 秒，实际流量为 7 立方米 / 秒，衬砌长度为 3.6 千米，水闸 2 座，渡槽 1 座，农桥 8 座。有利于缓解本地区生产和生活用水困难，满足农田灌溉和油田供水的需求。有公路经此。

韩墩引黄总渠 370522-60-G05

[Hándūn Yǐnhuáng Zǒngqú]

在利津县西南部。起点为韩墩村，止点为滨州境内。1958 年始建。长 29 千米，利津县境内 6.0 千米。现引水能力为 60 立方米 / 秒。发挥着引黄灌溉和排水蓄水的作用。有公路经此。

利津黄河大堤 370522-60-G06

[Lìjīn Huánghé Dàdī]

位于利津县东南部。起点为北宋镇宋家集村南，止点为陈庄镇四段村南。长 77 865 米，分为临黄堤、河口堤两段。利津黄河大堤已有百余年历史，中华人民共和国成立后有三次大培堤，到 1984 年达到黄委会制定的艾山下泄洪量 1.1 万立方米 / 秒的设防标准。堤顶高程比设防水位线超高 2.1 米。是防洪固沙重要的屏障。通公交车。

北大堤 370522-60-G07

[Běi Dàdī]

位于利津县陈庄镇东北部，黄河河北口北岸。1974 年，北大堤修筑自东大堤至防潮堤段；1976 年 4 月，接修自四段村至截流口，与 1974 年所修北大堤相接；1991 年 4 月，北大堤延长，与股东围堤相接。1984 年将该堤加高 1.3 米左右，宽 5～6 米。长 13 634 米。是防洪固沙重要的屏障。有公路经此。

利北防潮大堤 370522-60-G08

[Lìběi Fángcháo Dàdī]

位于利津县北部。1972 年兴建。长 23 千米。堤坝设计为土坝，底宽 60 米，顶宽 30 米，堤顶高程 5.2 米（黄海）。该工程建成后，成为东营市北部沿海地区经济发展和社会稳定的"生命线"，对维护油地双方人民群众生命财产安全发挥了重要的屏障作用。有公路经此。

广饶县

林场

广饶县丁庄生态林场 370523-60-C01

[Guǎngráo Xiàn Dīngzhuāng Shēngtài Lín chǎng]

属广饶县。位于广饶县东北部。规划

总面积 2.32 万亩。以所在行政区域及性质而得名。2012 年 3 月设立广饶县丁庄生态林场。林场分东、西两个片区，东片区位于新海路以东，西起新海路、东至东营区界、北起武家大沟、南至支脉河，面积 1.72 万亩，区内高标准配套水系、道路等基础设施，营造公益林 1.2 万亩；西片区位于东青高速公路以西，北起广北新河、南至永青路、东起北水南调渠、西至 21 支西，面积 0.6 万亩，区内高标准配套水系、道路等基础设施，营造公益林 0.6 万亩。林场规划造林总面积 1.8 万亩，布局鲜果采摘、森林景观游憩、"翠湖园"观光和绿色生态餐饮等功能区。为改善当地的环境及经济林木的建设发挥了重要的作用。有公路经此。

孙武湖生态林场 370523-60-C02
[Sūnwǔhú Shēngtài Línchǎng]

属广饶县管辖。位于广饶县城东郊。面积 2.19 万亩。因位于孙武湖而得名孙武湖生态林场。2011 年建成。北起綦公路、南至孙武湖纪家闸，西起顺安路、东至惠安路。林场内高标准配套水利、道路基础设施，规划营造公益林 1.36 万亩。布局生态景观区、孙子文化体验区、亲水休闲区、马鸣寺文化观光区、温泉度假区、精品果蔬采摘区等六大功能区。为改善当地的环境及经济林木的建设提供了重要的作用。有公路经此。

渠道、堤防

麻湾引黄灌区二干渠 370523-60-G01
[Máwānyǐnhuángguànqū Èrgànqú]

位于广饶县花官镇中部。起点为博兴县营子村，止点为南河崖。1956 年始建，1956 年建成。长 34.4 千米，宽 14 米。该水渠由黄河引入，从博兴县营李村南侧入广饶县境内，灌溉面积 46 平方千米，平均宽度 14 米，设计流量上游 25.5 立方米 / 秒，下游 13 立方米 / 秒，平均流量 19.25 立方米 / 秒。引水水源为黄河；基础构造为土质"U"型；主要建筑物为渡槽 1 个，节制闸 2 个，生产桥 11 座，支门 23 座。为解决广饶县小清河以南地区农田灌溉和灌区补源提供了重要水源。有公路经此。

麻湾引黄灌区三干渠 370523-60-G02
[Máwānyǐnhuángguànqū Sāngànqú]

位于广饶县陈官镇。境内段起点为朱家村东南 3 千米处，止点为一分场奶牛一场（广北农场）。1957 年始建，1957 年建成。长 26.3 米；平均宽度 14 米。灌溉面积 12 平方千米，平均宽度为 8 米，设计流量上游 15 立方米 / 秒，下游 4.5 立方米 / 秒，平均流量 8.75 立方米每秒。引水水源为黄河；基础构造为土质"U"型；最大水深 3 米。主要建筑物为渡槽 2 个，节制闸 3 个，生产桥 21 座，支门 53 座。为了解决广饶县小清河以南地区农田灌溉和灌区补源提供了重要水源。有公路经此。

广饶防潮堤 370523-60-G03
[Guǎngráo Fángcháo Dī]

位于广饶县东北部。起点为广饶至寿光界，止点为广饶至东营区界。1980 年修建。2002 年 4 月加固维修。长 14.14 千米，坝顶高程 5 米，坝顶宽 5 米，大坝有涵闸 4 座，桥 1 座。为防御海洋潮汐侵入提供了良好的保护作用。有公路经此。

词目拼音音序索引